COMTE DE LESDAIN

PAR LA MONGOLIE
DE PÉKIN AUX INDES

Avec 27 gravures, deux portraits et une carte

LIBRAIRIE PLON
PLON-NOURRIT ET Cie, IMPRIMEURS-ÉDITEURS
8, RUE GARANCIÈRE — 6e

1908

VOYAGE AU THIBET

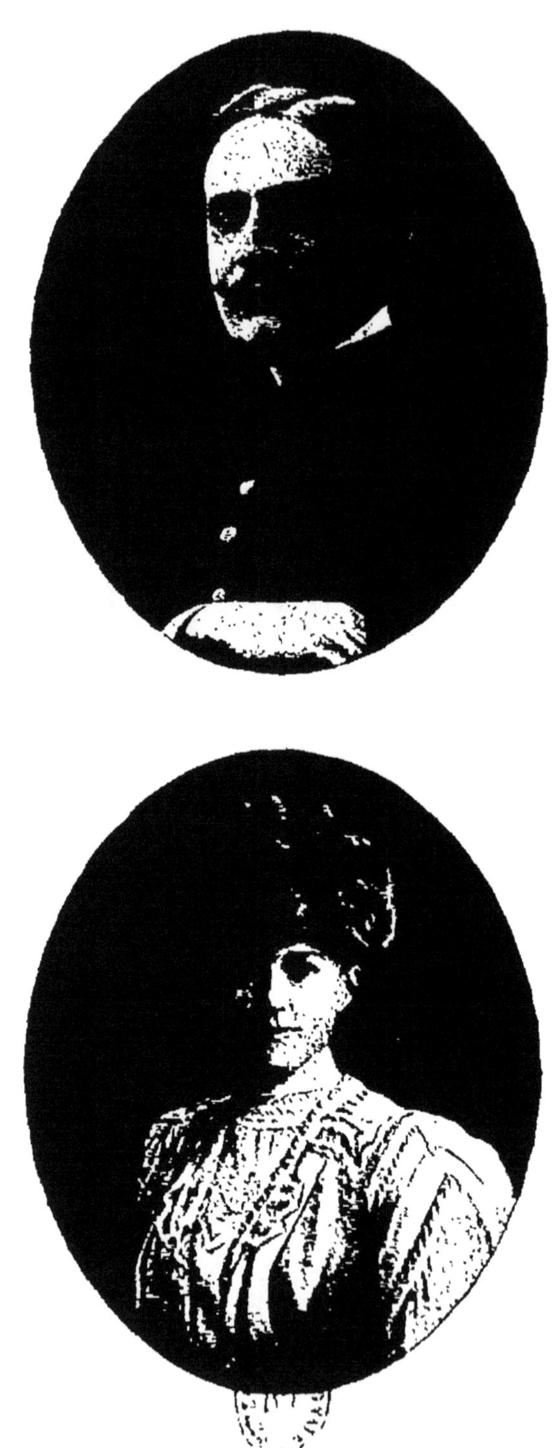

LE COMTE ET LA COMTESSE DE LESDAIN

COMTE DE LESDAIN

VOYAGE AU THIBET

PAR LA MONGOLIE

DE PÉKIN AUX INDES

Avec 27 gravures, deux portraits et une carte

PARIS

LIBRAIRIE PLON

PLON-NOURRIT ET Cie, IMPRIMEURS-ÉDITEURS

8, RUE GARANCIÈRE — 6e

1908

PRÉFACE

Je me suis efforcé, au cours de ce récit, de donner une description sincère du genre de vie que l'on est appelé à subir lorsqu'on s'aventure pendant des mois et même des années à des milliers de kilomètres de la civilisation. Je crains d'avoir parfois rencontré la monotonie; mais l'existence des explorateurs est souvent monotone, comme le sont d'ailleurs les espaces infinis de l'Asie centrale. Je n'ai pas exagéré les fatigues ou les privations endurées, ainsi que quelques écrivains qui décrivent la vie au Gobi et au Thibet comme une lutte de chaque heure contre la mort. Là où une jeune femme de vingt ans a pu passer, il me semble que des hommes vigoureux auraient tort de se lamenter sans cesse.

Nous eûmes, ma femme et moi, le bonheur d'être les premiers Européens qui franchirent du nord au sud le grand plateau thibétain sans avoir été obligés de rebrousser chemin en arrivant aux environs de Lhassa. Nous pûmes donc passer du Thibet aux Indes, et accomplir ainsi un record que beaucoup d'explorateurs célèbres avaient tenté en vain. Nous nous étions cependant entourés de moins de précautions et d'apparat que plusieurs de nos prédécesseurs, et notre modeste caravane ne pouvait se faire craindre. Mais nous avions confiance en la vérité du vieil adage : *Fortuna audaces juvat!*

VOYAGE AU THIBET

DE PÉKIN AUX INDES

CHAPITRE PREMIER

DE PÉKIN AUX ORDOS

En ce matin du départ, fin juin 1904, la chaleur était accablante. Pas un souffle de vent ne balayait l'air lourd et stagnant. La route, bien connue des touristes, qui se dirige vers les tombeaux des Mings et la Grande Muraille, et qui est aussi celle de Kalgan, était, à 8 heures, déjà obscurcie d'un épais voile de poussière.

La caravane ne se composait au commencement de cette expédition que de trois voitures chinoises, espèce de chariots sans ressorts, qui suffisaient amplement à nos bagages. Le voyage devait être de très longue durée et pour cette raison il avait fallu renoncer au confort qu'il est possible de transporter avec soi dans une expédition de quelques semaines, ou même de deux ou trois mois. Nous avions pris la résolution de vivre des ressources des contrées que nous allions traverser et quelques bouteilles de champagne, destinées à célébrer les grandes circonstances, formaient la partie la plus importante de nos provisions. Tant que l'on est en Chine d'ailleurs il est toujours possible de se procurer de la viande de bœuf et de mouton, des poulets, parfois des canards, des œufs, de la farine, et des légumes en quantité suffisante. Le voyageur n'est donc pas trop à plaindre. La grande question est d'avoir un bon cuisinier. Celui que j'avais recruté à Pékin, avec beaucoup de difficulté d'ailleurs, était un Annamite. Très capable dans son métier, il prouva malheureusement par la suite qu'il était également un ivrogne sans frein. Les autres serviteurs étaient un « mafou », ou homme qui s'occupe des chevaux, et quelques coolies.

Je ne fatiguerai pas le lecteur d'un récit détaillé du chemin parcouru entre Pékin et Süen-hua-fu. C'est une route connue par les récits de nombreux auteurs. Pendant longtemps les marchands de thé ou les diplomates qui se rendaient d'Europe à Pékin voyageaient *viâ* Ourga, Kalgan, Süen-hua-fu. Cependant je recommanderai à ceux qui parcourront encore cette route, de s'arrêter au petit village de Hang-ling-tse. Un temple sur le sommet d'une montagne relativement élevée domine toute l'immense plaine, et l'on jouit, de ses plates-formes de pierre, d'une vue magnifique. Bien qu'ayant parcouru une longue étape dans la journée, nous résolùmes d'y monter, et pour ce faire, envoyâmes nos hommes réquisitionner des baudets. Le temple en lui-même est extrêmement minuscule, et les statues qu'il contient sont sans importance, mais on doit pour y parvenir traverser un merveilleux petit pont de pierre, orné d'inscriptions, jeté sur une fissure du roc. Le gardien nous offrit du thé, et, chose qui ne m'est jamais arrivé à Pékin, refusa d'accepter la menue monnaie que je voulus lui donner.

Arrivés à Süen-hua-fu le 26 juin, nous y fîmes un court séjour; au départ, au lieu de continuer sur Kalgan nous obliquâmes un peu sur la gauche et traversâmes la rivière Yung ting ho, à cette époque presque à sec et dont le lit d'une énorme étendue est de sable fin peu sûr par endroits. La contrée à l'ouest du fleuve présente l'aspect particulièrement désolé d'un plateau aride où, à force de lutter contre la mauvaise terre, des petits villages ont peu à peu pris racine et rompent la monotonie du paysage. Cet aspect minable du pays d'ailleurs ne dure pas et lorsqu'on a repassé la rivière et qu'on arrive à Tchaï Koupou, on doit, au contraire, admirer la magnifique culture qui se déploie sous les yeux. Une île située au milieu du fleuve est spécialement prospère. Ce sont de tous côtés des champs de pavots aux couleurs variées, aux teintes riches variant du mauve clair au rouge pourpre.

Il y en a des blancs et des crème. Le coup d'œil est féerique. L'irrigation de ces champs entourés d'arbres a été conduite avec une grande connaissance pratique, et j'ai beaucoup admiré le résultat obtenu. Il a suffi à ces cultivateurs chinois de dénivellations de terrain presque insensibles pour drainer à travers leurs terrains de puissantes quantités d'eau.

L'opium se vend cher, aussi la ville de Tchaï Koupou qui vit en grande partie de ce commerce semble-t-elle prospère. La population y est d'environ 5,000 âmes et semble parfaitement paisible.

29 *juin*. — Mon objectif étant de me rendre à Ortan-ho par le plus court chemin, je fis quitter la route que suivait jusqu'alors la caravane, pour l'engager dans un massif montagneux bordé au nord-est par le Yung yang ho. Pour ce faire nous traversâmes la Grande Muraille, non plus celle des environs de Pékin que les touristes ne manquent pas de visiter, mais celle qui, d'une étendue infinie, puisqu'on la retrouve en Mandchourie et aux confins du Kansou, marque la limite des frontières septentrionales du grand Empire. C'est aujourd'hui à peine un remblai de terrain. Son importance s'est évanouie, elle n'a plus que la valeur d'une relique historique, mais elle a eu son importance et son utilité. A chaque passe par laquelle une invasion de Mongols pouvait s'ouvrir un

LA GRANDE MURAILLE DE CHINE
PRÈS DE PÉKING

UN GÉANT CHINOIS

chemin, la Grande Muraille soutenue par une forteresse s'opposait à l'envahisseur. C'est ainsi qu'au débouché de la rivière Yung Yang dans le territoire chinois s'élevait il y a cinq où six cents ans la ville fortifiée de Shin ping fu, dont nous n'avons pu que constater le lamentable état de ruine. En face de cette cité les anciennes cartes portent une autre forteresse du nom de Ping yuen fu. Cette dernière a complètement disparu. C'est à peine si j'ai été capable de relever les vestiges de ses murailles.

L'aspect général de la contrée, une fois quittée la fertile vallée du Yang-Ho, est de nouveau triste et pauvre, et la caravane gravit le petit massif montagneux dont j'ai parlé dans un terrain de pierres roulantes et d'argile desséché.

Par deux cols peu élevés, sur le sommet desquels s'élèvent de petits temples abandonnés, l'on parvient à la partie haute de l'espèce d'entonnoir orienté au nord-est au fond duquel se trouve Ortan-ho où l'on parvient par une pente douce. La route ne présente aucun incident digne d'être mentionné, mais de nouveau la culture est prospère et capable de nourrir une conséquente population.

Nous parvinmes à Ortan-ho environ à midi, par une chaleur intense, et à ma grande surprise, en dépit du nom mongol que porte cette ville, il m'est impossible de découvrir un seul Mongol dans toute la petite cité. Ce que je remarque par contre, c'est la grande quantité d'individus, plus ou moins déguenillés, qui portent sur leur dos ou leur poitrine des insignes spéciaux aux Boxeurs. Ce petit centre a été quatre ans auparavant un repaire de bandits pendant les troubles et un foyer où s'alimentait l'insurrection. D'ici partirent les troupes qui attaquèrent Shi ying tse, Or sih san Ho, le Raihé, et plusieurs autres centres de missions. Grâce à la bravoure des missionnaires qui comprirent leur devoir les brigands furent repoussés.

Sans aucun doute l'arrivée de la petite caravane leur a été apprise depuis quelque temps et les Boxeurs de la ville se sont préparés à nous faire une réception plutôt peu cordiale. Dans la rue étroite qui nous mène à l'auberge, de tous côtés les malédictions s'élèvent. La plus commune est « Yang qui tze, » ce qui signifie « diable étranger ». Ce n'est pas bien méchant en soi-même, mais celui qui en est l'objet finit généralement par trouver cette salutation particulièrement irritante pour les nerfs.

Je crus trouver la paix en fermant la porte de notre chambre dans l'auberge, et de fait nous pûmes déjeuner tranquillement. Mais au moment de payer la rétribution due à l'hôtelier, une querelle s'éleva. Ce dernier me demanda en effet un prix extravagant pour l'usage de son auberge, et je refusai naturellement de payer plus qu'il n'était nécessaire. Voyant qu'il ne pouvait parvenir seul à ses fins, l'homme ouvrit alors la porte de notre chambre et nous montra, croyant m'intimider, la cour de l'auberge pleine de Boxeurs, à l'attitude plutôt hostile. Je voulus me frayer un passage à travers cette foule et sortir de l'auberge avec ma caravane. Mais la grand'porte était hermétiquement fermée et nous étions en un instant enveloppés par les individus présents, qui, à la façon traitresse du Chinois, commençaient à nous serrer au point de rendre nos mouvements impossibles. Voyant que la situation se gâtait je sortis mon revolver de sa gaine et menaçai de tirer sur les plus rapprochés. Ce fut alors une fuite ridicule et une déroute complète de tous les individus présents. Les uns, l'issue étant fermée, s'enfuirent par-dessus le mur, les autres se réfugièrent dans les chambres. Nos hommes ouvrirent les battants de la porte, les charrettes passèrent, et l'incident était heureusement terminé. Ce fut d'ailleurs, je dois le dire, la seule fois que je rencontrai une réelle et effective hostilité de la part des habitants d'une ville chinoise.

De Ortan-ho nous nous dirigeâmes sur Or shi san Ho, mission catholique très prospère, située dans une charmante oasis de verdure, entourée de champs intelligemment cultivés, et de bois dont une grande partie a été plantée par les missionnaires eux-mêmes.

Toute cette région, comme Ortan-ho, comme Shingse a été conquise par le Chinois travailleur sur le Mongol paresseux. C'est un peu la conquête du progrès sur la barbarie, et, si le Chinois, du plus pauvre au plus riche, n'était maintenant miné par des vices nombreux, et plus spécialement par celui de l'opium, son action s'étendrait au loin avec le succès qu'un peuple frugal et patient peut toujours conquérir.

Nous quittâmes Or shi san Ho pour nous diriger sur Tatung fu. Toute cette contrée n'a pas encore été visitée par un voyageur européen, mais les missionnaires l'ont battue en tous sens, et, grâce à l'ancienne carte des jésuites, les Allemands ont été capables d'en publier une carte à peu près exacte. Le chemin est par monts et par vaux, mais au commencement de la journée, les cols sont peu élevés et les vallées peu profondes. Les courants d'eau très nombreux et qui se dirigent vers le Yan ho sont à peu près à sec. La population semble pauvre et la terre moins fertile qu'au nord d'Or shi san Ho. Vers le soir nous nous élevions d'environ 600 mètres et dans une petite vallée étroite que couronne le petit temple de Lanye Miao. Comme il ne nous offre aucune ressource pour passer la nuit, nous décidons de fixer nos tentes près d'un village situé sur la droite, un peu en dessous du temple.

Le lendemain la route prit dans le lit du Yutto qui se jette lui-même dans le Sang Kan Ho, dont les eaux se dirigent vers le Yung ting ho. C'est donc un sous-affluent. Son débit est assez considérable et doit au moment des pluies atteindre un niveau élevé, à en juger par les marques laissées sur les rocs à travers lesquels il s'est frayé un chemin.

De bonne heure, nous arrivons à de très intéressantes ruines de la Grande Muraille. Évidemment les stratégistes chinois craignaient ici plus que partout ailleurs une invasion descendant la vallée du Yu Ho, car ils y ont accumulé les défenses. Sur une distance de 6 kilomètres environ, je compte quatre-vingts bastions. Les uns flanquent la muraille, les autres jouaient le rôle de sentinelle, à quelque distance en avant de la muraille, et pouvaient servir à prendre les ennemis à revers, si après avoir évité leur feu ils s'étaient approchés de la muraille. Celle-ci a été d'une belle hauteur, et, chose que je n'ai remarqué qu'à ce seul endroit, elle est à pic du côté mongol et à pente douce du côté chinois. L'ironie du sort veut que, dans les flancs de terre de cette muraille autrefois formidable, les habitants de la contrée ont creusé des écuries pour leurs bestiaux. A 4 kilomètres de la muraille se dressent les restes d'une vieille ville fortifiée. Elle n'a de remarquable qu'un très vieil arc de triomphe et une porte d'enceinte en pierre de taille remarquablement bien construite.

3 *juillet*. — En suivant presque jusqu'à Tatung fu

le lit de la rivière, nous atteignons de bonne heure cette cité importante, qui mérite une description spéciale. Ta tung fu a été particulièrement bien fortifiée, et les murailles sont encore de nos jours imposantes. Elles comprennent une enceinte carrée dans laquelle s'ouvrent quatre portes fortifiées, à doubles murs. La porte du Nord n'ouvre pas directement sur la plaine, mais donne accès dans une très vaste citadelle qui reproduit les dispositions des murs mêmes de la ville, en plus petit. A l'intérieur se trouve le champ de manœuvres et les baraquements des troupes, reconnaissables à la multitude de petits oriflammes qui les surmonte. Je crois pouvoir avancer qu'il y a dans les troupes chinoises, non européanisées, environ un drapeau pour dix hommes. L'intérieur de la ville présente quelques arcs de triomphe du plus pur style chinois et de grandes artères avec des boutiques bien fournies pour l'intérieur de la contrée. Je remarquai comme particulièrement bien conservé un grand mur recouvert de plaques de faïence de couleur représentant un dragon. La couleur de ces plaques est du plus bel effet et leur état de conservation remarquable. Il n'existe pas en Europe une fabrique capable de produire des teintes plus riches.

Nous restâmes peu à Tatung fu, en vue d'arriver le plus tôt possible au désert des Ordos, et la ville chinoise ne présentait pour moi que bien peu d'intérêt.

Mais si toutes les villes se ressemblent dans le Céleste Empire, il n'en est pas de même de tous les temples, car nous avons visité non loin de Tatung fu les plus intéressants et les plus curieux qu'il est donné de voir, je veux parler du, ou plutôt des temples de Yung Yang miao. Pour y parvenir, on suit la pittoresque et fertile vallée du Shi Li Ho pendant 15 ou 16 kilomètres, et l'on passe devant un temple petit mais très pittoresque, dont la porte d'entrée est protégée contre l'invasion des mauvais esprits par un mur couvert de plaques de faïence, d'un style analogue à celui que j'ai noté à Tatung fu, et dont les toits sont également recouverts de tuiles de couleur.

Peu après on parvient au point appelé Che Kon Hanchu, où deux chapelles ont été creusées dans les rocs, et qui méritent une description spéciale. Elles consistent en deux chambres carrées dont la voûte est supportée par une colonne centrale de forme rectangulaire.

Je suppose qu'elles existaient sous forme de grottes naturelles creusées par les eaux et que les Chinois n'ont fait que les agrandir et leur donner leur forme. Dans l'une d'elles, une source coule avec un très faible débit, et confirme cette opinion. Elles portent des traces incontestables de l'action des eaux. Jusqu'à un mètre d'élévation le roc, friable d'ailleurs, est pourri, et le plafond des deux salles est complètement moisi. Quoi qu'il en soit, elles sont la preuve d'un travail de sculpture considérable. Je crois pouvoir avancer que chaque salle contient plus de mille figures sculptées dans la pierre spongieuse. Les unes atteignent 2 mètres d'élévation, les autres quelques centimètres seulement. Les plafonds spécialement ne sont qu'un enlacement de dragons peints. Peintes également étaient toutes les statues, décolorées de nos jours par l'action des eaux.

Cependant la piété des bouddhistes a été jusqu'à repeindre quelques-unes des figures, en particulier, dans la première salle, la statue d'un turc à turban avec une auréole. Je suppose que l'entrée était fermée par des portes, qui ont totalement disparu, et à l'intérieur de ces grottes, il faut une réelle bonne volonté pour déchiffrer des restes de caractères.

Un peu plus loin, se trouve le village et les temples de Yung Yang. Ces temples ou grottes ont toutes été creusées par main d'homme dans une grande muraille de grès blanc qui s'étend sur une longeur d'un kilomètre environ le long de la rive gauche du Shi Li Ho. Elles sont au nombre de plusieurs centaines, et toutes contiennent un bouddha assis, taillé dans la pierre même. Les premières sur la route qui vient de Tatung fu sont les seules réellement importantes. Elles sont très hautes et recouvertes vers l'intérieur des temples à trois ou quatre étages. Les étages de ces temples

LES TEMPLES DE YUNG-YANG-MIAO
PRÈS DE TA-TUNG-FU

LE PALAIS DU ROI DE TCHON-GAR (ORDOS)

communiquent entre eux par des escaliers creusés dans le flanc du roc, et aboutissent à des plates-formes de niveau avec les yeux des bouddhas qui atteignent de grandes dimensions et sont environnés d'une nuée de petites figurines, à la façon des anges autour des autels. L'aspect général peut être comparé à celui d'un théâtre dont la grotte serait le foyer. Dans une de ces grottes le bouddha a plus de 50 pieds de haut, est entièrement doré et porte sur le front une couronne de verres de couleur. Ses yeux sont également de verre. Les temples de bois sont au nombre de trois, sur le devant des grottes. Ils ont été repeints vingt ans auparavant, et sont en conséquence très voyants et pittoresques. Par malheur, l'argent a sans doute manqué pour remplacer le bois des plates-formes et des garde-fous, et je ne conseillerai à personne de s'approcher trop près du vide pour mieux considérer la statue, qui est du plus bel effet, qu'on la contemple d'en haut ou d'en bas.

Les autres grottes sont dépourvues de temples en façade, et les plus grandes, qui contiennent quelques remarquables statues dorées, ornées d'imitations de gemmes, sont simplement séparées de l'extérieur par de hautes grilles de bois. Les plus petites en sont dépourvues. La légende veut, selon la narration du lama en charge de ces temples, que toutes les grottes petites et grandes aient eu également leurs temples de bois en façade, mais il y a bien des années, pas moins de mille, dit-on, une pluie de douze jours pourrit le bois des temples, vieux déjà, et les laissa dans un état voisin de la ruine, lorsque sept jours après cette pluie un homme inconnu se dirigea vers les temples et levant les bras leur donna l'ordre de s'écrouler. Tous tombèrent au même instant, découvrant les grottes telles qu'on les voit aujourd'hui.

La vérité est que, si ces façades existaient jamais, elles sont tombées les unes après les autres pour l'excellente raison que les Chinois, qui repeignent quelquefois, n'entretiennent et ne rebâtissent jamais.

Après un jour de marche la caravane arrivait après avoir suivi, depuis les temples de Yung Yang, une grand route dénuée d'intérêt, et qui n'a de particulier que le nombre considérable d'anciennes villes ou villages fortifiés déserts et ruinés complètement, disant la triste histoire de la Chine actuelle, infiniment moins peuplée et industrieuse, quoi qu'on en dise, qu'il y a trois cents ans.

So-ping-fu mérite à peine le nom de préfecture. C'est une ville morte. L'inactivité de ses rues forme un contraste avec la vie qui anime celles de Tatung fu.

10 *juillet*. — Nous ne nous arrêtons qu'une nuit et la passons chez un marchand de thé, les auberges étant

dégoûtantes. Nous partons le lendemain matin escortés de six soldats grotesques, armés de couteaux ridicules et de bâtons. Ayant tiré un de ces terribles sabres de son fourreau je constate que la lame est en bois et le guerrier sans aucune honte m'explique qu'il a vendu le fer pour acheter de l'opium!

De So-ping-fu mon intention est de me rendre aux Ordos, en passant par Cha-ber-noor où réside un missionnaire de mes amis, le R. P. Hustin. Nous avions parcouru un bon nombre de routes ensemble deux ans auparavant et ce devait être pour moi un plaisir de le revoir. Mais il n'y a pas de route directe pour Cha-ber-noor. La caravane pouvait ou bien prendre la grande route de Köei Hua t'chang, où, après avoir atteint la petite ville de Shakolou, essayer de faire son chemin le long de la rivière Ulan Muren, qui a une mauvaise réputation, d'ailleurs justifiée, pour ses sables mouvants.

Je me résolus à suivre ce dernier plan, plus difficile à mener à bien, mais plus nouveau, et nous partîmes pour Shakolou qui est une très jolie petite cité à l'entrée d'une gorge. Autrefois la rivière Ulan Muren, qui coule à ses pieds et apporte le tribut de ses eaux au fleuve Jaune, était défendue, par un pont fortifié à arches de pierres très étroites qui, traversant son cours de part en part, rendaient impossible le passage de troupes dans l'eau peu profonde. Aujourd'hui il ne reste plus que les ruines de ce travail intéressant sur la rive gauche de la rivière.

Nous fîmes notre entrée à Cha-ber-noor le 15 juillet, après une marche, le long de l'Ulan Muren, qui n'a pas manqué d'incidents. Il n'était pas facile de faire passer les charrettes des bagages le long des berges encombrées de pierres énormes, et lorsque nous avions franchi cette difficulté, nous nous trouvions aux prises avec les sables mouvants, très trompeurs et très traîtres. Je faillis personnellement disparaître dans un banc de ces sables en allant reconnaître la route à suivre pour traverser la rivière. Trompé par la couleur du terrain, j'obligeai mon cheval à avancer contre son gré et me trouvai bientôt enfoncé d'environ 3 pieds dans la boue. Par bonheur je montais un poney d'une vigueur tout exceptionnelle qui, excité et poussé par l'instinct de la conservation plus encore que par ma cravache, arriva à sortir du gouffre par une série de bonds. Les premiers 30 ou 40 kilomètres du cours de l'Ulan Muren, à travers le défilé montagneux, sont très peu peuplés, et presque abandonnés au pacage des moutons et des chèvres. Le nombre de lièvres qui peuplent ce point particulier de la contrée est incalculable. Comme ils ne sont pas sauvages, on les tue très facilement, et au hameau appelé San chou long, je me souviens d'avoir en moins de dix minutes abattu dans les petites clairières, que séparent de maigres buissons, environ une douzaine de ces animaux. C'était d'ailleurs de la poudre perdue, car nos hommes refusèrent de se nourrir de leur chair. Une superstition veut que l'âme des grands-parents revive après leur mort dans le corps d'un lièvre.

Ayant quitté le bord de l'Ulan Muren, nous traversâmes un petit massif montagneux de 400 mètres d'élévation pour nous rendre dans l'immense plaine du Tumet, où se trouve Cha-ber-noor, un grand nombre de très florissants villages et la grande ville de Köei Hua t'chang.

18 *juillet*. — A peine les mandarins de Köei Hua t'chang, avec qui j'avais déjà eu de fréquents rapports deux ans auparavant, connurent-ils notre présence à Cha-ber-noor qu'ils nous envoyèrent de pressantes invitations à nous rendre en cette ville. Bien que ce détour ne rentrât pas tout à fait dans mes plans, je décidai cependant d'agréer à leurs désirs, dans l'espoir d'obtenir d'eux quelques lettres de recommandation et de plus grandes facilités pour traverser les Ordos. L'un de ces mandarins, qui porte le titre de Maréchal Tartare, est le chef réel des Ordos, du Tumet et de la Mongolie septentrionale. Il représente auprès des Princes Mongols le gouvernement de Pékin et jouit de ce fait d'une grande influence.

Mais avant de partir pour la Ville Bleue j'avais été obligé d'effectuer des changements dans le personnel de notre caravane. Des preuves évidentes des vols que le « mafou » commettait à mon préjudice étant venues à ma connaissance, j'avais congédié l'individu, non sans avoir, tout à fait par chance, vu rentrer en ma possession une partie des objets volés, au nombre desquels figurait une bouteille de mercure destiné aux observations astronomiques.

D'autre part, toutes les indications qui m'avaient été fournies dans les derniers temps sur la façon de voyager aux Ordos et sur l'état des sentiers dans cette contrée, m'avaient clairement démontré que je ne pouvais user de mes chars de Pékin que pendant un laps de temps très court; et j'avais décidé en conséquence de les renvoyer et d'acheter quelques chameaux. A Köei Hua t'chang pendant l'été on peut acheter sur le marché de bons chameaux pour une somme variant de 40 à 50 taels. Pour le genre de travail que les animaux avaient à accomplir il était important d'acheter des animaux très gras et pas trop jeunes. En effet, au lieu de voyager de nuit pour éviter la chaleur, comme le font toujours les Chinois ou les Mongols, j'avais décidé que nous accomplirions les étapes en plein jour, préférant sacrifier les animaux plutôt que notre sommeil. Les chameaux de Mongolie supportent mal le chaud soleil, qui est parfois réellement accablant lorsqu'il se reflète sur les sables, et qu'il rayonne sur les Ordos au mois d'août. La grande raison en est que leur long poil les prédispose à une anormale transpiration qui les amaigrit vite, et, lorsqu'ils sont maigres, les charges provoquent des abcès énormes qui les mettent hors de service. D'autre part, leur habitude est de ne pas manger pendant la nuit, mais seulement durant la journée et, lorsque après une chaude étape, ils s'arrêtent pour la halte du soir, ils sont si fatigués par la chaleur qu'ils préfèrent, au lieu de dévorer l'herbe aux alentours, s'étendre sur le sable et se reposer. Dans de telles conditions leur santé dépérit rapidement. Cependant ils sont, étant donné que leurs larges pieds n'enfoncent ni dans le sable ni dans la boue, les meilleurs animaux pour traverser les Ordos.

Nous partîmes donc pour Köei Hua t'chang avec une petite caravane de chameaux et un nouveau personnel, accompagnés par le R. P. Hustin.

La route entre Cha-ber-noor et Köei Hua t'chang est plate, extrêmement aisée, et s'accomplit sans la plus légère difficulté. Aussi étions-nous en parfait état et sans l'ombre de fatigue lorsque nous nous installâmes dans le khou-khouan qui nous avait été réservé. Nous commençâmes presque immédiatement une série de dîners somptueux où le nombre des plats était aussi incalculable qu'impossible à digérer, alors même que le festin était précédé, interrompu ou suivi par des exhibitions de jongleurs et de prestidigitateurs chinois, d'ailleurs fort intéressants.

Je me rappelle en particulier un petit homme alerte et jovial qui avalait une boule de fer, un peu plus grosse que le poing, et gesticulait grotesquement tandis que l'auditoire impressionné voyait la boule peu à peu descendre au niveau de l'estomac. Sans aucune difficulté apparente il faisait remonter à sa bouche l'énorme masse au bout de quelques minutes.

Un autre individu faisait du trapèze entre deux arbres sur des sabres et se recevait sans se couper les mains sur les lames tranchantes.

Mais de beaucoup la plus intéressante exhibition dont nous fûmes témoins fut une revue des troupes nouvellement entraînées par un Chinois, officier instructeur, qui avait à Tientsin reçu des Allemands des leçons de pratique militaire et de tactique.

Je dois admettre qu'il avait bien profité de ces lecons et était arrivé à un tout à fait remarquable résultat avec les soldats que les mandarins de Köei Hua t'chang lui avaient confiés. Au nombre d'environ cinq cents ils accomplirent tous les exercices auxquels sont journellement soumis les soldats du régiment européen. Ils portaient alertement un costume militaire de couleur sombre absolument différent des robes longues et des impedimenta de toutes sortes qui revêtaient le soldat chinois de ces dernières années. Seuls, fait amusant, le général et les nombreux officiers en charge de ce régiment avaient conservé les robes de gaze jaune tendre ou bleu ciel, et semblaient parfaitement dépaysés au milieu de leurs soldats qui manœuvraient rapidement sous les ordres de l'instructeur.

On ne peut affirmer que les troupes de Köei Hua t'chang soient d'ores et déjà redoutables, surtout si elles étaient opposées à des régiments européens. Sans doute, ils oublieraient vite sur un champ de bataille la belle précision des manœuvres et l'esprit de discipline qu'on s'efforce de leur inculquer; mais cependant le fait de trouver au nord du Shansi un instructeur et des hommes aussi bien entraînés me semble un fait digne de remarque.

Il est incontestable que les Chinois s'efforcent de relever le niveau d'instruction et de valeur de leurs soldats. Aux environs de Pékin, Yuen Chi Kai, aidé des Japonais, a créé une véritable armée, et nul doute que les hommes, encadrés soit de Japonais, soit même d'Européens, armés de fusils Manlicher de fabrication allemande, prouveront dans le futur qu'ils sont bien supérieurs à leurs ridicules, sauvages, peureux et indisciplinés prédécesseurs. Ajoutez à cela que les nouvelles de la victoire du Japon sur la corrompue Russie les a gonflés d'orgueil. Partout jusque dans la ville la plus éloignée du Kansuh les peuples chinois sont au fait de la défaite définitive des armes russes, et comme ils ne font aucune distinction entre un Moscovite, un Français, un Anglais, mais classifient tous les Européens sous la même étiquette, la défaite des uns entraîne la déconsidération des autres. J'en ai de tous côtés recueilli un bon nombre de preuves. Mais ce n'est pas ici la place de discuter ce qui surviendra dans l'avenir. Je me contente d'affirmer, et je ne serai pas contredit par ceux qui ont étudié le nouvel état des choses, que la prochaine guerre avec la Chine coûtera plus de sang et soulèvera plus de difficultés, que les Européens, plus ou moins alliés entre eux, n'en ont encore eu à surmonter.

Après la revue nous fûmes invités à prendre une légère collation dans la maison d'été du général. Elle se trouvait située dans la ville mandchoue. Köei Hua t'chang, en effet, comprend deux villes bien distinctes situées à une faible distance l'une de l'autre. La première, où nous étions logés et dans laquelle j'avais auparavant séjourné près de deux mois, est chinoise, dessinée sans ordre apparent et remarquablement sale. La seconde est largement aérée par des avenues plantées de grands arbres, sous lesquels les demeures les plus pauvres paraissent moins misérables, comprend quelques grands yamens, et est habitée par l'aristocratie mandchoue.

La maison où nous fûmes reçus se composait seulement de quelques pièces très exiguës, et le lunch se trouvait servi sous une tente bleue dressée entre la demeure et le jardin. Ce dernier, sans être grand, contenait une large variété de fleurs qu'il nous fallut passer en revue, car notre hôte en était très fier. Grâce au don spécial que les Chinois ont reçu pour dessiner un jardin d'une façon pittoresque, et pour décorer les plus ordinaires avec grâce et variété, l'ensemble ne manquait pas d'être très artistique.

Ce fut la dernière des parties de plaisir officielles que les mandarins nous offrirent, et, nos préparatifs étant terminés, nous résolûmes de nous mettre en marche sans tarder pour traverser les Ordos.

Au matin de notre départ le préfet vint nous visiter, et me demanda très confidentiellement si la pluie allait tomber sous peu. « Je sais, me dit-il, que les Européens ont fabriqué des instruments grâce auxquels ils peuvent prévoir la sécheresse ou la pluie. Depuis longtemps il n'est pas tombé une goutte d'eau dans la campagne environnante, et il est de mon devoir de me rendre au temple et d'offrir aux Dieux des prières publiques. Cependant si après cela la sécheresse continue, je perds la face terriblement ! Pourriez-vous me fournir la moindre indication ? » Je lui répondis en riant que le baromètre avait beaucoup baissé, et qu'il pouvait prier les Dieux en toute confiance de voir sa prière écoutée.

Escorté de ce bon préfet, nous nous mîmes en route, et peu après il nous quitta pour se rendre au temple.

J'avais été bon prophète, car nous reçûmes dans le courant de la journée une série d'ondées plus bienfaisantes pour les moissons qu'agréables pour le voyageur.

CHAPITRE II

LES ORDOS

Au moment d'entreprendre la narration de notre traversée du désert des Ordos, je crois bon d'en donner une description sommaire. Ce point du globe n'a encore été que peu visité et le nom de désert, qu'il porte sur toutes les cartes, induit sans doute à le considérer comme absolument stérile, sans vie propre, et sans relations suivies avec le reste de la Chine ou de la Mongolie.

Les Ordos affectent une forme qui rappelle étrangement celle de la péninsule hibérique. Ils sont compris entre 37°30' et 40°50', de latitude Nord; entre 111°20' et 106°25' de longitude Est. Le point le plus rapproché de Pékin est à quelque quinze jours de route, mais les courriers peuvent atteindre la capitale du Céleste Empire en moins d'une centaine d'heures, grâce à des relais pourvus de bons poneys, infiniment plus rapides que le massif animal monté habituellement par les Thibétains et les Bouthans.

Le fleuve Jaune (Houang-Ho) est la limite naturelle

qui, à l'ouest, au nord et à l'est, encercle les Ordos, et à certaines époques de l'année en rend l'accès presque impossible à ceux qui viennent du nord. Au sud, les provinces du Shansi et du Kansuh, longées par la Grande Muraille, ou du moins par ce qui en reste, fixe la limite que ses habitants ne doivent pas franchir, sous peine de perdre leur apparence d'indépendance.

Ainsi, enfermée de tout côtés, la population des tribus mongoles qui parsèment ce territoire, improprement appelé désert, n'a pu s'étendre, mais s'est condensée en quelques points spéciaux, où la nature du sol et la plus abondante quantité de pluie permettent l'élevage de troupeaux de moutons, de bœufs et de chevaux, parfois très importants. C'est ce qui explique pourquoi la densité de la population y est beaucoup plus considérable que d'ordinaire en Mongolie, pourquoi le commerce avec le Chine y est plus actif, et pourquoi les mandarins chinois tirent des Ordos une fructueuse source de revenus. Alors même que les Mongols traverseraient leur frontière naturelle, le fleuve Jaune, et chercheraient à se répandre de toutes parts à la recherche de pâturages, ils seraient arrêtés au nord-est par les Chinois, qui peu à peu, avec l'effort puissant de la patience, ont conquis sur d'autres peuplades mongoles les plaines si riches du Toumet et les alluvions laissées au nord par les anciens lits du fleuve. A l'ouest, ils se heurteraient à un réel désert de sable, infécond et mortel, et arriveraient-ils à le traverser, qu'ils se verraient obligés d'entrer en lutte avec le Prince souverain du Kou-kou-noor, aujourd'hui résidant à Fu-ma-fu, et roi de l'Alashan.

Le climat des Ordos est d'ailleurs supérieur à celui des immenses steppes mongoles. Son altitude moyenne, d'environ 1,500 à 1,600 mètres, en fait un plateau où les extrêmes des chaleurs de l'été ne se font pas sentir aussi brûlantes que dans l'Alashan, à la même latitude. Ce plateau, sans grandes montagnes et sans profondes vallées, est sillonné de quelques rares cours d'eaux, tributaires du fleuve Jaune et coulant presque tous sur le flanc est. Leurs lits sont parfois d'une largeur considérable, le fond en est de sable fin, souvent mouvant et dangereux, mais il est rare pendant la saison chaude de trouver plus d'un pied d'eau dans la plus large rivière. Ses habitants se sont peu à peu habitués à ne compter pour rien les petits fleuves qui traversent leur pays, et l'eau qu'ils boivent provient toujours de puits ou de mares bourbeuses laissées par les pluies. Évidemment, c'est une boisson malsaine en elle-même, et l'odeur « sui generis » de quelques mares suffirait à donner le frisson à toute la Faculté de médecine. Mais ici, comme partout, l'habitude est plus forte que la science, et les Mongols, qui boivent souvent cette eau telle qu'ils la trouvent, lorsque le temps leur manque pour faire bouillir du thé, n'en éprouvent pas de mauvais effets. La population semble remarquablement énergique et les constitutions des individus sont aussi robustes que possible; par malheur, l'habitude de fumer l'opium commence à s'infiltrer, dans la partie qui touche au Toumet en particulier, et rapidement répand ses ravages. L'énergie alors s'endort, la vie s'éteint, et j'ai vu quelques mandarins mongols dont les figures épuisées et les traits stigmatisés rappelaient les purs aspects des fumeurs chinois.

Les Mongols sont, comme on sait, divisés en deux grandes distinctions politiques. — Les uns se rangent sous les anciennes bannières, les autres obéissent à des chefs qui portent le nom trop pompeux de rois, et qui se disent tous descendus des compagnons, ou même de la famille de Genghis-Khan. Les Mongols des bannières peuplent les immenses steppes qui s'étendent plus loin que Kalgan à l'est, jusqu'à Ourga au nord, et jusqu'à Toumet à l'ouest. Le pays des Ordos est gouverné par une confédération de roitelets, au nombre de cinq, qui vivent en assez bonne intelligence les uns avec les autres. Le plus âgé, et non celui qui occupe le trône depuis le plus long espace de temps, est chef de la confédération et traite directement avec le représentant du gouvernement de Pékin qui réside à Köei Hua t'chang, ou Kou Kou Ho to en langue mongole. Le titre de ce haut fonctionnaire, Mandchou en général, est celui de Maréchal Tartare. Ses pouvoirs sont assez étendus pour lui permettre d'accomplir nombre d'injustices, grâce auxquelles il remplit ses coffres mieux que ceux de l'État. Sous les rois, mais en réalité plus puissants qu'eux, et surtout plus intelligents et plus entreprenants, quelques lamas d'importance (ta-lama) gouvernent les peuplades en agissant sur leur esprit infiniment superstitieux, et sont ici, comme au Thibet, les véritables maîtres de la nature.

Après ce long préambule, je résume le récit de notre expédition.

Munis de lettres de recommandation, et de passeports impératifs pour les Princes mongols, nous nous acheminâmes, dans les derniers jours de juillet 1904, vers la ville ruinée de Tutchrung, non loin de laquelle nous devions traverser le fleuve Jaune dans des barques préparées à notre intention. Le Maréchal Tartare nous avait adjoint un de ses secrétaires, plus précieux que toutes les paperasses, qu'il avait chargé de réquisitionner pour nous en cours de route tous les moyens de transport nécessaires, et nous ne manquions pas de trouver fort agréable cette façon de voyager.

Après deux jours de marche de Köei Hua nous arrivâmes sur les bords du fleuve Jaune, juste à temps pour assister à la ruine complète de plusieurs villages engloutis dans l'immense inondation annuelle. J'ai eu l'occasion d'étudier, au cours de deux voyages, les inondations désastreuses de cette formidable artère de l'Asie. Le fleuve Jaune prend sa source au Thibet, non loin du lac Oring, dans un massif très élevé, sur lequel les neiges de l'hiver s'accumulent en énorme quantité. Il traverse également, avant de déboucher en Mongolie, une série de massifs réunis à ceux du Thibet, qui produisent au moment de la fonte des neigse un prodigieux volume d'eau. Tant que cette masse liquide fait sa route dans un lit resserré entre des rocs, elle ne peut évidemment se répandre et causer des ravages, mais lorsqu'elle parvient aux immenses plaines du nord de l'Alashan, des Ordos et en particulier du Toumet, là où la déclivité est à peine sensible, elle gagne en largeur dans des proportions inouïes.

Ce qui d'ailleurs aide puissamment à cette transformation est un défilé, situé par environ 40° de latitude au sud et non loin de Hokau. Des rocs contractent en cet endroit les berges du fleuve, au point de ne pas laisser aux eaux pendant l'été un passage suffisant. Il semblerait relativement facile d'ouvrir ces roches au moyen de la dynamite et de diminuer ainsi les désastres causés en amont de la rivière; les ravages provenant présentement de l'annuelle inondation sont effroyables. Les paysans ont beau construire autour de leurs demeures de terre des digues de plusieurs mètres d'épaisseur, ils ont beau, jour et nuit, lutter contre l'élément envahisseur, ils n'en arrêtent pas la marche.

Peu à peu l'eau fait son chemin, creuse et mine la digue qui crève. En un instant les chaumières s'écroutent, et avec elles les moissons qui séchaient sur les toits. Ceci est l'histoire de milliers de paysans, qui évincés par le fleuve reviennent bâtir la même maison et cultiver le même champ pour les voir de nouveau devenir la proie de l'inondation. L'obstination de ces Chinois n'a pas d'équivalent au monde! A l'endroit où nous atteignîmes le bord du fleuve, tout le terrain environnant n'était que marécage. On apercevait çà et là quelques rares arbres, quelques toits non encore écroulés, et la largeur de la nappe d'eau était de plus de 6 kilomètres. Sans ces inondations, qui rendent parfois la navigation difficile, et surtout les points d'atterrissage impossibles à fixer définitivement, il serait fructueux, avec l'aide, douteuse d'ailleurs, des mandarins, d'établir une navigation de chaloupes à vapeur, qui gagnerait des sommes rondes à remorquer les innombrables chalands transportant les produits du Kansuh jusqu'à Köei Hua t'chang.

Ne pouvant songer à traverser la rivière à cet endroit, nous fîmes route sur Hokau, où nous arrivâmes après un jour de route, ayant traversé les ruines imposantes de Tu Tchong, qui fut, au temps de la civilisation nestorienne, une imposante place forte, et dont Marco Polo célébra les splendeurs. C'est à peine si de nos jours, à l'intérieur de l'enceinte, un tumulus de gazon marque encore l'amoncellement des ruines d'une importante demeure, et les animaux des paysans broutent l'herbe qui pousse sur les donjons.

Tu Tchong n'est pas une place sûre en temps d'inondation. Le lit plus resserré du fleuve donne au courant des eaux une pression effroyable sur les digues qui protègent la ville. Cette dernière est bâtie en contre-bas, et une seule ouverture survenant dans les travaux de protection suffirait pour l'engloutir. Le niveau des eaux étant cette année-là particulièrement élevé, la presque totalité de la population s'était enfuie, et ce fut avec un sentiment de délivrance que nous quittâmes cette cité au matin du 28 juillet.

Le passage du fleuve s'effectua sans autre difficulté que l'opposition formelle des chameaux à s'y aventurer. Il fallut, pour vaincre leur entêtement, employer un grand nombre de coolies, à faire entrer successivement dans le bac chacune de leurs jambes soulevées à l'aide de cordes. Sur l'autre rive, nous nous trouvâmes immédiatement dans des dunes de sable, et le soir tombant, nous nous arrêtames à un hameau composé de deux misérables huttes.

Notre intention était de traverser de part en part les Ordos en suivant une diagonale qui devait aboutir à Ning-hsia dans la province du Kansuh. En chemin nous devions payer une visite à quatre des rois mongols, et visiter le monument si vénéré qui abrite les

LA CARAVANE PASSANT L'HOANG-HO
(FLEUVE JAUNE) AUX ORDOS

LES MURS DE L'ANCIENNE CITÉ DISPARUE
DE PORO-HOTO

restes du plus grand conquérant que le monde ait connu : Genghis-Khan.

La route à suivre pour arriver au palais de Djongar, le premier des princes que nous visitâmes, passe par une succession de dunes de sable, de plaines en partie cultivées par des paysans chinois, et de terrains rocheux. Une seule rivière, la Eulrou Ho, courant au nord-est, traverse le plateau, et l'eau n'y atteint pas au mois de juillet plus de 5 à 6 pouces de hauteur.

Le palais occupait il y a quelques années une position différente. Probablement les herbes y sont devenues de moins bonne qualité, car le Prince alors régnant a transporté dans une autre plaine le siège de son gouvernement. En arrivant au sommet d'une petite montagne on découvre soudainement plusieurs bâtiments, qui, étant situés dans un presque absolu désert, paraissent magnifiques : ce sont les palais. Celui qu'habite le roi est entouré d'une enceinte de 5 mètres de haut, en ruines, et qui possède deux entrées; l'une, celle du sud, donne directement sur les bâtiments royaux. Ceux-ci sont simplement une grande maison chinoise, construite dans le style cher aux Célestes, à trois cours centrales, à fenêtres de bois ouvragées avec de petites vitres, ici et là remplacées par des morceaux de papier. Les murs sont en briques, en briques également les cours, et cela suffit pour donner à l'ensemble de la demeure un aspect presque confortable.

Non loin, se dressent les oriflammes, et les prières écrites sur des lambeaux d'étoffe, qui indiquent le temple où le prince sacrifie dans les grandes circonstances, en cas de maladie dans les troupeaux, de manque de pluie, ou lorsque ses affaires vont mal à la cour de Pékin.

Ce personnage ne tarda pas à venir nous visiter. A peine étions-nous installés dans une aile de son palais qu'il apparut, revêtu du costume officiel et suivi par une séquelle de ministres crasseux. Il nous fit servir un mouton cuit entier, ce qui est, en Mongolie, une façon d'honorer les gens, et un dîner assaisonné à la façon qu'il croyait être européenne. Répondant à mes questions au sujet du tombeau de Genghis-Khan, il m'assura que j'en étais fort éloigné, qu'il était impossible d'y parvenir et que personne n'en possédait la clef! C'était aussi peu aimable que possible, d'autant plus que son prédécesseur, salué par l'explorateur français, Charles Bonin, en 1898, lors d'une pointe de quelques jours dans le nord des Ordos, était fort incliné à rendre service aux Européens. Le premier il annonça à notre compatriote la date exacte de l'attaque des Légations de Pékin et du soulèvement boxeur. Bonin se fit un devoir d'en avertir immédiatement sa Légation, qui, au lieu de prendre des mesures, ou tout au moins de se livrer à une enquête et de prévenir les autres Légations, le traita de lunatique, classa sa lettre dans un dossier, l'oublia... et fut attaquée à l'heure dite. Je rapporte ce fait, qui n'est pas unique, simplement pour prouver que tout ce qui se passa en Chine en 1900 pouvait être évité, et que le sang de bon nombre d'hommes pouvait être épargné.

L'ancien prince de Djongar n'habitait pas dans cette demeure, mais s'était bâti, un peu plus au nord, et au dehors du mur de défense, un fort élégant petit palais, d'une architecture soignée et situé au centre d'une espèce de parc. Dans une des cours intérieures se trouvaient des pots de roses et des jets d'eau, ce qui est un vrai luxe aux Ordos. Une ou deux des nombreuses épouses qu'il a laissées derrière lui y vivent actuellement, et coulent le reste de leurs jours à regretter le temps passé et à fumer l'opium.

Le monarque actuel est marié à une toute jeune femme, il n'a donc qu'une épouse légitime, mais il a généreusement offert l'hospitalité à sa tante et à la fille de cette dernière. Nous les allâmes voir, et je ne crois pas avoir jamais trouvé, dans aucune maison chinoise, une plus forte odeur d'opium que dans l'appartement de ces deux femmes. Leur vie s'écoule absolument inutile et inoccupée, et l'on se demande comment elles peuvent résister à l'ennui. L'absence totale d'instruction les aide sans aucun doute. Comme le jour touchait à son déclin, le premier ministre insista pour nous faire visiter le yamen de la justice, et nous nous rendîmes à son désir. Ce yamen, dont il paraissait très fier, est plutôt misérable, et possède pour tout mobilier un coffre-fort en bois sculpté, formidablement renforcé de barres de fer, et des chaînes destinées aux criminels. Le coffre-fort est vide et les chaînes rouillées, car il se commet peu de crimes aux Ordos, et lorsqu'il en survient, le meurtrier échappe toujours.

Au soir, nous reçûmes encore un dîner envoyé par le prince, et le lendemain matin nous quittâmes son palais, escortés de mandarins et de soldats armés de couteaux énormes et de fusils fabriqués sur place, longs, encombrants, maintenus par une faible armature de bois. On les tire, de même que les fusils thibétains, à l'aide d'une fourche, et le résultat de leur feu n'est effectif qu'à une très faible distance.

Le palais de Djongar, tout simple qu'il était, devait par la suite nous paraître une merveille en comparaison de la pauvreté et de l'exiguïté de ceux que nous devions visiter.

Nos guides avaient ordre de nous conduire auprès du roi Wangtse, et toute nouvelle tentative pour amener dans la conversation le tombeau de Genghis-Khan ayant été reçue froidement, toutes les réponses ayant évidemment été mensongères, j'avais cru plus politique de sembler abandonner la question. Je n'y avais cependant pas renoncé et je comptais, pour parvenir à mon but, sur les indications laissées par Bonin, sur la chance et sur la ruse.

Notre route était directement sud-ouest et coupait un nombre assez considérable de rivières, moyennes et petites. Aussi la contrée était-elle fort différente de ce que l'on peut appeler un désert.

Des champs, des chaumières, des moissons séchant au soleil, dans chacune des nombreuses petites vallées que nous eûmes à traverser. Cette partie des Ordos est peuplée, fertile, et récompense largement le travail des cultivateurs. Aussi ces derniers sont-ils tous des Chinois, qui, en général ont éprouvé dans leur contrée des mauvaises fortunes successives, ont eu maille à partir avec leurs mandarins, et sont venus chercher le vivre, le couvert et la tranquillité sous la bannière d'un prince mongol. Celui-ci trouve à leur installation dans son petit royaume un double avantage; le moyen d'imposer des taxes, si faibles soient-elles, et d'acheter sur place, à un prix beaucoup plus faible que s'il était obligé de commercer sur les marchés chinois, les graines que lui et ses gens consomment. La grande proie du Chinois est en effet le Mongol, dont la naïveté et la stupéfiante inertie en font un gibier aisé à plumer. Jamais il ne fait le commerce dans une boutique et jamais il ne cultive la terre; ce sont là pour lui des occupations trop serviles; jamais il n'exploite une mine, ce serait attirer sur la contrée les malédictions des génies des montagnes; jamais en un mot il ne met à profit les richesses naturelles du sol. C'est le triste résultat de son orgueil, de sa paresse et de ses superstitions. La seule occupation qu'il considère digne de sa haute origine est le métier des armes. Pékin paie à chaque soldat mongol un subside très minime qui suffit à ses besoins immédiats. Il pourvoit au reste par la vente de ses troupeaux de chevaux ou de ses moutons, aux marchands chinois qui parcourent sans cesse la contrée en tous sens. Aux Ordos, le prix moyen d'un bon cheval, non ambleur, est de 10 à 15 taels soit de 30 à 45 francs. Les animaux auxquels on a enseigné l'amble, et qui y excellent, atteignent des prix beaucoup plus élevés : de 40 à 50 taels. Un mouton se vent un tael, un bœuf 5 à 6.

Après quelques étapes et une halte de deux jours près d'un petit village Chinois, halte occasionnée par un soudain accès de fièvre, je crus avoir des raisons de nous trouver très rapprochés du tombeau du grand Empereur, et, sans éveiller les soupçons de mon escorte mongole, j'allai à un groupe de paysans chinois venus pour admirer la caravane et leur demandai où se trouvait Edchen Koro, qui est le nom mongol de cette place sacrée. « Vous n'en êtes pas à une journée de marche, » me répondirent-ils, « en prenant cette sente, vous y arriverez ce soir. » Immédiatement j'ordonnai le départ et au lieu de me rendre sur la route que les guides me pressaient de suivre, je pris le chemin d'Edchen-Koro! Leur figure piteuse nous fut un grand sujet de joie pendant quelques minutes. L'un d'eux disparut sur-le-champ pour porter au prince Djongar la désastreuse nouvelle de notre visite aux tombeaux.

Effectivement, le soleil était encore haut sur l'horizon lorsque nous distinguâmes, à un tournant du sentier qui courait depuis le matin par monts et par vaux, une masse blanche sans architecture et sans beauté, surmontée de deux boules dorées. C'était Edchen-Koro. Le tombeau est situé sur le flanc d'une petite montagne, à quelque 50 mètres au-dessus d'un pauvre village où réside le gardien qui a charge des clefs. Il est orienté du nord au sud et est surélevé par une terrasse d'un mètre environ. Cette terrasse est entourée d'une palissade de pièces de bois espacées, et n'a qu'une porte, vermoulue et branlante, ouverte au sud. L'aspect en est si délabré que l'on se sent étreint d'une impression pénible lorsqu'on franchit cette entrée misérable pour se rendre dans ce qu'on peut appeler le Tabernaculum. Deux tentes minuscules, situées l'une derrière l'autre, et communiquant entre elles par une porte intérieure très basse, faites de feutres insuffisamment entretenus qui laissent passer la pluie et le vent par leurs déchirures, sont le « monument » destiné à commémorer le renom du plus grand conquérant que le monde ait connu, de celui qui a possédé de son vivant une étendue de territoire plus grande que n'importe quel monarque de n'importe quelle époque, de celui dont le nom répandait la terreur, et intimait l'obéissance des bords de la mer Jaune aux Marches de Pologne.

Les cendres du corps de Genghis-Khan sont déposées dans une espèce de coffre en forme de cube, posé sur un autre de bois, fait de colonnettes de couleur, orné de peintures sur toutes ses faces, sauf celle orientée au sud, qui est recouverte d'une plaque de cuivre du plus beau travail, représentant une divinité entourée de quatre animaux, dont il est assez difficile de reconnaître le genre. Chaque côté de ce coffre, qui fait office d'urne funéraire est agrémenté d'une poignée de cuivre doré, qui sert à le soulever et me paraît être l'emblème de l'éternelle migration de celui qui a tant parcouru de contrées de son vivant, et qui même après sa mort n'a pas trouvé le repos absolu. Son tombeau, en effet, n'a pas toujours occupé cet emplacement, mais il est difficile de savoir exactement où les premiers descendants du grand Empereur déposèrent ses restes. Ce qui est certain, de l'aveu même des Mongols, c'est l'époque relativement récente où les tentes d'Edchen Koro ont été dressées.

De ce que fut Genghis-Khan, de ce qu'ils ont été eux-mêmes, ils n'ont pas la moindre idée. De leurs conquêtes sur le vieux monde, de leurs luttes contre les Chinois, de leur défaite finale par manque d'organisation, il ne savent rien. Ils ne connaissent pas davantage l'époque où Genghis-Khan a vécu. Le gardien du tombeau, interrogé à ce sujet, me répondit qu'au moins trois mille ans s'étaient écoulés depuis sa mort, et, lorsque j'essayai de préciser les dates et de le persuader de son erreur, il me tourna simplement le dos et s'en alla fermer scrupuleusement les portes de la première tente qui sert d'antichambre, après avoir éteint la lampe de graisse de mouton allumée à notre entrée, et que, lorsqu'il se prosterna, il prit dans ses mains et éleva.

Il existe donc, en somme, bien peu de choses à voir, et encore moins à admirer à Edchen Koro. Les tentes ne contiennent rien de vraiment remarquable, l'urne exceptée. Comme partout ailleurs, dans les temples grands et petits, des oriflammes de couleur, des pièces de soie sales et poussiéreuses, quelques bibelots, un miroir au-dessus de l'urne, d'interminables prières écrites sur des étoffes, un baldaquin de soie, remplissent aisément la tente principale qui ne mesure que 4 mètres 50 de long sur 3 mètres de large. Détail à noter : cette tente est la seule tente de feutre que j'aie vue de forme ovale. Quant à la première, elle est absolument vide.

Le territoire d'Edchen Koro est sous le contrôle du roi de Wangtse, et la clef du coffre funéraire est déposée en son palais. Quant aux Mongols chargés de la garde du tombeau, ils forment une petite tribu appelé Targat (en langue mongole, qui ne paie pas d'impôts). Le fait qu'ils veillent sur les restes du grand homme suffit à les exempter de la faible rétribution annuelle qui pèse sur leurs compatriotes.

Je dois avouer que nous nous attendions à trouver un monument somptueux ou tout au moins décent, élevé à la mémoire du grand Empereur et que la découverte du réel et lamentable état de chose, nous a été une déception. Sans les deux boules dorées qui les surmontent, ces deux tentes passeraient aux yeux des voyageurs entièrement inaperçues. Peu après avoir quitté Edchen Koro l'aspect de la contrée change complètement. Aux ravines, aux petites montagnes coupées de faibles cours d'eau, succède l'étendue sans limites des immenses plaines vertes, plaines où les troupeaux abondent, où les Chinois se font plus rares.

Çà et là, quelques villages sont absolument déserts, et nous campons le premier jour en un point abandonné, où il nous est même difficile de pourvoir à nos besoins. Le mandarin mongol, un bouton du troisième rang, en cristal bleu clair, à qui le prince de Tchongar avait donné la charge de nous conduire chez son voisin, et de nous procurer en route le couvert et les provisions, est un véritable vaurien. D'un âge indéterminé, il est comme tous les fumeurs d'opium, sans aucune énergie. Je suis obligé de l'attendre le matin, car il n'a jamais fini de fumer ses pipes et ne semble pas désireux de se mettre en route, et je dois faire les plus grands efforts pour me retenir de lui infliger une punition corporelle. Par sa faute nous ne trouvons rien de préparé à l'étape et nous préférerions voyager seuls qu'avec un semblable majordome.

Le 8 août en particulier fut une journée pénible. Ayant trouvé au matin mon mandarin absolument incapable de se lever, je lui avais retiré les insignes officiels qui lui donnaient le droit de réquisitionner, et l'avait abandonné, dans une tente. Puis en cours de route, au croisement de plusieurs sentes, j'avais obligé un Chinois à nous servir de guide. Cet ordre reçu, sans dire un mot, l'homme s'étais mis à marcher devant notre caravane et nous le suivions en toute confiance, lorsqu'au bout de 5 à 6 kilomètres je m'apercus qu'il était sourd et retournait tranquillement à sa propre demeure. Revenus sur nos pas, nous fûmes assaillis par un violent orage qui n'ajouta rien d'agréable à la situation. Il est à remarquer qu'aux Ordos, durant le mois d'août, des orages éclatent à peu près régulièrement tous les trois jours, et sont accompagnés d'éclairs puissants. Mais étant donné une condition atmosphérique spéciale, les nuages courent au ras de terre et les éclairs ne sont pas perçus sous la forme d'un trait étincelant, mais plutôt sous celle d'un intense et soudain rayonnement lumineux.

J'ai remarqué dans toute cette contrée de très nombreuses traces de charbon, tantôt mises à découvert par le lit que s'est creusé une rivière. Je ne doute pas que les gisements soient très importants. Mais, fussent-ils les plus beaux du monde, il n'existe pas de moyen de les exploiter rémunérativement, dans les conditions actuelles onéreuses des transports en Chine. J'en dirai autant dans un autre chapitre des mines du Kansuh, qui tentent le roi des Belges, à tel point qu'il envoya sur place plusieurs ingénieurs étudier les richesses minières, et entretient à Liangchou un agent permanent, dont la mission difficile à mener à bien, est d'obtenir du gouverneur des conditions acceptables.

Le 9 août nous eûmes une véritable surprise dans la vue soudaine du temple de Tchimagara T'chaw, qui émerge au fond d'une immense plaine verte, d'une oasis de grands arbres. Les toits de tuiles de couleur, verts et jaunes, sont du plus riche effet; la gorge creusée devant lui par une petite rivière, très pittoresque, et l'ensemble sont charmants.

Ce temple, construit sur le territoire de Wangtse, contient, parait-il, plus de sept cents lamas. Ce serait peu pour le Thibet, c'est beaucoup pour les Ordos, où il n'est pas facile de réunir les vivres nécessaires à une grande agglomération. C'est un ensemble de bâtiments vastes, et dont une partie a été bâtie suivant la mode thibétaine, c'est-à-dire avec des petites fenêtres carrées, peintes d'une couleur foncée, tranchant sur le blanc des murs. Les deux principaux temples sont surélevés par des terrasses de briques, et les portes de l'entrée sont ornées de peintures particulièrement fines. A l'intérieur de la seconde salle, et sur un des côtés, siège une collection de belles statues de cuivre doré, toutes revêtues de draperies de soie; quelques-unes ont plus de 3 mètres de hauteur. Ce second temple, ou seconde salle, a été érigé suivant le goût chinois. Une succession de trois rangs de trompes et de défenses d'éléphants soutiennent un toit à extrémités relevées. Devant les autels, les offrandes habituelles : gâteaux de graisse de mouton, monceaux de farine, et bols d'eau claire. J'ai essayé d'acheter quelques-unes des peintures ornant les murs, mais à n'importe quel prix n'ai pu les acquérir. Les lamas attachent la plus grande valeur à ces images, souvent vieilles de plusieurs siècles, et les font remonter au temps des premiers disciples de Bouddha. En me promenant à travers le village où les maisons des prêtres s'accrochent l'une à l'autre, je remarquai encore plusieurs peintures anciennes dans un superbe état de conservation. L'une d'elles avait pour sujet le ciel, et l'artiste avait entrepris de représenter les délices, promenades, siestes, dîners, prières, qui attendent l'homme de bien. Une autre, au contraire, représentait les châtiments de l'enfer, et consistait en une roue passée entre les jambes d'un génie à figure effroyable. La partie supérieure de cette roue est consacrée à représenter les mauvaises actions, et la partie basse séparée en seize petits carrés, la façon dont elles sont punies.

Nous étions presque confortablement logés dans une grande chambre haute, ornée de tapisseries et de tapis de Ning-hsia, et nous espérions y goûter un parfait repos, mais avions compté sans la piété et le zèle religieux des prêtres, qui, à l'occasion de je ne sais plus quelle fête, marmottèrent et chantèrent leurs prières toute la nuit. Au matin, le chef des lamas, dans son plus riche vêtement de soie jaune, vint nous présenter des dattes abominablement sèches et une motte de beurre.

Nous quittâmes Djoungara Tchaw peu après et suivîmes une sente qui traverse une contrée semblable à celle que j'ai déjà décrite. Cependant, chose à noter, l'élément chinois proéminent à Tchongar a presque disparu sur le territoire de Wangtse.

Le prince de Wangtse, qui est un des moins importants de la confédération des Ordos, est aussi celui qui montra le moins de considération pour les ordres que le Maréchal Tartare avait envoyés pour nous bien recevoir. Il avait, à l'annonce de notre arrivée, simplement préparé les maisons de terre où la coutume mongole veut qu'il soit donné l'hospitalité aux pèlerins qui traversent le pays et se rendent aux lieux sacrés, à Kumbum par exemple. Je ne pouvais naturellement accepter que l'on nous traitât avec un pareil sans gêne, et piquant mes éperons dans les flancs de mon poney, je filai vers la demeure du prince. Arrivé là, je trouvai toutes les portes fermées, et assisté de quelques hommes, je me mis en devoir d'ouvrir l'entrée principale. A l'intérieur du palais, un silence absolu semblait régner. Nous étions presque au bout de notre ouvrage, lorsqu'une petite entrée de côté, réservée aux subalternes, livra passage à un des servants du prince, qui me pria de le suivre. Je répondis que j'entrerai dans le palais seulement par la grande porte, et donnai l'ordre à mes caravaniers de poursuivre leur besogne. Quelques minutes après, un homme un peu mieux vêtu que les précédents s'approcha de moi, et se présenta comme étant le prince en personne. Il me supplia d'entrer par la petite porte de son palais, la grande entrée ne servant jamais, m'assura-t-il. Mais à ce moment mes hommes avaient réussi à ouvrir les battants hermétiquement fermés à l'aide de barres de bois posées en travers, et je m'avançai dans la cour du palais.

Combien différent de celui de Tchongar! Au lieu de la grande cour à la chinoise, pavée et relativement propre, un carré de terre battue entouré de murs et parfaitement dégoûtant. La seule particularité intéressante de tout l'ensemble, était l'existence de deux tentes mongoles d'un modèle commun, et dans lesquelles le prince vivait de préférence à la petite maison chinoise, composée seulement de trois chambres, qu'il avait au nord de l'enceinte et qui ne servait qu'aux réceptions. Nous nous y installâmes tranquillement, et comme toutes choses ici-bas ont leur amusant côté, nous goûtâmes un grand plaisir à surveiller l'entretien qui eut lieu entre notre chef d'escorte et le prince. Le premier, heureux de pouvoir terrifier un Mongol impunément par la perspective de la colère du Maréchal Tartare, le prit de très haut, et le malheureux prince plaida, pria et sanglota pendant plus d'un quart d'heure, avant que notre centurion consentit à pardonner. Je dois ajouter que ce pardon lui rapporta une somme rondelette.

La misère semble grande sur le territoire de Wangtse. Il nous fut impossible d'y découvrir une farine possible à cuire, et ce ne fut qu'après de grands pourparlers que nous obtiumes un mouton. D'ailleurs, le terrain se prête peu à la culture, et pas beaucoup plus à l'élevage

Il est essentiellement marécageux par endroits, et dans les immenses plaines de près de 50 kilomètres d'étendue qui se déploient devant la demeure du prince, des lacs se forment et disparaissent rapidement, laissant derrière eux un bourbier. Un temple, près du palais, ne vaut pas la peine d'être mentionné.

A 10 kilomètres au sud se trouve la frontière entre les états de Wangtse et de Wuchin. Une petite tente dans les sables en est la seule indication. Quelques formes de huttes sont assez remarquables en cette partie du pays, car les Mongols, n'étant désormais plus nomades, n'ont pas senti la nécessité d'élever des tentes de feutre et des piquets de bois, laissant toujours plus ou moins passer le vent froid de l'hiver; ils leur ont préféré la chaumière de terre battue, mais ont donné à cette dernière la forme en pain de sucre de leurs anciennes tentes, afin de pouvoir conserver leur coutumes centenaires qui se trouveraient bouleversées dans une salle rectangulaire.

Quelques-unes des habitudes de politesse des Mongols valent la peine d'être relatées : tout d'abord, le visiteur qui franchit le seuil de bois formant la partie basse de la porte, ne doit pas poser le pied dessus sous peine de commettre une grave infraction aux règles du savoir-vivre. Il ne doit pas davantage se présenter ayant à la main le fouet dont il se sert à cheval, mais il doit au contraire le laisser avec l'homme qui tient sa bride, ou l'attacher à sa selle s'il est seul. Ce serait une grande inconvenance de passer devant l'autel, élevé à l'intérieur de la tente, dans la direction du nord-ouest, la porte étant toujours au sud, ou de déposer des fardeaux devant les petites statues de Bouddha qui l'ornent généralement. Un Mongol bien élevé ne déposera jamais les cendres de sa pipe sur celles du foyer qui sert à la cuisine, ou ne tournera jamais le dos à l'autel en parlant.

Le 14 août, avant d'arriver au temple de Tara-lama, nous eûmes l'occasion d'admirer une fois de plus la parfaite stupidité des Mongols et la foi absolue qu'ils ont en leurs lamas. Ayant aperçu un cheval attaché par la queue à la porte d'une tente, je demandai pourquoi l'animal n'était pas, comme ses congénères, retenu par un licou. La réponse fut la suivante : un vieillard très malade habitait cette tente qui se sentant plus mal, avait fait venir un lama du monastère de Tara-lama, et l'avait consulté au sujet de sa guérison. Le lama, sans scrupules, avait répondu que si le vieux Mongol lui donnait une certaine somme d'argent, et tenait dans ses mains pendant toute une journée une corde attachée à la queue d'un cheval sacré (le monastère en possède toujours quelques-uns pour d'analogues circonstances), il serait sans aucun doute guéri. De semblables absurdités sont loin d'être rares, et je pourrais en donner un bon nombre d'exemples.

Le monastère de Tara-lama, qui abrite la vie paisible d'une centaine de lamas, est dans un grand état de délabrement. Le premier des temples qui le composent est entouré de tentes, toutes sales et déchirées. Les lamas ne semblent pas doués d'une haute dose d'intelligence. Il est impossible de tirer d'eux le moindre renseignement sur la distance qui nous sépare encore du palais de Wuchin. Les uns affirment que nous n'en sommes pas distants de 150 lis; les autres soutiennent que 400 lis au moins nous restent à parcourir. Pour ajouter à l'indécision générale, un marchand ambulant chinois qui cherche à vendre aux prêtres du temple quelques bibelots et en particulier des boites d'allumettes, avance comme certain le nombre de 300 lis.

Quoi qu'il en soit, nous nous remettons en marche par une chaleur particulièrement accablante et lourde, si lourde même que quelques-uns de nos chameaux, lorsqu'ils sont arrivés à dégager la corde qui, passée dans leur nez, les relie à l'animal précédent, grattent le sable brûlant à l'aide des cornes de leurs pieds, et s'accroupissent sur le terrain plus frais qu'ils ont ainsi mis à découvert.

Nous traversons une contrée qui a bien le type désertique. Des dunes de sable blanc succèdent à d'autres dunes, entrecoupées çà et là par un bouquet de tamaris. Les tentes, que l'on aperçoit d'ailleurs rarement, sont entourées de branchages qui les font ressembler à des cases nègres. Peu à peu cependant, le paysage s'améliore, et nous finissions notre marche sur un chemin de gazon, qui coupe de hautes futaies et semble parfois traverser un vieux parc abandonné. Ici et là notre escorte s'arrête pour cueillir et manger une petite baie blanche sauvage, d'une saveur très amère, ou cueillent pour leur repas du soir une herbe dont l'odeur se rapproche malheureusement trop de celle de l'ail.

Cependant, tout ce sable est on ne peut plus fatigant pour les chevaux, et si les chameaux se trouvent là dans leur élément naturel, nos montures sont épuisées, lorsque nous rencontrons la troupe de mandarins et de soldats que le roi de Wuchin, actuel chef de la confédération des Ordos, a envoyée au-devant de nous. Comme il a décidé de nous recevoir de son mieux, il nous attend, entouré de ses ministres et des principaux lamas du pays, sous un grand parasol de soie jaune. C'est au moment de notre arrivée, une galopade générale, à allure folle, de tous ceux qui nous ont accompagnés, un bruit assourdissant de pétards, suivi de présentations cérémonieuses. Le prince ensuite nous conduit en personne aux appartements qui nous sont réservés, et peu après je lui rends visite, suivant les règles de l'étiquette la plus diplomatique. Il est personnage peu intéressant, mais j'ai alors l'occasion d'observer le grand lama des Ordos, qui m'avait été recommandé comme un homme d'une supérieure intelligence. D'un âge moyen, d'apparence corpulente, il possède un visage agréable et fin. Son chapeau jaune est surmonté d'un bouton du même type et degré que celui du prince, mais il s'habille de pourpre. La population lui témoigne sans aucun doute plus de respect qu'à ce dernier. Il habite toujours avec le prince en charge de la confédération, et est le chef incontesté des temples qui sont disséminés sur toute la surface des Ordos. Tout à fait indépendant de Lhassa et de Kumbum il entretient avec ces deux cités sacrées des relations assez suivies au moyen de pèlerinages qu'il organise périodiquement. Comme tous ses pareils, il cherche à exagérer son importance, et m'assura avoir sous ses ordres un million de lamas. Il en a bien vingt mille. On le dit très opposé aux Européens, mais je le crois seulement opposé aux missionnaires qui travaillent directement contre lui. Son intelligence vive est au contraire tournée vers le progrès, et il ne goûta pas de repos que je ne lui eût expliqué le fonctionnement du télégraphe, du téléphone, et des chemins de fer dont il avait entendu parler.

Je résolus, le lendemain de notre arrivée dans le royaume de Wuchin, de procéder à une chasse aux antilopes, qui y errent par troupeaux de 300 à 500. Nous réussîmes à abattre trois de ces gracieux animaux. L'un d'eux, qui n'était que blessé cria et pleura comme un être humain pourrait le faire, jusqu'au moment où un de mes hommes lui donna le coup de grâce.

Nous reçûmes le même jour deux poneys et un chien en présents, et en retour j'offris un petit révolver de nickel qui fit les délices de Sa Majesté. Je m'abstins, bien entendu, d'y adjoindre des cartouches, de peur que le prince, dans son exubérance et sa joie, ne tuât quelqu'un de ses suivants, ou lui-même. Les poneys étaient fort petits comme ils le sont tous aux Ordos, mais la perfection de leurs formes et surtout leur courage et leur endurance en font des animaux remarquables. Il est constant de voir un Mongol charger sur un de ces animaux, qui ont environ 12 mains de hauteur : une selle de 20 livres, des bagages pour une cinquantaine de livres, puis enfourcher la petite bête, et partir ainsi pour un voyage de trente ou quarante jours à travers des contrées où l'herbe fait souvent défaut.

Je note en passant que je n'ai pu reconnaître l'existence d'un lac porté sur les cartes du pays. Ces cartes, imprimées en Allemagne, sont copiées d'après d'anciens documents chinois, souvent fort inexacts e souvent remplis de détails erronés. Peut-être d'ailleurs, le lac existait-il quelques centaines d'années auparavant, et disparut-il comme d'autres disparaîtront sous peu.

Quittant ce prince hospitalier nous nous remîmes en route, dans des sables et des plaines de gazon, succédant les unes aux autres, et sous une chaleur torride que tempérait seulement un orage survenant tous les trois jours. Ces parages sont visités par des animaux féroces, et nous relevâmes les traces d'une panthère, près du cadavre d'un chameau tué la veille. En conséquence, je donnai à mes hommes l'ordre de bien veiller sur mes animaux pendant la nuit, mais ceux qui connaissent les paysans chinois ne seront pas étonnés, si en faisant ma ronde habituelle vers une heure du matin, je trouvai mes caravaniers blottis les uns près des autres, au fond d'une tente, tremblant de peur. Quoi qu'il en fût, les panthères ne donnèrent pas signe de vie, à ma grande déception ; elles doivent cependant être nombreuses en cette région, car en un jour de marche, je comptai plus de dix cadavres de leurs victimes.

Le 22 août nous passâmes le long d'un lac salé appelé Reulbadgi-nor, et entrâmes dans une contrée riche en troupeaux, dont les habitants, sujets du roi d'Ottock, se livrent à l'élevage rémunérateur des chameaux.

Avant d'arriver à Ning-hsia il ne nous restait plus qu'à visiter le prince d'Ottock, dont le petit yamen se blottit sur le flanc d'une colline aride. Le jeune prince était seulement âgé de huit ans. Son père et sa mère moururent quatre ans auparavant d'une maladie infectieuse, probablement la petite vérole, qui fait des ravages dans les rangs des Mongols, et le laissèrent aux soins du premier ministre. Celui-ci conduisit le petit prince nous visiter, et pour la première fois sans doute, on débarbouilla la figure du jeune souverain. Cependant, ce nettoyage n'était que sommaire, et une ligne du plus beau noir formait un collier naturel autour de son cou. Je lui fis présent d'une boîte à musique et en retour il nous donna un magnifique étalon gris rouan et un pistolet que j'ai pu conserver à travers bien des difficultés. Il donna également l'ordre à ses soldats de faire l'exercice sous nos yeux et de tirer leurs primitifs fusils. Ce fut un spectacle du plus remarquable grotesque. Le plomb étant très rare au doux pays d'Ottock, ces vétérans chargèrent leurs armes de guerre avec de petits cailloux, et l'un d'eux se brûla la figure pour avoir négligé l'élémentaire prudence de tourner la tête lorsque la poudre prend feu et que le coup part. Où vont les balles, je veux dire les cailloux? Personne n'en prend le moindre souci. Le premier ministre m'annonça, non sans fierté, que son maître pouvait envoyer sur les champs de bataille six mille soldats d'une semblable valeur, commandés par quatre-vingts capitaines à bouton bleu, et quinze généraux à bouton de corail rose.

Pauvre petit prince! Il vit seul dans son étroit palais entouré de livres sacrées que lui enseignent de vieux maîtres édentés. Jamais la moindre distraction, jamais un jeu, jamais un rire; ses frères eux-mêmes ont été éloignés, car il doit être sérieux toute son enfance, croient ses tuteurs, pour apprendre à régner sur quelques milliers de pasteurs pauvres dans ce coin de terre!

Bientôt apparurent les sommets de la puissante chaîne de l'Alashan, qui commence à Ning-hsia et va se perdre dans les sables du désert, à l'ouest du fleuve Jaune.

Encore quelques jours de marche, à travers des plaines ondulées d'herbe plus ou moins désséchée, et nous arrivâmes à la cité préfectorale de la province du Kansuh, qui est certainement une des villes les plus adonnées à l'opium et en conséquence une des plus pauvres que j'aie vues. Non loin de la passe, la Grande Muraille, le long de la rivière Ara-cha-gol, et le désert des Ordos finit au pied de ses ruines.

Nous avions traversé celui-ci sans aucune difficulté, soit de la part des hommes, soit de celle de la nature, et après quelques jours de repos, nous allions repartir pour une exploration du désert d'Alashan, bien autrement ardue.

CHAPITRE III

DE NING-HSIA A SAN-TAO-HO — DÉCOUVERTE D'ANCIENNES VILLES

Ayant traversé la Grande Muraille et la rivière Ara-cha-gol, nous n'étions plus sur le territoire des Ordos, mais cependant nous avions encore à parcourir une petite distance pour arriver à Ning-hsia. Surtout il nous fallait de nouveau traverser les fleuve Jaune.

Bien que le jour fût déjà fort avancé, nous résolûmes de faire notre possible et d'atteindre cette préfecture avant la tombée de la nuit, mais nous avions compté sans une série d'incidents qui nous retardèrent. Au premier lieu il fallut nous arrêter quelques instant aux portes de la petite ville de Höng Tchong Kou. Bien que d'un aspect fort misérable et semblant à peu près déserte, elle ne possède cependant pas moins de trois ou quatre mandarins. L'enceinte est presque vide, les anciens habitants ont tous émigré, espérant rencontrer des terres plus fertiles; mais la force de l'habitude en Chine est si grande, que le gouvernement maintient encore en cet endroit misérable un sous-préfet à bouton de troisième rang. C'était d'ailleurs un excellent homme que ce sous-préfet. Il nous offrit des pêches délicieuses, provenant du Kansuh, et semblait être fort désireux de nous voir sans retard continuer notre route sur Ning-hsia. Il n'avait sans doute aucune envie de débourser les quelques sapèques que notre arrêt d'une nuit lui eût coûté.

Il tint à nous accompagner jusqu'au bac qu'il avait fait préparer à notre intention, lorsqu'il avait reçu l'annonce de notre arrivée, et je n'ai jamais vu un mandarin se donner autant de mouvement. Il courait de tous côtés, criant et gesticulant, donnant des ordres si parfaitement ridicules, que nous fûmes plus d'une heure à embarquer le peu de bagages que nous désirions avoir avec nous en arrivant à Ning-hsia. Les chameaux, trop fatigués, devaient suivre le lendemain.

La traversée s'accomplit sans difficultés. Pourtant, l'atterrissage sur une langue de boue glissante occasionna quelques chûtes peu graves, et lorsque je donnai l'ordre à mes hommes de se mettre en route sur-le-champ, nous nous aperçûmes que le soldat qui nous avait été donné en qualité de guide, par le sous-préfet de Höng Tchong Kou, avait déserté, profitant de l'obscurité tombante. Cette constatation était on ne peut plus désagréable. Du point où nous nous trouvions, une grande quantité de petites routes s'éparpillaient dans toutes les directions. Deviner celle qui nous mènerait le plus vite au but était impossible, et je fus obligé de m'en remettre au hasard pour guider nos pas. Le hasard d'ailleurs se montra peu généreux vis-à-vis des voyageurs fatigués, car il n'était pas loin de 2 heures du matin quand nous arrivâmes aux battants de bois, renforcés de clous de fers énormes, qui constituent les portes de la grande ville. En route depuis 6 heures du matin nous étions fort fatigués, et nos montures vacillaient sur leurs jambes. Sentiers après sentiers, nous avions fait un chemin considérable dans l'obscurité, mal reçus quand nous demandions notre chemin aux rares maisons de paysans. Le voyageur qui frappe à une porte à ces heures indues est naturellement pris pour un malfaiteur, et a plus de chance de recevoir la morsure d'un chien de garde, que de rapporter un renseignement utile.

Une fois aux portes, nos déboires n'étaient pas terminés. Probablement abrutis par l'opium, les gardiens de cette noble cité dormaient d'un sommeil que les cris les plus épouvantables et les clameurs les plus stridentes ne pouvaient ébranler. Il fallut environ une demi-heure d'attente pour qu'un veilleur de nuit vînt constater la cause de ce vacarme anormal, et sans répondre à ses questions, aussitôt qu'il entr'ouvrit la porte, nous fîmes en coup de vent irruption dans la ville.

Le reste de la nuit se passa dans un détestable hôtel,

abondamment peuplé d'habitants immondes autant qu'incommodes.

Notre premier soin au matin fut de nous installer plus confortablement, dans l'auberge réservée aux mandarins de passage, et le préfet envoya quelques-uns de ses satellites accrocher des lanternes d'étoffe rouge au-dessus de notre porte; puis, nous allâmes visiter la ville.

Cette dernière n'offre qu'un intérêt très médiocre. Après être parvenus aux terrasses d'un vieux temple qui se dresse au cœur de cette cité antique, nous pûmes constater que la misère et la ruine y régnaient sans conteste. A peine un quart de l'enceinte très vaste est peuplée; le reste est abandonné à des marais, à des amoncellements d'ordures, à des terrains vagues. Cependant, des amoncellements de ruines, çà et là, prouvent que la ville a été autrefois plus prospère. L'opium a en partie tué cette cité dont tous les habitants sont fumeurs. En effet, lorsque ce terrible vice est parvenu à prendre possession exclusive d'un Chinois, ce dernier vend tout ce qu'il possède : ses champs, ses femmes, ses enfants, le toit, les portes et les fenêtres de sa maison. Il vend en été presque tous ses habits, et meurt de froid pendant l'hiver, nu et décharné dans la rue. Le commerce a en conséquence diminué sur une grande échelle. Presque tout ce que les Mongols achètent de nos jours provient de Köei Hua t'chang ou de Pao-tu, ville très marchande, située sur le fleuve Jaune, à l'ouest et à environ 120 kilomètres de la Ville Bleue. Tandis qu'à Pao-tu les principales maisons de commerce valent environ 100,000 taels, celles de Ning-hsia n'atteignent pas, m'assure-t-on, le chiffre de 20,000.

Ning-hsia vit presque exclusivement du commerce des grains, des laines, du poil de chameaux, et de la fabrication de fort bons tapis, de toutes couleurs et dimensions, depuis celui qui se pose sur une selle jusqu'à ceux qui couvrent les krangs les plus larges.

Le passage des bateaux, ou plutôt des chalands qui transportent du Kansuh à Köei Hua, les produits de cette grande province, rapportent un droit sérieux et profitable aux mandarins, mais bien peu d'avantages à la population.

Ayant laissé derrière nous le vieux temple et traversé les restes de fortifications qui se dressent au centre de la ville, nous dirigeâmes nos pas vers deux tours très élevées, et, chose surprenante en bon état, qui sont les seuls monuments dignes réellement d'arrêter l'attention. Elles sont hautes d'environ 40 mètres, et sont construites à sept étages. Elles sont en très bon état de conservation, mais l'accès de leur escalier intérieur est complètement interdit depuis le jour où un marchand étant monté jusqu'au dernier étage se laissa choir et se brisa le crâne. N'ayant jamais éprouvé un plaisir spécial à gravir des escaliers de quelques centaines de marches, nous n'insistâmes pas pour obtenir l'accès de ceux-ci. La vue doit cependant être fort belle du haut de ces tours, car elle peut s'étendre sur le plateau des Ordos, sur le ruban que forme le fleuve Jaune et sur les monts d'Alashan. Ces derniers se dressent à peu de distance de Ning-hsia, au nord-ouest et à l'ouest de cette cité. Leur hauteur maximum est de plus de 3,400 mètres. Il n'existe que bien peu de chaînes de montagnes plus nues, plus stériles, plus sauvages. Nous aurons l'occasion d'en reparler.

Étant revenus à l'auberge nous procédâmes à une distribution de petits présents destinés à récompenser les mandarins chinois et mongols qui nous avaient accompagnés pendant notre traversée des Ordos. Ces dons qui consistaient principalement en pièces de soie, en selles, en pipes et en tabatières, furent reçus par les Chinois avec les démonstrations de la plus grande reconnaissance, mais d'une manière fort différente par les mandarins mongols. Étant très pauvres, les plus hauts boutons mandarinaux mongols ne rougissent pas d'accepter une menue pièce de monnaie, et mes dons en nature n'eurent pas l'air de leur plaire. Je fis alors celui qui ne comprit pas la muette mimique de leur face consternée, et je congédiai tout ce monde. J'appris par la suite que les Mongols s'étaient immédiatement rendus dans les boutiques les plus voisines, avaient vendu pour le quart de leur valeur les présents qu'ils avaient reçus; et du produit de la vente ils avaient acheté de l'eau-de-vie chinoise, et s'étaient enivrés au point de ne pouvoir repartir pour leur contrée avant deux ou trois jours.

Lorsqu'un Mongol trouve une bonne occasion de manger son content aux frais d'une bourse qui n'est pas la sienne, il peut absorber une plus grande quantité de nourriture que n'importe quel peuple! Pendant les deux jours que j'entretins les soldats du roi d'Ottock à Ning-hsia, ils dévorèrent 60 livres de farine, sans compter différents autres ingrédients, et ils n'étaient que huit hommes! Pauvres diables! après tout, je les plains seulement, car ils passent dans leur vie bien des jours sans nourriture.

Vers le soir, le Chengtai, généralissime des forces militaires de la région, vint nous rendre visite.

Ce haut fonctionnaire n'était pas assis depuis cinq minutes sur le krang, buvant la tasse de thé que je lui avait immédiatement fait servir suivant l'étiquette, que je m'aperçus qu'il était particulièrement gêné. Ses manières étaient contraintes et sa politesse compassée. Je le pressai de questions, désireux de connaître les motifs de ses étranges façons, et ne tardai pas à comprendre qu'il avait sur le cœur différentes histoires et complications désagréables survenues récemment, entre les autorités du pays et les missions de San-tao-ho et des environs. Il me raconta une série d'histoires plus ou moins invraisemblables mais avança aussi des faits qui semblaient malheureusement trop probables. Des cessions de terrain avaient été la cause des derniers désordres et le sang avaient coulé.

Je n'ai pas l'intention de m'étendre en ce moment sur le sujet des missions et des missionnaires, de leur façon d'agir, du bien et du mal qu'ils causent, mais je constate que si l'habitude de créer et de constituer des agglomérations ou colonies de paysans chrétiens peut être excellente au point de vue religieux, essayer de les soustraire presque totalement à l'action de leurs chefs naturels, tout vicieux qu'ils soient, est une des causes qui empêcheront toujours une paix sincère de régner entre missionnaires et mandarins.

Peu après cet aveu de la situation, le Chengtai se leva et s'en retourna fumer en son yamen délabré un nombre copieux de pipes d'opium.

Plusieurs autres personnages se présentèrent encore pour nous rendre visite, mais tous semblaient hostiles ou désagréables, et comprenant que nous n'avions rien de bon à attendre d'eux, nous décidâmes de quitter Ning-hsia sans retard.

Nous étions le 2 septembre, et notre route s'orientait au nord, suivant, tantôt de près, tantôt de loin, les bords du fleuve Jaune. C'était un chemin plat, poudreux, sans intérêt d'aucune sorte, et comme nos animaux étaient encore fatigués de leur traversée des Ordos, nous n'avancions que lentement. De tous côtés des moissons florissantes, car la plaine est formée des alluvions du fleuve, qui sont fertiles à l'extrême. Les chaumières sont comme à l'ordinaire en terre battue, sans aucun goût ni décoration. Ici et là un petit temple, élevé par la superstition populaire aux génies de tous genres qu'inventent les imaginations de ces peuples enfants. Généralement ces temples tombent en ruines et conservent seulement de leur éclat premier quelques lambeaux de peintures, lavées sans cesse par les pluies. L'irrigation est bien conduite et les canaux ont été creusées avec une réelle connaissance des besoins de la culture.

Nous traversâmes lentement quelques petits bourgs où notre présence excita une certaine curiosité et nous arrêtâmes pour passer la nuit dans une auberge où une forte odeur d'opium persista, intolérable, en dépit des précautions que nous prenions d'ouvrir portes et fenêtres.

Le lendemain matin il faisait un froid extrême, et un vent violent du nord, qui soufflait des plaines déjà glacées du haut Gobi, nous coupait le visage. La marche n'avait donc rien d'agréable, et nous fûmes heureux d'arriver à Ping-lo et de dévorer à la hâte un repas chaud chez un obligeant marchand, qui nous offrit l'hospitalité pour quelques heures. Ping-lo a été une cité florissante, mais ici comme dans tout le nord de la Chine la moitié de la ville est en ruines. C'est partout la même histoire, lamentable et vraie, d'un peuple qui s'est perdu lui-même par ses vices et son absence de progrès.

Par une marche aussi rapide que l'état de nos montures nous le permettait, nous nous efforçâmes d'atteindre la mission de Hia hin tse avant la nuit. La route, assez bonne au début, devint un peu plus difficile à mesure que nous avançâmes le long du grand canal, qui fut creusé par les missionnaires jésuites lors de leur grand exode en Chine, il y a plus de deux siècles. Ce canal a été remarquablement construit, car après tout ce temps écoulé, l'eau qui continue à passer dans sa voie n'a que peu endommagé les digues. Il distribue les eaux fertilisantes à travers des régions qui, sans sa présence, se trouveraient complètement stériles, étant situées un peu au-dessus du niveau des inondations du fleuve. Ce canal à la forme d'un arc de cercle dont la corde aurait environ 40 kilomètres.

Le canal dépassé, bientôt la route devint très mauvaise. Comme le fleuve avait inondé le grand chemin, nous fûmes obligés de nous diriger à travers des champs de blé, souvent inondés eux-mêmes. Nous utilisions les talus qui séparent les champs, et les passes battues par les troupeaux. Le résultat de ces contretemps et contre-marches fut que nous arrivâmes à Hia hin tse fort tard dans la soirée.

Le spectacle qui s'offrit à nous au soleil levant, le lendemain, était à la fois lugubre et original, en tous cas un de ceux qui ne s'oublient pas.

De trois côtés une nappe d'eau, provenant des débordements du fleuve Jaune, s'étendait, calme et puissante. Elle avait submergé les champs, ruiné les habitations, inondé les voies de communication, en un mot, suspendu la vie. Sur ses ondes à peine ridées par une faible brise, des débris de toutes sortes flottaient, révélant la misère des habitants, chassés par les eaux qui n'avaient rien respecté. Ici, c'étaient les poutres d'un toit, et là c'était un cercueil. Le courant des eaux, assez violent par endroits, spécialement aux points où il avait brisé les digues, avait eu la force de détacher des champs où ils étaient déposés, un grand nombre de ces funèbres objets, et ceux qui n'avaient pas été entièrement submergés, flottaient, demi pourris, contenant parfois quelques restes de squelettes. L'habitude prise par les Chinois pauvres de poser le cercueil sur la terre, sans même le plus souvent le recouvrir de terre, les expose à ces mésaventures. A certaines places où le niveau de l'inondation avait commencé de descendre, à côté de débris de bois de toutes sortes, et de lambeaux d'étoffe, le pied, à l'occasion, heurtait un crâne blanchi, rempli d'eau.

Sur la route principale, menant à la porte d'entrée de la mission et un peu à gauche, se dressait un funèbre appareil haut de 10 pieds et se composant d'une corde fixée à deux piquets de bois. Des caisses à barreaux espacés, au nombre de dix, se balançaient au gré du vent, suspendues à cette corde, et ne renfermant rien moins que dix têtes de suppliciés.

Quelques mois auparavant, Hia hin tse avait été le théâtre d'un tragique massacre de missionnaires : Lors des troubles de 1900, les femmes d'un certain nombre de chrétiens chinois avaient été capturées et vendues aux alentours. Plusieurs d'entre elles avaient été achetées par des musulmans, très nombreux et redoutés dans la région. Les missionnaires s'acharnant à poursuivre ces femmes partout où elles se trouvaient, et à les reprendre, sans payer à leurs époux actuels l'indemnité qu'ils réclamaient, avaient excité contre eux un vif sentiment de haine et de vengeance. Une coalition s'était formée, un complot s'en était suivi, d'où était résulté le massacre de deux prêtres belges.

Les mandarins informés avaient arrêté un certain nombre des coupables présumés et leur avaient coupé la tête. Pour rendre le châtiment plus évident et pour impressionner davantage les populations, ils avaient suspendu ces hideux trophées non loin du lieu du crime, et comme d'ailleurs les musulmans étaient loin d'être calmés et l'agitation loin d'être terminée, ils avaient fourni à la résidence de Hia hin tse un petit poste de soldats, chargés de maintenir l'ordre. Ces satellites passaient leur temps à fumer l'opium ou à voler les paysans, et si des troubles éclatent encore à cet endroit, je serais bien étonné que les soldats ne fussent pas au premier rang des coupables.

Après avoir joui pendant trois jours de l'aimable hospitalité qui nous était offerte, nous nous remîmes en marche, pour nous diriger vers San-tao-ho, le plus important centre des colonies chrétiennes fondées en Mongolie, et que nous avions le plus grand désir de visiter.

Pour ce faire, San-tao-ho étant sur le bord du fleuve Jaune, à quelque 150 kilomètres au nord, il nous suffisait de suivre ses berges. Cependant ce projet simple, nous souriait peu. Non loin de Hia hin tse, de grands bancs de sable descendent jusqu'au niveau du fleuve et, étant très mobiles, rendent la marche particulièrement pénible. Aussi à la suggestion d'un des missionnaires, nous résolûmes de nous rendre à Shih-tsui-tse, à peu de distance, et là, de louer une barque et de nous laisser porter jusqu'à notre destination par le rapide courant du fleuve.

Dans la petite ville de Shih-tsui-tse, où nous arrivâmes à 5 heures de l'après-midi, ayant été longtemps embarrassés dans notre route par les différents bras de l'inondation, et par une boue glissante, là où les eaux s'étaient retirées, nous ne nous arrêtâmes pas. Shih-tsui-tse est un bourg minuscule, et sans le continuel passage des chalands il n'existerait même pas.

La barque qui nous avait été réservée mesurait une dizaine de mètres d'une extrémité à l'autre, et environ 3 mètres de large. Elle était à fond plat, à bouts carrés, et séparée en trois compartiments par des cloisons de bois. Dans le compartiment du milieu, une espèce de tente en nattes avait été dressée, où nous nous installâmes assez confortablement, enchantés à l'idée de nous laisser paresseusement bercer par les flots, et d'éviter de faire à cheval un bon nombre de kilomètres, contre le vent du nord nous soufflant au visage.

Nous ne partîmes pas le soir même, mais le patron de l'embarcation, un musulman à figure soupçonneuse, nous assura qu'il se laisserait aller au courant le lendemain dès l'aube.

A notre réveil nous constatâmes qu'il avait tenu parole. Nous filions à toute vitesse entre les berges espacées du fleuve sur des eaux couleur de boue.

Le paysage changeait d'apect à tout moment. Les bois nus et sauvages succédaient aux buissons de tamaris, pour être à leur tour remplacés par des dunes de sable étincelant au soleil.

L'embarcation descendait le courant à une vitesse un peu inférieure à celle des eaux mêmes, et que j'évaluerai à 12 kilomètres à l'heure, dans les endroits où les berges étaient resserrées; à 8 environ, lorsque le fleuve coulait dans un lit élargi. Rien ne pouvait être plus plaisant que cette descente douce et rapide, sans secousses et sans poussière. Après bien des mois c'est un des plus plaisants souvenirs que nous puissions nous rappeler. Un chaud soleil éclairait d'une lumière intense le paysage qui se déroulait, et le grincement de la longue pièce de bois servant de gouvernail, était le seul bruit que nos oreilles pouvaient percevoir.

De temps à autre nous dépassions, enfoncé jusqu'à plat-bord dans l'eau, un chaland dont la lourde charge retardait la marche, ou nous croisions une barque vide, revenant de Pao-tu et que les mariniers hélaient péniblement le long des bords. De Shih-tsuitse, point où nous nous étions embarqués, à Pao-tu, un chaland se loue 50 taels et transporte 30 tins de marchandises, soit environ 9,000 livres chinoises. Il accomplit le trajet, qui est de 450 kilomètres, en six ou sept jours, mais pour remonter le courant et revenir à son point de départ il lui faut au moins trois à quatre semaines, selon le courage et la force de son équipage. Ainsi que je l'ai dit, le nombre de bateaux qui sillonnent le fleuve est considérable. Entre les deux points que je viens de citer, et pour lesquels j'ai pu assertir des chiffres, il ne circule pas moins de cinq mille chalands. Une compagnie de chaloupes à vapeur les remorquant à la descente et au retour, et réduisant le total du parcours de trente-cinq jours à six, aurait un succès assuré et remplirait à n'en pas douter les coffres des actionnaires. Nulle part le fleuve n'offre une vitesse trop grande pour être remontée, ou un fond trop bas pour laisser passage à une chaloupe. Les mariniers de notre équipage m'affirmèrent à plusieurs reprises que le fleuve présente sur tout son parcours au moins 5 pieds d'eau : c'est plus que suffisant. Des bancs de sable, il est vrai se déplacent sans cesse, mais c'est l'affaire des pilotes de connaître chaque jour leur situation et de les éviter.

Dans l'après-midi de cette journée reposante et charmante, tandis que nous longions sur notre droite la chaîne des montagnes appelée Arbas-ulan, élevée d'environ 1,500 mètres et le plus important relief du plateau des Ordos, j'aperçus soudain une antilope qui s'abreuvait en toute sécurité et ne semblait même pas s'émotionner à notre passage. Dans l'espoir d'un bon coup de fusil je donnai l'ordre d'aborder et me mis en devoir de retrouver le précieux gibier. Je l'aperçus bientôt, qui avait quitté la berge et broutait le rare gazon. Je fis feu, l'animal bondit, trotta quelques mètres et s'arrêta. Je l'avait évidemment manqué et m'attendais à le voir fuir à toute vitesse, mais à ma grande surprise il ne bougea pas. J'ajustai mon second coup avec soin et réussis à l'abattre. Cependant, quel ne fut pas mon étonnement et ma confusion, lorsqu'en approchant je constatai que la gracieuse bête avait au cou des prières et des lambeaux d'étoffe rouge, par lesquels les superstitieux Mongols consacrent aux divinités toute espèce d'animaux. Mon antilope était apprivoisée! Non loin de moi, et dans la direction des montagnes, j'aperçus bientôt deux tentes, et, chose beaucoup plus désagréable, une demi-douzaine de Mongols qui accouraient, gesticulant. Avec l'aide de deux hommes qui m'avaient suivi j'essayais en toute hâte d'emporter l'antilope jusqu'au bateau, mais, courant à toutes jambes, les indigènes nous coupèrent la route et commencèrent à nous insulter et à nous menacer. Pour les apaiser, je leur offris un lingot d'argent. Cela ne leur suffisait pas et ils exigeaient une somme arbitraire qu'il eût été tout à fait ridicule de payer. Laissant alors entre leurs mains cinq taels environ trois fois la valeur d'une antilope à Ning-hsia. Je me fis route jusqu'au chaland et embarquai, sain et sauf, avec mon butin, qui prouva par la suite être particulièrement savoureux, grâce à la sollicitude avec laquelle les lamas avaient dû pourvoir à ses besoins.

Au soir tombant, les bateaux ne continuant jamais leur route durant la nuit, nous nous arrêtâmes au village Tong Kou, sur la rive gauche du fleuve. C'est un petit point perdu, à demi enseveli dans les sables que le vent amoncelle en dunes d'une étendue considérable, et qui ne doit sa relative importance qu'au commerce du sel.

Après une nuit paisible, nous continuâmes notre route à travers un paysage qui différait très peu de celui de la veille : sur la rive gauche des tamaris en grand nombre et des dunes, sur la rive droite, des sables et des alluvions dèsséchèes. Vers 3 heures de l'après-midi nous fûmes en vue de San-tao-ho et ayant trouvé non sans difficulté un point convenable pour débarquer, nous fûmes cordialement reçus par le vicaire apostolique des Ordos et de Mongolie occidentale, Mgr Bermyn.

Ainsi que je l'ai déjà dit, San-tao-ho est une des plus grandes colonies chrétiennes qui se puissent rencontrer et une des plus florissantes. Des milliers de paysans se groupent autour de son enceinte, et sans approuver le principe en lui-même qui les a réunis, je dois admirer pourtant le travail et la persévérance qu'ont déployés les missionaires, fondateurs d'un semblable établissement.

Ici, comme partout à la même époque de l'année, l'inondation avait causé ses ravages. Le désastre avait été si loin que la plupart des moissons étaient détruites et les cultivateurs obligés de vivre de peu et de compter sur la mission comme sur une mère nourricière.

San-tao-ho, proprement dit, comprend une enceinte quadrangulaire assez vaste, murs construits en motte de terre battue entremêlées de paille, au sommet desquels court un chemin de ronde. Ces murs sont extrêmement résistants aux boulets et aux balles. Ma propre expérience m'a amené à constater qu'une balle de fusil de guerre Manlicher tirée à 26 mètres ne pénétrait pas à plus de 18 centimètres. Leur plus grand ennemi est l'inondation, qui vient baigner leur pied, et peu à peu entraîne une certaine quantité des matières dont ils sont formés.

A l'intérieur, l'église, la résidence, un grand jardin et un petit village trouvent place côte à côte. Bien que les habitations des missionnaires, qui nous avaient donné une de leurs meilleures chambres, soient confortables, ce qui nous causa la plus vive sensation de plaisir fut le jardin potager, et le parc avec ses grands et beaux arbres. Une telle magnificence dépasse les expectatives du voyageur qui vient de traverser les Ordos et s'arrête un instant au seuil du terrible désert d'Alashan.

San-tao-ho a toute une histoire qu'il serait long de narrer en détail. Je dirai seulement que pendant les troubles de 1900, au lieu de fuir et de délaisser leurs chrétiens au moment du danger, après leur avoir donné une abondance de belles promesses en temps de paix, comme une certaine catégorie de missionaires protestants, les missionnaires catholique guidèrent les habitants de San-tao-ho, et entreprirent une défense superbe qui fut complètement récompensée par la fuite des Boxeurs et le salut de ces chrétiens.

Aux environs de San-tao-ho les chrétientés se pressent, nombreuses, cultivant des terres concédées et vivant assez heureuses entre elles. Lorsqu'une dispute éclate ou qu'une affaire réclame l'intervention d'une autorité, on vient trouver l'évêque, qui préside un perpétuel tribunal d'arbitrage. Le plus mauvais côté de ce système est qu'en toute circonstance, qu'ils aient tort ou raison, les chrétiens considèrent leurs missionnaires comme moralement obligés de les soutenir. En cas de famine, au lieu de chercher du travail ou de compter sur leur propre industrie pour se nourrir, ils ont recours à la bourse largement ouverte des Pères. Dans ces conditions, être chrétien c'est avoir une existence à peu près assurée. Il ne faut donc pas s'étonner si beaucoup s'empressent de trouver dans un changement de religion la sécurité du pain de chaque jour.

Les autorités étaient, paraît-il, très mal disposées vis-à-vis de San-tao-ho. Nous en avions déjà eu des preuves à Ning-hsia. Ici nous en reçûmes de nouvelles, car on avait affiché, non loin, des pamphlets hostiles aux Européens. San-tao-ho est en guerre sans fin avec toutes les autorités avoisinantes.

Les actes du Maréchal Tartare, qui reprend en ce moment des locataires actuels, les terres cédées à bail par les Mongols, ne sont pas faits pour apaiser la contrée. Il agit ainsi au nom de Pékin, mais comme il n'offre pas de compensation raisonnable, il irrite indûment les populations. Des bandes de brigands parcourent la contrée et sont composées en grande partie des gens expropriés. Il n'est pas rare d'entendre parler d'assassinats commis sur les envoyés officiels ou leurs soldats : l'autorité du Maréchal semble ici bien peu de chose.

Je rapporte ces faits pour donner une idée aussi exacte que possible de ce qui se passe loin des grands centres. A Pékin, le mot d'ordre est : « Le calme règne ». A l'intérieur, c'est différent. Meutres, jalousies, trahisons, mensonges sont à l'ordre du jour, soit avec les chrétiens, soit entre Chinois. Il en a toujours été ainsi, il en sera de même pour des années encore, là où l'influence japonaise ne peut pas pénétrer facilement. La Chine change, crie-t-on de tous côtés! La Chine n'a pas changé, son gouvernement seul essaie un changement. Il peut réussir en certains points, mais avant que les centaines de millions de paysans chinois, insensibles, dans la léthargie de leur routine, s'éveillent, il s'écoulera un nombre d'années très long, que nul n'est en état de préciser,

Nous avons décidé le 14 septembre de quitter pour

quelques jours la charmante hospitalité que nous recevions, pour pousser une pointe dans le nord de l'Alashan. Je désirais visiter les ruines d'anciennes cités qui florissaient autrefois sur les berges du lit déserté du fleuve Jaune qui a changé son cours nombre de fois, toujours refoulé par les sables du désert. J'avais également l'intention de visiter, en venant du sud, le temple d'Aque Miao où l'explorateur russe Obrotchieff passa autrefois quelques jours, venant du nord-ouest.

La caravane se composait encore de chameaux. J'en avais acheté quelques nouveaux et ne pouvais songer à emmener d'autres aminaux dans une contrée composée en grande partie de sable mou.

Le commencement de la marche fut marqué par un incident amusant : un des chameaux, maladroit comme ils le sont tous, trouva moyen de tomber dans un fossé de boue grasse, qui séparait la route d'un champ de blé. Une fois tombé, un chameau ne peut se relever que s'il arrive à disposer convenablement ses larges pieds en dessous de lui, et si le terrain est à peu près plat. Ce n'était pas le cas et l'animal gisait les quatre pattes en l'air, parfaitement résigné à son sort et incapable de faire un mouvemcut utile. Il fallut plus d'une demi-heure, et les efforts réunis de tous mes hommes, passant des cordes sous son dos, pour le tirer d'affaire.

Après avoir marché 35 lis, soit 16 kilomètres

au nord de San-tao-ho, à travers des champs qui appartiennent aux chrétiens, nous obliquions soudainement à l'ouest et la scène changeait : deux ou trois dunes de sable traversées et nous étions en plein désert. Nous suivions une faible sente tracée par une caravane de chameaux passée peu avant, et le soir nous nous arrêtions sur les bords d'un puits sans margelle, qui, à 10 mètres, ne révélait pas sa présence.

De bonne heure partis le lendemain nous faisions 20 kilomètres dans la même direction avant de déjeuner. Comme tout ce pays est un absolu désert, avec de très rares puits creusés par les caravaniers, nous ne trouvions pas une goutte d'eau pour nous abreuver, et repartions promptement pour arriver vers le soir sur les bords d'un des anciens lits du fleuve Jaune. Le vent a creusé d'énormes fissures dans les berges et toute la contrée a beaucoup souffert de cette érosion. Non loin de là existe un puits, abrité entre deux dunes de sable, qu'il serait impossible de trouver sans un guide expert, comme le Mongol Norbo, que nous avions emmené avec nous. Des nuages cachaient les montagnes, toutes les dunes se ressemblaient entre elles, et cependant ce fils du désert n'hésita pas un instant sur la position exacte du puits où il n'est cependant venu lui-même qu'une fois.

Le jour suivant nous ne faisions que peu de route, dans une direction sud-ouest mais nous parvenions à un point particulier du désert qui ne manque pas d'intérêt. Éparses dans l'immensité nue et farouche, plus de trois cents tombes, à demi enfoncées dans le terrain d'alluvion, quelques-unes recouvertes de sable, d'autres, béantes, d'autres, parfaitement intactes, sont les vestiges les plus frappants et les plus impressionnants, d'une civilisation autrefois intense, que nous fûmes les premiers à contempler après un laps de temps impossible à préciser, où ils restèrent perdus à la connaissance des hommes.

Ces tombeaux sont longs de 3 à 4 mètres, larges de $1^{m},50$. Ils sont généralement groupés deux par deux et l'on peut deviner autour de chacun de ces groupements les anciennes lignes des fossés qui les enserraient. C'est ainsi que procèdent les Chinois pour les tombeaux de personnes riches. Un fossé ou un petit mur les séparent des champs avoisinants, leur sommet est en forme de dôme, l'emplacement qu'ils occupent est rectangulaire. Ils sont bâtis d'énormes briques fort lourdes, de couleur grise, rarement rouge et d'un pied carré, ou plus, de surface. Quelques-unes de ces briques ont été absolument émiettées par le vent et le sable, mais on peut en trouver de parfaitement intactes, qui sont certainement les plus lourdes et les plus solides qu'il nous ait été donné de voir.

J'avais résolu d'extraire de ces tombes le plus d'informations possible, et je donnai à mes hommes l'ordre d'attaquer à la pioche l'une de celles qui paraissaient dans le meilleur état de conservation. J'eus quelque peine à les décider, car pour un Chinois, la violation d'un tombeau est un fait très grave, et il croit bénévolement, superstitieux, qu'un tel acte jettera un mauvais sort sur le reste de ses jours.

Cependant, après quelque temps, mes gens durent obéir, et la pioche résonna sur ces vieilles briques, qui ne se laissaient pas briser sans résistance. La portion supérieure du tombeau enlevée, nous nous trouvâmes en présence d'une terre remplissant exactement l'intérieur du tombeau et particulièrement dure. Je fis creuser cependant une espèce de puits, profond de 5 à 6 pieds, et alors la pelle rapporta des débris de bois de cercueil en grande quantité. Ce bois que je crois être du peuplier doit remonter à une très haute antiquité. Les débris étaient d'ailleurs éparpillés, séparés les uns des autres par des couches de terre. Malgré nos efforts il fut impossible de découvrir des ossements ou des objets quelconques. Laissant les hommes cuire leur dîner nous descendîmes nous-mêmes dans le trou qu'ils avaient creusé, afin d'examiner de plus près les conditions du terrain. C'était de la terre d'alluvion qui ne semblait pas avoir été jetée à cet endroit par la main des hommes, car tous les 3 ou 4 millimètres une ligne horizontale courant à travers toute la couche se montrait non brisée. Cette alluvion semblait donc avoir pénétré le tombeau et s'y être déposée bien après que le monument eût été élevé.

Près des tombes et répandus sur le sol en très grande abondance se trouvaient des débris de poteries en petits fragments. N'ayant découvert que le bois des anciens cercueils à l'intérieur des tombeaux nous fouillâmes avec persévérance les endroits où se trouvaient ces poteries et fûmes assez heureux pour découvrir quelques vieilles pièces de monnaie, anciennes sapèques, des pointes de flèche en silex et le manche d'une sorte de cuiller. Parmi tous ces débris nous choisîmes plusieurs pots, ou du moins plusieurs morceaux brisés ayant fait autrefois partie de vases et de bassins, dont les dessins étaient plus particulièrement remarquables. Nous trouvâmes également des billes en terre, semblables à celles dont se servent les enfants, une pierre à aiguiser les lames des couteaux où des sabres, et différents objets, tous plus ou moins en pièces, dont je n'ai pu déterminer l'origine ni l'usage.

Poussant encore l'investigation, nous arrivâmes près d'un ancien four à briques absolument démoli. Peut être celui dont se sont servi les constructeurs des tombeaux, et d'où sont sorties ces magnifiques briques que nous avions admirées. Là encore, des poteries brisées, jusqu'à être en miettes, couvraient le sol. Comment ont-elles été réduites en si minuscules fragments? Comment se fait-il que ces fragments sont à peine recouverts de terre et semblent avoir été abandonnés depuis peu de semaines? Probablement le vent a déplacé récemment la dune de sable qui les recouvrait.

La nuit venue, nous dûmes interrompre nos recherches; mais dès l'aube suivante, nous interrogions à nouveau les traces qu'à laissées cette vie disparue. A l'ouest, dans les dunes de sable assez hautes nous découvrîmes un grand nombre d'ossements humains. Examinant avec soin ces restes, nous nous aperçûmes qu'ils ne dataient pas d'une époque reculée, et n'étaient que les squelettes de Mongols abandonnés par leurs parents après la mort, dans cet endroit désert et suivant la coutume.

Comme une plus longue recherche ne semblait pas devoir amener de nouveaux résultats, nous reprîmes notre marche vers le puits que nous avions quitté la veille, à la grande satisfaction de nos deux chevaux qui n'avaient pas bu depuis plus de vingt-quatre heures. Il n'y a pas une goutte d'eau où une touffe de bonne herbe dans toute cette immensité.

La nuit fut glaciale pour la saison : 5° sous zéro. Nous avons souffert mais moins que nos gens, qui, persuadés que l'hiver ne commencerait pas si tôt, n'avaient sur leur dos que de minces vêtements. Ils passèrent la nuit à alimenter un grand feu de broussailles sèches et ne dormirent pas une minute. Aussi furent-ils prêts de bonne heure à se mettre en route.

Remontant vers le nord, dans un désert monotone et désolé, nous nous dirigeâmes vers des ruines dont le guide Norbo nous avait affirmé connaître la situation exacte et que les Mongols qui s'aventurent parfois dans ces parages, à la recherche d'un chameau égaré, appelent Poro-hoto, ou ville grise.

Après avoir parcouru une trentaine de kilomètres et traversé un ancien lit du fleuve, nous nous arrêtons dans une espèce d'entonnoir formé par le vent entre trois dunes très hautes qui nous devaient abriter des brises froides. Aux environs poussaient quelques broussailles dont les chameaux entreprirent de se nourrir. Partout, le silence et le calme absolu. Ce fut un de nos camps les plus confortables.

La ville détruite n'était pas loin du campement, et nous nous y rendions le lendemain matin, armés de pioches et de pelles portées par six hommes.

Ce qui reste de l'enceinte forme un rectangle percé de quatre portes, dont un des angles contenait évidemment une rotonde de défense, derrière laquelle devaient s'élever deux temples, dont on peut retrouver sur le sol les débris des tuiles, et une grande quantité de morceaux de fer et de plomb qui semblent avoir été fondus dans un terrible incendie. C'est à cet endroit que nous commençâmes les fouilles. Les hommes se mirent au travail avec ardeur car il ne s'agissait plus de profaner un tombeau; mais à mesure que le trou s'agrandissait notre déception croissait. La pelle ne rapportait en effet que des débris analogues à ceux qui jonchaient la surface; des bouts de fer, de plomb ou de cuivre, et des morceaux de tuiles de couleur. Je fis ouvrir une nouvelle tranchée un peu plus loin. Le résultat fut le même, à l'exception de la trouvaille d'une pièce de monnaie, analogue à celles découvertes deux jours avant près des tombeaux. Ces pièces de monnaie remontent à la dynastie de Soun, ou... Désappointés, nous abandonnions l'emplacement des temples, et nous parcourions l'enceinte. Des pierres, assez larges et non cimentées entre elles, marquent, à n'en pas douter, l'emplacement du yamen, appuyé au mur du nord et regardant en face, au sud, la porte d'entrée principale. Ces pierres servaient de fondation aux différents bâtiments et l'on peut, en les suivant, relever la disposition des salles écroulées. Partout une profusion de tuiles de couleur, réduites en miettes, partout des débris qui semblent avoir été pulvérisés à plaisir.

Au moment où nous finissions cette constatation, un Mongol apparut dans une brèche du mur d'enceinte, et poliment s'informait du but de notre visite. Il nous racontait que personne, parmi les Mongols d'Alashan, ne connaissait l'exacte origine et histoire de

Poro-Hoto. Bien longtemps avant notre visite, les pâtres et chameliers qui d'aventure passent non loin de cet emplacement l'ont visité avec soin et se sont approprié toutes les pièces de monnaie où menus objets qu'ils ont trouvé à la surface du sol. Le Mongol nous assura que non loin de notre camp existent encore des tombeaux, et que, d'après la légende, les ossements qu'ils contiennent seraient beaucoup plus grands et plus lourds que ceux des hommes de nos jours. Remerciant ce brave homme qui habite une petite tente très pauvre, à quelques kilomètres au nord, et vit de l'élevage de maigres chameaux, nous nous dirigions vers le nouvel emplacement où se trouvent en effet les tombes dont il avait parlé. Elles sont semblables à celles que nous avions examinées deux jours avant, mais en moins bon état de conservation. Je réussis à déterrer un tibia; sa longueur est absolument normale, et il ne semble pas remonter à une époque bien reculée.

Vers 6 heures du soir nous nous remettions en marche, pour nous rendre à un puits dont il nous avait affirmé l'existence, qui devait être très rapproché, et que j'espérais découvrir seul. Mais je ne pus le trouver et, après avoir erré jusqu'à 10 heures du soir en suivant des pistes de chameaux qui se croisent dans tous les sens, je finis par donner l'ordre de stopper dans une petite vallée, entre les collines de sable qui présentent l'avantage d'être recouvertes de broussailles. Cela nous permit de faire du feu, ce qui fut une consolation. Nous n'avions pas une goutte d'eau, n'avions pas bu depuis le matin, et après une journée passée au milieu des ruines de Poro-hoto, dans un travail assez pénible, nous éprouvions une soif ardente. Si grand était notre besoin que nous ne pouvions manger une grillade rapidement cuite qui n'eût fait qu'aggraver notre soif. Nous nous étendions pour dormir ayant envoyé le guide Norbo acheter quelques provisions dans une tente mongole après avoir entendu les complaintes des hommes de la caravane. Dans une circonstance désagréable ce sont toujours ces individus, habitués cependant à vivre de bien peu de choses, qui se lamentent le plus.

A peine le soleil dépassait-il l'horizon que nous nous mettions en route, dans l'espoir d'étancher notre soif le plus rapidement possible. Avec la clarté bienfaisante du jour nous pouvions suivre sans nous égarer la bonne direction, et ayant enfin trouvé une piste laissée par des chameaux en caravane, et non par des chameaux en liberté, qui s'égarent de tous côtés, je devins certain que nous trouverions bientôt un puits. A mesure que nous avancions cependant les dunes devenaient plus hautes et plus profondes. La plus faible trace de végétation tendait à disparaître. Nous marchions d'un bon pas et les monts derrière lesquels s'abritent Aque Miao se rapprochaient sensiblement quand du haut d'une dune nous aperçûmes deux où trois cents chameaux conduits par quelques filles mongoles, qui se dirigeaient tous vers un point peu éloigné, sur notre gauche. En conséquence nous changions un peu nòtre route et arrivions à un puits où une jeune mongole abreuvait, ainsi qu'elles ont charge de le faire à jour fixe, les troupes de chameaux élevés dans la contrée. La jeune fille pouvait avoir seize à dix-sept ans, et nous adressa un agréable sourire un instant effacé par l'étonnement que lui causa notre arrivée. Elle semblait fort peu effrayée par la présence des chameaux, qui autour d'elle se pressaient, se mordaient, et ruaient à qui mieux mieux dans l'espoir de s'abreuver avant leur tour. De temps à autre elle les frappait sur le nez avec un bout de corde, et se remettait tranquillement à puiser de l'eau dans une vanne en jonc tressé, aussi serré que possible, mais qui laissait pourtant se perdre une grande partie du liquide. Lui ayant demandé un peu d'eau, elle nous offrit aimablement le réceptacle dans lequel un chameau avait déjà bu, et s'étonna beaucoup que nous la priâmes de puiser à nouveau.

Nous faisons une petite halte auprès de ce puits et dévorions un léger déjeuner, cuit immédiatement, grâce à un bon feu de crottin de chameau, aisément alimenté.

Au moment de nous remettre en route, Norbo apparaît rapportant les vivres nécessaires. Il a passé une nuit à notre recherche, nous raconte-t-il, étant fort effrayé à l'idée que nous pouvions nous perdre. Je commence à connaître assez les Mongols pour savoir que toute sa phraséologie est une simple question de politesse. Norbo a passé une bonne nuit non loin du puits où il nous a rejoints, après un copieux dîner, ainsi qu'en témoigne une brèche sérieuse dans les provisions qu'il nous a rapportées.

Nous n'étions pas loin désormais de la lamaserie d'Aque Miao que nous avions l'intention de visiter. Pour y arriver, il nous suffisait de traverser la petite partie du désert de sable large de 6 à 7 kilomètres qui nous séparait encore des mont Chara-narin-ula.

Nous atteignîmes ces montagnes vers midi. Elles sont sans grande altitude, et d'une absolue aridité. Leurs flancs nus et désolés se dressent au-dessus du désert comme un grand mur de couleur foncé, tantôt bleu, tantôt jaune, blanc ou rougeâtre. A leur pied, ici et là, une source ou un puits fournissent de l'eau aux caravanes venant du Kansuh par Repalaraitse et qui se rendent à Pao-tu ou à Ourga, au sud de la Sibérie. De petits temples ont été élevés à chacune de ses oasis sans verdure, dont les lamas vivent du passage des caravaniers. Avant d'entrer dans la passe d'Aquè, du nom du temple qui s'y cache, nous remarquions un peu à droite une grande et large échancrure qui porte le nom de passe des Calchas. C'est par là que s'aventura, en 1900, une nombreuse troupe de missionnaires, fuyant le danger qu'ils croyaient imminent au Kansuh. C'est également le chemin par lequel s'échappa un des envoyés du roi des Belges au Kansuh dont la mission était d'obtenir des concessions de mines. Le nom de passe des Calchas, que lui donnent les caravaniers, est justifié par le fait qu'elle mène chez les Mongols de ce nom, au nord du Gobi, non loin d'Ourga.

La gorge dans laquelle nous entrâmes présente quelques sites pittoresques, en dépit ou peut-être à cause de leur extrême sauvagerie. Tout le long du lit de la rivière, du reste à sec, les obos se succèdent, couverts de petites pierres déposées par la piété superstitieuse des pèlerins mongols, qui sont persuadés de se rendre les divinités favorables, au moyen de cet hommage.

A mesure que nous avancions, le ravin devenait extrêmement étroit et laissait une place juste suffisante pour passer, lorsqu'il déboucha soudainement dans un cirque de montagne, où se trouvent les temples à terrasse d'Aque Miao.

Un seul européen jusqu'alors les avait visités et les lamas semblaient voir s'avancer notre caravane, pourtant bien modeste, avec un sentiment de frayeur. Ces lamas avaient, en 1900, été les instigateurs d'un grand nombre de méfaits et de meurtres sur les personnes des chrétiens de San-tao-ho et des missions avoisinantes, par leur action sur l'esprit alors exalté des populations, auxquelles ils prêchaient la guerre sainte. Ils savaient que nous venions de San-tao-ho et craignaient des représailles. Ils nous conduisirent en tremblant vers une grande tente dressée dans une cour et ornée de coussins de cérémonie en tapisserie jaune, tandis que les caravaniers étaient dirigés vers une autre tente un peu plus grande, mais non ornée.

Les politesses allèrent leur train : le thé fut versé et bu. Peu à peu je rassurais ces pauvres êtres sur mes intentions; leur faisant entendre que nous désirions seulement visiter leurs temples, décrits comme forts intéressants et qu'ensuite nous repartirions. Cette dernière partie de mon discours sembla leur plaire particulièrement, et sur ma demande ils se mirent en mesure de nous servir de cicerone.

Aque Miao ne ressemble à aucune des lamaseries que nous avions déjà visitées et que nous vîmes par la suite. Son emplacement est remarquablement sauvage; c'est une petite plaine triangulaire formée par la réunion de trois vallées qui y débouchent. Elle est entourée de rocs à pic à peu près inaccessibles et qui ne laissent pénétrer le soleil que pendant quelques heures. Les temples sont à terrasses, sans étages,

LE TEMPLE D'AQUE-MIAO

sauf pour un seul, et blancs, à fenêtres carrées peintes en rouge. Un grand obo s'élève en face du principal d'entre eux, et le marché ou foire annuelle se tient autour. Les maisons des prêtres bouddhistes s'accrochent ici et là au flancs des rocs, et le chemin qu'il faut suivre pour parvenir à quelques-unes est tel, qu'une fois arrivé on ne doit guère éprouver le désir de redescendre. Quelques-uns de ces moines bouddhistes sont de véritables cénobites.

Le côté le plus curieux d'Aque Miao ne consiste pas seulement dans sa situation, mais plus spécialement dans un temple édifié dans une grotte, à mi-hauteur de la montagne, et dans un souterrain dont les Mongols parlent avec la plus grande vénération.

Pour parvenir à ce temple principal nous gravissons un escalier assez raide qui nous élève de plus de 100 mètres au-dessus des autres constructions. Un garde-fou de bois peint court tout le long et, très rapprochés les uns des autres, sont fixés de petits moulins à prières, afin que tout en montant au temple les lamas puissent gagner une abondante moisson de mérites. Le seul fait de monter plusieurs fois par jour cet escalier glissant, qui doit être impraticable après une chute de neige, est déjà en soi-même fort méritoire.

Comme nous arrivions aux portes du temple nous dûmes attendre quelque temps, car le gardien des clefs étaient fort âgé et montait avec une grande difficulté. Une fois les lourdes portes ouvertes nous pénétrions dans une caverne naturelle utilisée par les lamas et transformée en salle de pières. Elle ne contient pas de hautes ou remarquables statues, mais une rare profusion de guenilles de soie, de bannières et de chandelles de cire. Il fait froid, humide, et une forte odeur de graisse rend le séjour insupportable à un odorat européen.

Redescendus de ce pigeonnier, nous demandâmes au guide, un lama fort respectable à en juger par son embonpoint, de nous conduire aux grottes sans perdre de temps. Il promit d'aller chercher les clefs, partit et ne revint pas, demeurant introuvable. Les autres lamas, interrogés, professaient une absolue ignorance de l'endroit ou notre guide s'était réfugié, et affirmaient que lui seul pouvait ouvrir l'entrée de la grotte. Évidemment les lamas ne se souciaient pas de nous voir profaner cet endroit sacré, mais comme il était bien dans nos projets de l'inspecter, j'envoyai dire au chef lama que nous resterions à Aque Miao, vivant à ses frais, jusqu'à ce que nous ayons visité ce fameux lieu saint. Cette menace eut le meilleur effet. Notre guide reparut, et sans offrir aucune excuse pour sa conduite, nous pria de le suivre. Nous revînmes pendant un kilomètre environ sur le chemin que nous avions suivi le matin, et le lama s'arrêtant devant ce qui semblait un roc à pic nous invita à grimper le long de la paroi. A première vue il ne nous parut pas possible de nous aventurer avec des bottes ferrées sur ces pierres glissantes. J'envoyai un de mes hommes en avant, mais il revient bientôt m'affirmant l'existence d'un étroit sentier. En avant donc! et nous commençâmes à grimper. Par places, le roc était si glissant que l'aide de nos hommes pieds nus nous fut plus qu'utile. Cette montée était réellement dangereuse, un faux pas et nous allions nous fracasser le crâne dans un gouffre de quelques centaines de mètres.

Nous arrivâmes pourtant à bon port à l'entrée de la grotte, et y pénétrâmes par une petite porte basse en bois, sans aucune architecture. L'obscurité y était profonde. A peine si quelques lampes de graisse de mouton brûlaient devant les petites idoles dorées, répandant une clarté juste suffisante pour se diriger. Le sol était fort inégal; le plafond, tantôt haut, tantôt bas, avait le résultat désagréable de faire heurter la tête continuellement. Vers le milieu, les pèlerins sont obligés de passer dans un petit boyau de 3 pieds de haut et d'autant de large, pour parvenir à la salle la plus reculée où brûlent encore quelques lampes devant une petite idole précieuse. L'ensemble est assurément étrange, mais loin d'être aussi remarquable que nous l'avions espéré. Cependant, nous éprouvions un léger frisson en songeant combien il eût été facile de nous séparer des vivants, en nous laissant périr dans ce trou. A notre sortie, un cri de surprise s'échappa de nos bouches. Nous étions rouges, absolument rouges, visage, mains, vêtements! Les parois de la grotte étaient d'ocre rouge qui déposait au moindre frottement. Nous essayâmes de nous débarrasser de cette peinture trop voyante à notre goût, et nos efforts semblèrent causer une grande joie aux lamas qui nous avaient accompagnés, et qui considéreraient comme un sacrilège de secouer cette poussière.

Au moment où nous nous remettions à descendre, j'aperçois sur le côté et un peu au-dessus de l'entrée de la grotte, un chariot à quatre roues, reposant sur une petite plate-forme naturelle. La présence invraisemblable de ce véhicule demande explication : Les lamas d'Ourga envoyèrent il y a quelques années, en hommage à Aque Miao, une statue de Bouddha, accompagnée d'une caravane de pèlerins. Cette statue fut transportée du sud de la Sibérie à l'Alashan sur le chariot que nous venions de voir, et qui est devenu sacré du fait de son fardeau. La statue est dans la grotte et le chariot à l'extérieur. Il a été construit de telle façon que les roues de devant ne sont pas indépendantes de celles de derrière, ce qui doit être plein d'inconvénients lorsque la route tourne. Il semblait en fort bon état.

Comment a-t-il été possible de hisser une aussi lourde charge le long de ce roc glissant et usé par le frottement des pieds des lamas et des pèlerins? Il y a certainement là une preuve de plus, que la superstition est un puissant levier des actions humaines.

Avant de quitter le lendemain Aque Miao, nous fîmes un excellent repas, grâce à la grande quantité de perdrix rouges qui prennent en cet endroit leurs ébats sur les rocs. Les lamas furent scandalisés d'entendre des coups de feu retentir dans un lieu si sacré, mais le désir que nous avions d'un bon rôti fut plus fort que la crainte de leur être désagréables. Comme il est contraire à leurs règles de tuer des êtres vivants, ou de répandre le sang, le gibier, jamais inquiété, se laisse approcher de très près. Des chèvres sauvages, nous assura-t-on, viennent très souvent s'abreuver au puits même du monastère! Nous ne pûmes vérifier ce fait; mais, en ce cas, les chèvres devraient être qualifiées d'apprivoisées et non de sauvages.

Le retour à San-tao-ho ne fut marqué que par un incident sans importance. Trois des chameaux, trouvant sans doute qu'ils avaient eu trop peu à manger depuis une semaine, s'échappèrent pendant la nuit, les hommes dormant à poings fermés au lieu de veiller, ainsi que c'est leur habitude.

Le paysage resta le même. Une immense plaine d'alluvions sans dénivellations apparentes, coupée de dunes de sable, parfois hautes et souvent inconsistantes, ce qui rendait la marche difficile. Sur la géographie de cette partie du désert d'Alashan, il est bon de faire ressortir les points suivants. Les sables sont massés principalement sur les deux extrémités qui touchent aux montagnes et au fleuve. Sur ces points extrêmes, leur hauteur est très considérable, tandis que, dans le centre, on trouve relativement peu de sable. Le terrain apparent est alors le loës et l'argile. D'autre part, il est difficile de fixer la direction générale des vents dans la région pour une saison donnée; car les dunes sont orientées dans tous les sens imaginables, et se meuvent avec grande rapidité. C'est ainsi que, le 17 septembre, un vent violent qui soufflait décrivit en moins de deux heures une rotation complète de trois cent soixante degrés. La pluie tombe très rarement sur le centre de ce désert et les formes tourmentées qu'affecte le loës, tantôt semblable à une vieille tour, tantôt creusé en ravins profonds ou édifié en pyramides, doivent être attribuées à l'érosion éolienne puissamment aidée par les sables fins que le vent transporte.

Après quelques jours passés à San-tao-ho dans un agréable *farniente*, nous reprimes notre marche pour nous acheminer vers la capitale du roi d'Alashan, en suivant une route encore vierge de caravane d'explorateur et passant à travers une partie du désert d'Alashan d'aspect très différent.

Le personnel fut encore une fois changé. Notre cuisinier annamite n'ayant pu se résoudre à abandonner ses habitudes d'ivrognerie, au contraire les ayant amplifiées au point d'absorber 2 litres d'eau-de-vie chinoise par jour, et d'être de ce fait incapable de nous servir, nous lui remîmes une somme suffisante pour regagner la capitale de l'empire. Je n'ai jamais entendu parler de lui dans la suite, et j'ai des doutes sur son sort, car il a certainement bu en peu de jours l'argent de son retour. Mais il était réellement devenu un être nuisible et devant être supprimé.

Tous nos domestiques, et caravaniers au nombre de six seulement, furent des gens de San-tao-ho : quatre Chinois et deux Mongols. Ces derniers sont chargés des neuf chameaux qui, avec huit chevaux, forment la caravane.

Est-ce un avantage d'avoir des domestiques chrétiens lorsqu'on voyage en Chine? Je crois que la question peut être résolue par la négative. En effet, les chrétiens, habitués à être sans cesse assistés et choyés par leurs missionnaires, se considèrent comme parfaitement infortunés si on ne leur témoigne pas la même amabilité et la même confiance auxquelles ils sont bien à tort habitués. Cependant, un chef de caravane doit tenir ses hommes à distance, et se faire respecter. Or, ceci est difficile avec le caractère des Chinois chrétiens qui deviennent insolemment familiers, et discutent les ordres aussitôt qu'ils cessent d'être rampants. Le mécontentement règne d'ordinaire parmi eux au bout de quelques jours, et ils menacent sans cesse de rapporter à leurs missionnaires la façon sans égards dont ils sont traités. Avec ce peuple plus qu'avec aucun autre, la crainte est le commencement de la sagesse.

Je recommanderai toujours aux voyageurs de prendre avec eux des Chinois païens, non fumeurs d'opium si possible, de les payer très largement, et de les punir sans merci à la moindre infraction. Pour de l'argent, le Chinois passe partout, et en général se conduit bien, si l'espoir d'une large récompense refrène ses mauvais instincts. Les chrétiens sont tout aussi voleurs que les païens, mais ils sont plus hypocrites et certainement plus menteurs. Enfin, il existe aussi parmi eux des fumeurs d'opium, ainsi que nous en eûmes plus tard la preuve.

Nous nous mîmes en marche par un ciel radieux, et après quelques kilomètres nous arrivions dans un bois de tamaris très pittoresque qui longue le fleuve Jaune. Les arbustes s'élevaient à environ 4 ou 5 mètres au-dessus du sol et poussaient très vigoureux sur un terrain de sable et d'alluvions. Le fleuve, cette année, en avait déraciné un grand nombre, l'inondation ayant été particulièrement terrible. Des mares formées par le débordement étaient remplies de canards sauvages, et j'en tuai un grand nombre. Ils étaient en général fort gras, et fort savoureux si on ne les mangeait que deux ou trois jours après les avoir tués. Une espèce appelée le canard mandarin, fort beau d'apparence, aux plumes jaunes et noires, au cri strident et très reconnaissable, est un peu plus gros que les autres espèces; mais sa chair est coriace et vaut à peine le coup de fusil. Les oies sauvages passaient aussi en grande quantité, et chacun sait ce que vaut une oie sauvage rôtie à point.

Nous dormîmes la nuit près d'une petite chaumière en ruines habitée par deux vieillards et servant d'auberge aux rares voyageurs qui longent le bord du fleuve pour se rendre de Ning-hsia à Pao-tu. Les cinq soldats que les mandarins nous avaient octroyés comme garde commencèrent à se mal conduire, et je fus obligé de les mettre à la raison plus vigoureusement que par des paroles. Profitant de ce que les propriétaires de l'auberge étaient incapables de défendre leur bien, ils volèrent et tuèrent un de leurs moutons et firent bombance, tandis que les pauvres vieux, tremblant de peur que ces nobles guerriers ne désirassent en tuer un second, se firent aussi polis et doux que possible, avec des larmes dans les yeux.

Le soldat donné comme escorte à l'Européen qui voyage en Chine est, je crois, la grande cause qui le fait souvent détester. Quand le voyageur paye un aubergiste, le soldat va trouver ce dernier et le force à lui remettre la moitié de ce qu'il a reçu. Le soldat lève un impôt en opium, en vivres, en fourrages et en lingots d'argent, partout où il accompagne l'Européen ; à moins que ce dernier, sachant à quelle parfaite crapule il a affaire, ne le surveille étroitement. Dans ces conditions, il n'est pas étonnant que les commerçants et aubergistes voient arriver avec déplaisir un voyageur dont la présence leur coûtera beaucoup plus qu'ils ne recevront de lui.

Par la suite, nous renvoyâmes toute espèce d'escorte offerte, et fûmes reçus partout avec des visages souriants.

Le 30 septembre, la route ressemblait à celle que nous avions parcourue hier, longeant le bord du fleuve sur des tapis d'herbe et à travers des bouquets de tamaris. La population était extrêmement clairsemée, ce qui me paraît étrange ; car la terre est bonne, et les inondations ne semblent pas s'étendre aussi loin qu'aux environs de San-tao-ho.

Nous arrivâmes à Tong-Ku par un ouragan de sable qui nous aveugla pendant quelques minutes, mais ne dura pas, et qui, traversant le fleuve Jaune, alla se heurter aux monts d'Arbas-ulan.

Comme il n'existe pas, dans cette ville, près de laquelle nous avons passé une nuit dans notre bateau en nous rendant à San-tao-ho, d'auberge confortable, nous demandâmes l'hospitalité à un marchand qui a bâti une maison neuve, ornée de fraîches peintures vertes et rouges, sur des boiseries sculptées. Par malheur, notre hôte était un marchand d'opium et toutes les chambres étaient imprégnées d'un terrible relent de cette drogue nauséabonde.

Il nous fut d'ailleurs difficile de reposer en paix, car tous les gens du village, désireux de faire notre connaissance, se présentèrent les uns après les autres à notre porte. Ayant été éconduits, ils ne se tinrent pas pour battus, et perçant des trous dans le papier des fenêtres, ils s'efforcèrent d'inspecter de leur mieux les figures et les bagages des diables étrangers.

Je ne savais qu'inventer pour faire partir cette horde curieuse et désobligeante, lorsque soudain, saisissant un pot de thé bouillant je me précipitai vers la porte et j'aspergeai les visages de ceux qui se trouvaient les plus rapprochés. Ils reculèrent moitié riant, moitié furieux, et disparurent au bout de peu de temps nous laissant procéder à notre toilette.

La route que nous allions suivre pour nous rendre à Wang-ien-fu, ou Fu-ma-fu, capitale de l'Alashan, n'a jamais été parcourue par aucun Européen, et mérite d'ailleurs à peine la qualification de route. C'est plutôt une sente creusée par la large empreinte des pieds pesants des chameaux, marchant à la file indienne dans les sables. Ici et là des puits ont été creusés par les caravaniers, et généralement près de ces puits on trouve, dissimulées derrière un monticule, une ou deux tentes de nomades très pauvres. Toute cette partie du monde est véritablement un désert, où ne poussent que quelques broussailles dont se contente la frugalité des chameaux. Les nomades vivent de l'élevage de ceux-ci, la vente des laines de leurs rares moutons, dont la chair est détestable, ce qui n'a rien de surprenant si l'on songe qu'ils n'ont pas une bonne touffe d'herbe à brouter. Ils se nourrissent aussi de fromage et lait caillé provenant des brebis.

De temps à autre ils parviennent à tuer une antilope, ce qui semble absolument prodigieux avec la mauvaise qualité des fusils dont ils se servent. Leurs armes à mèche ne peuvent être tirées que reposant sur un trépied; la longueur démesurée du canon, par rapport à la faiblesse de la crosse, ne permettant pas de les épauler. La mèche, allumée, brûle un certain temps avant d'enflammer la poudre, et pendant ces quelques secondes d'attente le chasseur ne doit pas perdre de vue le gibier, mais il lui faut au contraire déplacer le point de mire de son fusil si l'animal se meut, lorsqu'enfin le coup part, et le plomb ne peut pas toujours atteindre la distance à laquelle le chasseur a visé. Cinquante mètres sont à peu près portée maxima, avec pénétration suffisante pour tuer, d'un bon fusil mongol. Cependant, en dépit de toutes ces difficultés ces gens arrivent à leurs fins à force de ruse et de patience, suivant quelquefois un animal deux ou trois jours jusqu'à ce qu'ils le trouvent endormi.

Nous ne pouvions imaginer la cause de la peur extrême que les Mongols manifestaient à l'approche de la caravane. Nous n'avions rien de bien effrayant et nos fusils n'étaient même pas portés sur le dos, mais disposés dans les bagages où ils étaient invisibles. En particulier, le 2 octobre approchant des tentes et du puits de Kreupa où nous comptions camper pour la nuit, nous aperçûmes les hommes, les femmes et les enfants, qui sautant sur le dos de poneys sellés d'avance, s'enfuyaient au galop, laissant derrière eux une vieille femme infirme et idiote qui nous regardait fixement et ne semblait rien comprendre. Ils avaient fermé les portes de leurs tentes aussi hermétiquement que se peut fermer une porte de tente mongole et avaient laissés leurs mastifs libres de nous attaquer. Comme ces animaux semblaient féroces et armés de dents redoutables, nous nous approchâmes armés de bâtons, et d'un coup d'épaule enfonçâmes les portes, car il nous fallait absolument trouver un peu de farine pour les caravaniers.

Nous procédâmes tant bien que mal à une installation sommaire dans les tentes abandonnées, espérant que leurs propriétaires reviendraient et qu'il serait possible à nos deux Mongols de les rassurer par de bonnes paroles. Cependant la nuit se passa, le moment du départ arriva, personne n'avait paru. Et nous nous éloignâmes en laissant bien en évidence dans une des tentes un petit lingot d'argent.

Le 3, ce fut encore plus désagréable. Lorsque nous nous présentâmes soudainement au détour d'une dune sableuse devant de misérables huttes. Les habitants n'avaient pas de montures pour s'échapper, mais à notre vue ils tombèrent à genoux et se répandirent en lamentations. Les femmes criaient et se roulaient sur le sable, les enfants poussaient des clameurs perçantes. C'était un charivari complet, l'épouvante à son comble. Nos hommes que toutes ces simagrées et grimaces commençaient d'exaspérer voulaient tomber à coups de poing sur les hommes. Les deux Mongols injuriaient leurs compatriotes dans un langage plus qu'énergique. J'eus du mal à rétablir l'ordre.

Qu'ont pu faire les Européens de San-tao-ho pour édifier une réputation si désastreuse sur le compte des blancs? Cette peur, cette fuite, ces larmes, ne sont pas naturelles. Jamais semblable occurrence ne s'était présentée, soit lors de mon premier voyage trois ans auparavant, soit dans notre traversée récente des Ordos.

Cependant, peu à peu, nous parvînmes à faire entendre des paroles pacifiques. Tout le monde se releva et grâce à une distribution de sapèques nous obtînmes de l'argol pour nos feux, devenus nécessaires, car le thermomètre descendait à 2° ou 3° centigrades sous zéro durant la nuit.

Le lendemain, après de longs pourparlers, nous achetâmes un petit veau aux Mongols de Man-ti-rai, où nous fûmes accueillis avec moins d'épouvante. Le bruit que nous payions bien et ne maltraitions pas les pauvres habitants nous avait évidemment précédé. Ces malheureux ne sont pas mauvais, mais timides et sournois. Ils ont beaucoup de point de ressemblance avec les enfants. Leurs joies et leurs tristesses sont intenses, mais de courte durée. Une bonne parole les conquiert, le non châtiment de leurs fautes, qu'ils attribuent à de la faiblesse, les rend arrogants. Ils ne comprennent pas la bonté, mais sont sensibles à la justice.

Enfin le 5 septembre, aux maisons construites à la chinoise de Chareul-ous, nous parvînmes à acheter des provisions abondantes, ce qui prouve que nous commencions à être assez biens vus.

Le terrain aux alentours est un peu différent de celui des quatre marches précédentes. Aux dunes de sable mou et fuyant ont succédé d'autres de sable très dur, et nous arrivâmes après les avoir traversées, à un grand plateau sans herbes, d'aspect plus particulièrement désolé, qui s'étend entre deux rangées de collines orientées du nord au sud. Nous marchâmes d'un bon pas sur ce terrain solide qui portait bien les sabots des chevaux, et fûmes de bonne heure à l'étape. En général, nous faisons 20 kilomètres par jour. C'était très peu, mais quelques-uns des chameaux se ressentaient de leur traversée des Ordos sous un soleil brûlant et demandaient à être ménagés.

Depuis deux jours la température était loin d'être agréable. Elle passait sans cesse d'un extrême à l'autre. Nous fûmes continuellement occupés à revêtir nos fourrures pour les enlever quelques instants après. C'était la lutte inégale de l'été et de l'hiver. Dans quelques jours l'été devait être définitivement battu.

Nous continuions, le 6 octobre, à nous élever insensiblement sur une longue pente douce de loës presque dépourvue d'herbes. Cependant, à l'ouest, des chameaux paissaient en grand nombre, et il doit se trouver dans ces parages une abondante quantité de broussailles. Des collines couraient du nord au sud dont quelques-unes formaient des points culminants assez hauts. Des ronces parsemées sur leurs flancs on peut faire une belle flambée à la clarté des étoiles.

J'eus l'occasion, cette nuit-là, de faire une exécution qui, peut-être portera des fruits. Il était absolument défendu aux soldats qui nous servaient d'escorte de fumer l'opium, pour l'excellente raison que nous avions l'horreur de ce vice abominable et que l'odeur de l'opium est particulièrement nauséabonde. Cependant en faisant une ronde vers minuit, je ne pus douter que l'un de nos satellites fumait, car un violent relent se dégageait d'une des tentes. J'entrouvris vivement la toile, et me trouvai en présence de trois soldats qui béatement dégustaient le poison. Avant qu'ils aient eu le temps de se remettre de l'étonnement qu'ils éprouvaient je saisis leurs pipes et les brisai sur mon genou. Quant aux boîtes contenant l'opium, je les dispersai dans les sables.

De ce camp de Kou-ou-tou nous pûmes apercevoir la rangée de collines orientées est-ouest derrière laquelle se cache Fu-ma-fu. Nous devions atteindre cette capitale en une marche sans difficultés. Il ne devait pas nous rester à parcourir plus de 22 kilomètres, et le terrain semblait excellent.

Pendant la nuit il avait gelé ferme, mais au matin le soleil s'était levé sur un horizon sans nuages, et l'absence de vent aidant il faisait déjà 25° centigrades à 9 heures!

Dès l'aube j'avais envoyé le Fouyé (sergent), qui commandait notre petite escorte, avec une carte de visite chinoise et les passeports, prévenir Sa Majesté le roi de l'Alashan de notre arrivée. Sans cette précaution je ne savais où trouver à nous loger.

La route continua entre des collines arides et peu élevées, orientées nord-sud. Parfois des teintes d'ocre rouge provenant d'argile desséchée venaient rompre la monotonie des teintes. Après avoir parcouru environ une quinzaine de kilomètres, nous aperçûmes à droite un obo construit sur le sommet d'une colline et qui devait commander une vue de toute la région, étant élevé d'environ 120 mètres. Je me dirigeai immédiatement vers ce point culminant et ne regrettai pas ma peine. La vue s'étendait très loin, et l'obo avait été élevé à ce point particulier où les différentes routes venant du nord, de l'est, de l'ouest et du sud-ouest se confondent l'une dans l'autre pour ne former plus qu'une seule artère. Au nord on apercevait les immenses plaines d'herbes, qui d'ici paraissaient riches mais qui, nous le savions par expérience, étaient trop souvent impropres à fournir une nouriture convenable pour les animaux. A l'ouest, une contrée aride en pente douce puis des dunes de sable très hautes, très mouvementées, et deux ou trois sommets rocheux. Au sud, des arbres, à travers lesquels on distinguait la ville, puis des ravins et des chaînes de collines est-ouest barraient la vue. A l'est, les monts de l'Alashan aux couleurs changeantes, qui passent de la teinte ardoise à celle de la brique, pour redevenir grises et blanches, dressaient leur formidable barrière.

Encore une heure de marche et nous étions arrivés.

CHAPITRE IV

FU-MA-FU

A peine étions nous en vue des remparts que deux soldats porteurs d'un uniforme primitivement orné de velours noir, mais que les infortunes des années avait réduit à l'état de loques, nous saluèrent de la part du prince et nous assurèrent qu'ils étaient chargés de nous conduire dans la demeure qui nous avait été réservée.

Nous les suivîmes, et, au lieu d'entrer dans la ville, nous en contournâmes les remparts à l'ouest et au sud, pour nous rendre dans un faubourg où se trouvaient les auberges destinées aux voyageurs et marchands chinois ou mongols.

Quelques-unes de ces auberges sont d'une saleté repoussante, pas une n'est vraiment possible pour des Européens, surtout s'ils désirent y reposer deux ou trois jours. Cependant nos guides s'arrêtèrent et nous prièrent d'entrer dans un de ces douteux hôtels, usant des gestes aussi courtois et polis que s'il se fût agi d'un palais. La cour était pleine de gens en guenilles. C'est à peine si une petite chambre avait échappé à l'invasion des conducteurs de mules. C'était là le confortable « konkouan » que nous avait réservé le prince d'Alashan.

Aussi sans descendre de cheval et sans dire un mot je tournai bride et fis retrograder la caravane. Nous reprîmes le chemin par lequel nous étions venus à travers le faubourg et nous nous dirigeâmes vers la porte principale de la ville. Mon intention était de me rendre chez le prince lui-même et de l'obliger ainsi à nous offrir un lieu de repos plus décent. Une fois entrés dans l'enceinte des murs nous excitâmes un considérable étonnement, qui s'accrut lorsque nous franchîmes le seuil du palais, sans descendre de cheval. Un serviteur du prince se présenta, à qui je remis ma carte et nous attendîmes son retour. Il réapparut bientôt courant de toute la vitesse de ses jambes, obséquieux et souriant. Le prince était paraît-il on ne peut plus ravi de recevoir notre visite, sitôt après notre arrivée nous assure-t-il. Ayant débité ce mensonge, il nous précéda pour indiquer le chemin et nous fûmes reçus à la porte de la salle de réception par le prince en personne.

Les salutations à la chinoise dont on retrouve les traces dans la moitié de l'Asie, prirent un certain temps, après quoi nous nous assîmes et je pus observer le souverain de la contrée d'Alashan. Il est doué d'une physionomie particulièrement joviale, d'une expression et d'un sourire où le contentement de

ENCEINTE DE LA VILLE DE FU-MA-FU

ENTRÉE DU TEMPLE DE FU-MA-FU

lui-même s'épanouit sans mesure. Malheureusement, il est défiguré parce qu'il louche. Par un effort de volonté, il arrive cependant à fixer un objet durant un temps très court et peut ainsi dissimuler son infirmité. C'est pour cette raison que dans ses photographies il semble doué d'une paire d'yeux extraordinaires.

Sa Majesté s'enquiert de la raison de notre visite. Je lui répondis que j'avais cru nécessaire de l'avertir de la façon dont ses gens avaient désobéi à ses instructions. Il avait, nous en étions sûr, donné des ordres précis pour que nous soyons conduits dans un agréable kon-kouan, et, cependant ses soldats nous avaient menés dans une infecte auberge où la moitié de nos bagages ne pouvaient même pas entrer. Reconnaissant que je lui avais laissé un moyen de sortir d'embarras sans perdre la face, le prince me répondit que j'avais bien fait de venir le trouver sans retard, et que ceux de ses serviteurs qui s'étaient conduit vis-à-vis de nous de cette manière discourtoise avaient méconnu ses désirs les plus formels et seraient terriblement punis. Il appela son majordome auquel en termes impérieux il ordonna de nous conduire dans un petit palais situé dans un faubourg de la ville, et de nous faire parvenir avant le soir toute la nourriture dont les animaux et les hommes pouvaient avoir besoin pour huit jours.

Nous étions désormais les meilleurs amis du monde.

Il parla de Pékin, des Russes et des Japonais. La guerre alors en cours semblait l'intéresser grandement. Il ne comprenait pas pourquoi ses amis les Russes se laissaient battre. Il m'assura que c'était une ruse de leur part pour mieux écraser les armées japonaises lorsqu'elles seraient enivrées de leur succès. C'était bien là une idée chinoise! Lorsque nous le quittâmes il nous fit promettre de revenir le lendemain. Sa femme nous assura-t-il serait présente. C'était une grandre preuve d'amitié, et nous ne pouvions que promettre de revenir.

Le yamen où l'on nous conduisit n'est pas grand, mais entouré d'arbres, loin du bruit et de la poussière. Il se composait d'une dizaine de petits pavillons séparés où nous fûmes très à notre aise durant quelques jours.

Le succès de cette démarche personnelle auprès du roi prouvait une fois de plus l'importance extrême, avec ces peuples enfants, d'aller droit au but sans hésitation, et de ne jamais les laisser traiter un Européen avec mépris. Une certaine catégorie de missionnaires se laissent insulter journellement sous le prétexte de perfection chrétienne, eux et leurs femmes, dans les rues des cités où ils habitent; avec un perpétuel sourire sur les lèvres. C'est une des nombreuses raisons pour lesquelles je considère leur existence comme infiniment nuisible. D'autre part il est toujours bon en traitant avec un mandarin de lui laisser suffisamment de marge pour qu'il puisse faire retomber sur ses inférieurs les fautes qu'il a commises. Du moment qu'il ne perd pas la face, il est toujours beaucoup plus enclin à rendre service.

La ville de Fu-ma-fu mérite une description spéciale, car trouver au milieu du désert une véritable cité entourée de murailles et environnée de populeux faubourgs est un fait remarquable en lui-même.

La principale raison d'être de Fu-ma-fu est de servir de marché général et permanent où Chinois et Mongols trafiquent tant bien que mal; ces derniers volés naturellement. Les Chinois achètent la laine des moutons, le poil des chameaux, des chevaux, des chameaux pour les caravanes qui doivent transporter les laines achetées jusqu'aux centres d'exportation. Bon nombre des acheteurs chinois achètent pour le compte de maisons européennes de Shanghaï ou de Tientsin, et gagnent à ce métier des sommes dont leurs employeurs ne se doutent pas. Les Mongols achètent des Chinois de la farine, du riz, des étoffes communes, du charbon et des ornements tels que boucles de ceintures, couteaux ouvragés, colliers de verre de couleur, coton pour doubler les vêtements d'hiver et, par-dessus tout, chaussures. Le tout à des prix montant à trois ou quatre fois la réelle valeur des objets.

L'ensemble de la ville est pauvre, les boutiques sont peu soignées et rarement repeintes, les marchands ne se donnant aucun mal pour attirer une clientèle de

Mongols. Un grand nombre de maisons sont en terre battue. Le palais, un ou deux yamen sont en briques grises. Des cours d'eau coulent à travers la ville de l'est à l'ouest et forment ici et là des mares bourbeuses.

Les curiosités de la ville ne sont pas nombreuses. Un grand temple dans un excellent état de conservation s'élève dans la partie est. Il ressemble à beaucoup d'autres par la disposition des édifices, mais il est supérieur à la plupart par la propreté qui y règne et le soin avec lequel sont entretenus les différents édifices. Le nombre des lamas n'y est pas aussi considérable que dans les temples des Ordos, mais les prêtres sont beaucoup plus accueillants.

La seconde merveille consiste en un jardin de 40 mètres carrés dans lequel des plantes, rares pour le désert d'Alashan, sont cultivées avec le plus grand soin. On nous fit admirer plus spécialement un figuier, dont l'aspect lamentable suffisait pour prouver qu'il n'était pas dans son élément naturel ; et, dans une serre orientée au sud, quelques plantes communes, telles qu'on en voit dans les maisons chinoises, à Pékin, végétaient dans des pots de terre.

C'est à Fu-ma-fu que s'était réfugié le célèbre prince Touan. Il habitait un yamen dans l'enceinte de la ville, m'assura-t-on; mais, comme je désirais nous faire bien voir et obtenir le plus de facilités possible du prince d'Alashan, je n'insistai pas pour obtenir des détails. Ses soupçons eussent été vite éveillés, si j'avais semblé prendre un trop grand intérêt aux faits et gestes de son ami Touan. Son apparente amabilité et sa bonne volonté se fussent changées en méfiance.

A mi-route entre Fu-ma-fu et Ning-hsia, un célèbre bandit, le général Tong-fu-Thiang; avait établi ses quartiers. Le nombre d'hommes rangés sous ses bannières était difficile à préciser. Les mandarins de Ning-hsia eux-mêmes l'ignoraient. Ses bandes grossissaient ou diminuaient selon qu'il avait de l'argent à leur donner ou que ses coffres étaient vides. Sa façon de les remplir était simple et consistait simplement à intimider les mandarins de tous rangs qui remplissaient une charge dans cette partie de la province du Kansuh, par la menace perpétuelle de laisser ces soudards se répandre dans les villes. Comme ils étaient armés, ou du moins avaient la réputation de l'être, de fusils européens, produits de la contrebande allemande bien entendu, ils répandaient la terreur dans toute la région. Tong-fu-Thiang était d'ailleurs malade, d'après les dernières nouvelles. C'était en plus un fumeur d'opium, et il y avait des chances pour qu'il délivrât bientôt le monde de sa présence. Il avait la plus profonde horreur des Européens. Son influence sur les mandarins peut aider à expliquer en partie comment il se fait qu'ils fussent si mal disposés vis-à-vis des étrangers à cette époque.

Enfin Fu-ma-fu possédait un marchand russe, ou du moins bouriate; un homme encore jeune qui avait servi d'interprète à l'un des plus récents explorateurs russes du Gobi, Casanova. Après être retourné en Sibérie à la fin de l'expédition, cet individu, du nom de Badmajapoff, avait décidé de retourner dans l'Alashan et de s'établir à Fu-ma-fu comme représentant d'une maison de commerce d'Ourga. C'était du moins ce qu'il désirait nous faire croire. En vérité, il était accrédité agent politique des Russes auprès du prince d'Alashan. Étant Bouriate, il parlait mongol et russe; il avait reçu une certaine instruction et ne semblait pas de prime abord devoir éveiller les soupçons. Cependant, si l'on songe au petit stock de marchandises qu'il avait avec lui, et dont il n'arrivait même pas à se débarrasser, on se demande où peut bien être l'avantage commercial de son existence dans ces parages. Les Mongols achètent quelques étoffes de couleur, des mouchoirs à fleurs, des clous et de petits articles de ce genre, mais ils ne peuvent payer de grands prix pour des objets d'une valeur un peu supérieure. Tout au plus pourraient-ils échanger la laine de leurs moutons contre des objets, ainsi qu'ils ont l'habitude de le faire avec les Chinois pour des paires de chaussures.

La première victime de l'habileté commerciale de

LE TEMPLE DE FU-MA-FU

LE PRINCE D'ALASHAN

ce Bouriate est le prince lui-même, qui paye des prix fantastiques pour des armes ou curiosités européennes. Il m'affirma avoir payé 200 taels pour une vieille carabine Winchester qui en valait 20; et le pauvre homme ne paye pas moins d'un dixième de tael par cartouche! Il avait également acheté d'un photographe chinois de Tientsin un énorme appareil de photographie avec plaques sensibles et produits pour un laps d'années.

C'est un homme de progrès que ce prince; tout ce qui touche aux armes ou aux chemins de fer l'intéresse énormément. Il s'ennuie à mourir dans ce coin du désert et n'a qu'un désir, celui de revenir à Pékin. Il n'est pas, à proprement parler, prince d'Alashan, mais bien prince du Kou-kou-nor. Comment il a changé d'État est une amusante histoire. Un bon nombre d'années auparavant, il s'en fut à Pékin se marier. La politique de la cour, en cela très sage, consiste à donner en mariage à tous les petits roitelets mongols des princesses de la maison de l'empereur, et à les lier ainsi à la dynastie par des liens matrimoniaux. Le prince du Kou-kou-nor, ayant donc reçu une princesse en mariage, se remit en marche, accompagné de son épouse, pour regagner son lointain royaume. Ce voyage n'était pas du goût de la princesse qui se lamentait sans cesse sur l'éloignement du pays où elle allait vivre désormais. Bref, arrivée au seuil du désert d'Alashan, elle refusa catégoriquement de faire un pas de plus. Perplexe, le prince envoya des courriers à Pékin pour expliquer son cas et prier que l'on fît entendre raison à son épouse. La réponse de Pékin fut que, si la princesse refusait d'avancer, il fallait s'établir en l'endroit où elle s'était arrêtée; et c'est ainsi que le prince du Kou-kou-nor devint prince de l'Alashan.

Nous lui payâmes une visite dans l'après-midi de la seconde journée que nous passâmes à Fu-ma-fu. Il nous reçut fort affablement, et nous présenta sa femme. Il a plusieurs épouses, mais celle avec qui nous eûmes le plaisir de boire une tasse de thé porte le numéro un ; c'est celle à qui toutes les autres doivent le respect et l'hommage.

Après quelques minutes d'entretien, le plus jeune de ses fils, un garçon de vingt ans, doué d'un des plus formidables amas de graisse qui se puissent amonceler sur un homme de cet âge, m'entraîna dans un cabinet de photographie aménagé à l'européenne, avec eau courante pour rincer les plaques et lanternes de différentes couleurs. Dans la demi-obscurité de cette petite chambre, je ne pouvais me figurer aussi loin du monde civilisé; mais cependant, en ouvrant la porte, j'étais en présence d'un krang de bois verni, d'une installation de fumeurs d'opium, d'un brasero de cuivre et de fenêtres à bois ouvragés et peints de couleurs éclatantes.

A peine étions-nous rentrés dans notre yamen depuis quelques minutes que des mandarins de la suite du prince, accompagnés d'un grand nombre de gens porteurs de fardeaux, se présentèrent.

Ils venaient nous offrir, de la part de leurs maîtres, un grand nombre de présents.

Tout d'abord, une tente mongole de dimensions moyennes, mais en feutre très épais bordé de bleu, et revêtue à l'intérieur d'une tenture d'andrinople verte et noire. C'était un présent de la plus haute valeur pour nous, car j'avais en vain cherché à m'en procurer une à n'importe quel prix et n'avais pu réussir; et la perspective d'affronter les froids polaires du Gobi au mois de janvier, ayant pour toute protection pendant la nuit la mince épaisseur d'une tente en toile, n'avait rien de réjouisant. Cette tente de feutre venait donc bien à propos. C'était un présent qui nous devait valoir la considération des peuplades mongoles partout où nous passerions, car le prince d'Alashan lui-même s'en était servi dans plus d'un des voyages qu'il entreprend périodiquement à travers son immense et pourtant insignifiant royaume.

Après la tente, on nous présenta des fourrures. Chacun de nous reçut deux manteaux de la plus fine peau de brebis, et chacun de nos hommes un vêtement en peau de mouton large et chaud.

Enfin, quatre carpettes de la manufacture de Ning-hsia, petites, mais d'un fort bon usage pour l'intérieur de la tente, et pour finir un millier de cigarettes, d'ailleurs fort mauvaises et que je ne pus me résoudre à fumer.

Cet excellent homme avait réellement cherché à nous offrir ce dont nous pouvions le plus avoir besoin. Il avait parfaitement réussi. Je distribuai un peu de monnaie parmi ceux qui avaient apporté ces présents et les chargeai de remercier le prince. Je les priai également de remettre à leur prince une montre sans grande valeur en souvenir de notre passage.

Nous terminâmes la journée en achetant six chameaux de belle taille pour une somme assez modérée : 40 francs par tête. Fu-ma-fu est la patrie des plus beaux de ces animaux, et j'avais la conviction que les pauvres animaux qui nous avaient accompagnés à travers les Ordos n'iraient plus bien loin.

Nous ne quittâmes pas Fu-ma-fu avant 4 heures de l'après-midi, le 10 octobre. En effet, le prince m'avait fait demander le matin si je ne consentirais pas à prendre une observation de méridien en sa présence, et je ne pouvais refuser. L'observation, suivie d'un certain nombre de tasses de thé, nous avait retenus fort longtemps, et nous ne pûmes accomplir qu'une petite marche de 7 kilomètres avant le coucher du soleil.

Nous trouvâmes notre nouvelle tente toute dressée à l'auberge de Pachentsu, maison chinoise à l'ombre

L'ÉTABLISSEMENT DE LA TENTE EN FEUTRE

LA GRANDE MURAILLE

A 3,000 KILOMÈTRES DE PÉKING

d'un très grand arbre, et passâmes une excellente nuit dans notre nouvelle demeure, plus confortable cent fois que la puante auberge chinoise.

La contrée au sud de Fu-ma-fu est brisée d'une quantité de petits ravins souvent à sec, creusés par les torrents des monts d'Alashan. Les torrents se dirigent parallèlement les uns aux autres et se perdent dans les sables au pied du « saï ». Des lacs dans lesquels ils se déverseraient je n'ai pas trouvé trace.

Le lendemain, nous continuâmes à nous diriger au sud, en suivant la route qui mène à Ning-hsia. C'est un chemin que les chars peuvent suivre, et la grande artère commerciale de la contrée. Elle traverse un pays coupé de ravins et de collines, semblable en cela à celle d'hier. A droite et à gauche s'élèvent quelques maisons bâties en terre battue, habitées par des Chinois ou des Mongols. Elles servent toutes d'auberges à l'occasion et sont parfaitement dégoûtantes, comme tous les endroits réservés au passage des Mongols.

Au départ, il faisait un temps superbe et nous pouvions distinguer, niché sur le flanc des monts d'Alashan le temple de Nanse-shan-Miao qui, à 20 kilomètres nord-est, fait une tache blanche sur le roc sombre.

Après 20 kilomètres sous un soleil particulièrement brûlant pour la saison, nous arrivâmes à l'auberge de Turgonn. C'est le point où la grande route tourne vers Ning-hsia et traverse les montagnes. Comme mon but était de relever le flanc ouest de l'Alashan en me dirigeant vers Tchong-wei, il nous faudra suivre une sente au sud.

L'auberge où nous arrivâmes le soir était tenue par une grande femme mongole à figure énergique. Son mari était mort depuis quelques années et elle avait pris la direction de l'auberge en son lieu et place. Aidée de ses deux enfants, deux garçons d'environ dix ou douze ans, elle faisait obéir les charretiers chinois avec une décision et une promptitude que nous admirâmes. Elle n'avait rien de la timidité habituelle mongole.

Comme les chambres dont nous aurions pu disposer sont dans un état de délabrement tel que l'on voit le ciel à travers le plafond, nous préférâmes dresser notre tente de feutre au milieu de la cour.

Le 14 octobre, nous fûmes obligés de fournir une marche de treize heures sans arrêt, pendant laquelle les animaux parcoururent 42 kilomètres pour trouver de l'eau. Comme nous n'étions pas bien pressés, je préférai ne pas les surmener, et, en conséquence, leur accordai le lendemain un jour de repos. Il est important qu'ils restent frais pour affronter l'absolu désert dans quelques semaines.

Quand nous nous remîmes en route, nous laissâmes courir sur notre gauche le ruban de la route de Ning-hsia, et nous enfonçâmes vers le sud à travers une plaine ondulée peuplée d'antilopes. Cependant, par suite d'un mirage très prononcé, il ne me fut pas possible d'abattre un seul de ces gracieux animaux. A 100 mètres, il semblait que la plaine flottait dans l'air; les herbes les plus petites devenaient des buissons et le point de mire du fusil ne pouvait s'arrêter sur un objet fixe.

Enfin, nous entrâmes dans un contrefort de montagnes orientées est-ouest, qui de l'Alashan va se perdre dans le désert en diminuant de hauteur et d'importance à mesure qu'il s'éloigne. A travers des gorges pittoresques de granit rose et de roches tourmentées, nous parvînmes au puits de Payen-Uson, un nom très souvent donné par les caravaniers aux puits qu'ils creusent dans cette région. Un grand lit de torrent passait à notre côté pour se perdre dans les sables.

A peine sorti de ce contrefort, nous eûmes à en traverser d'autres, et ces seconds passés, après une plaine habitée par les Mongols d'Amenouson, nous franchîmes une nouvelle chaîne, orientée dans la même direction que les précédentes et portant le nom mongol de Payen-sortrou. C'est alors seulement que nous arrivâmes à la grande plaine ondulée parsemée de quelques plaques de bonne herbe, dans laquelle les antilopes abondent, et qui descend en pente douce vers Tchong-wei. Elle est inhabitée, et sert seulement à l'élevage de nombreuses troupes de chevaux. On les voyait gambader ici et là, groupés autour de l'étalon qui dirigeait la marche et veillait sur les jeunes. Ces chevaux sont ainsi fort bien entraînés dès leur âge le plus tendre aux privations et aux rigueurs de la vie du désert. Ils parcourent des distances considérables au petit galop, lorsque la soif les oblige à venir s'abreuver aux puits. En hiver, ils boivent de la neige et grattent la couche blanche souvent durcie par la gelée pour se nourrir des herbes séchées qu'elle recouvre.

Autour des puits d'Oiéro-ottock, nous trouvâmes des marchands chinois installés. Installés est peut-être beaucoup dire, car ils fument leur opium entre deux ballots d'étoffe, une selle de chameau en guise de toit. Ils transportaient à Fu-ma-fu un chargement d'étoffes grossières et d'opium.

Le lendemain, à 6 heures, au premier rayon du soleil, ces caravaniers se remirent en route ; mais vers midi, tandis que nous nous reposions paresseusement, nous vîmes arriver une file de chars chinois tirés par des mules et conduits par des habitants de Tchong-wei. Ils transportent du fourrage pour l'hiver, fourrage destiné à nourrir les montures du prince. C'était la première et la dernière fois que nous entendions parler de Mongols prenant de telles précautions vis-à-vis de leurs animaux.

Peu après, j'entendis les voix de nos hommes s'élever et une discussion d'apparence sérieuse éclater. Immédiatement, je me rendis sur les lieux et m'enquis des faits qui causaient tant d'indignation du côté de nos caravaniers. J'appris alors que Norbo, en allant raccommoder une des selles des chameaux départis à sa charge, avait trouvé que la paille de deux selles avait été dérobée. Ayant poussé plus loin son investigation, il avait acquis la certitude que les charretiers chinois avaient volé cette paille pour la donner à leurs mules qui la dévoraient en ce moment. Devant une telle évidence, et les coupables ne trouvant rien pour leur défense, je donnai l'ordre de saisir dans leurs chars le double en valeur de la paille qu'ils nous avaient volée, puis je leur intimai l'ordre de partir sur-le-champ, bien qu'ils ne pussent atteindre un autre puits avant une très longue marche. Je ne désirais pas laisser ces maraudeurs passer la nuit à proximité de nos nombreux bagages, et je n'avais aucune confiance dans la manière dont nos gens montaient la garde.

Le 16 octobre, partis de bonne heure, après avoir traversé le lit d'une rivière de la saison des pluies dont une espèce de plante particulière tapisse le fond d'une couleur rouge sang, nous parcourûmes une petite étape et campâmes au puits d'Oulan-outouc. Là, également, nous rencontrâmes d'autres caravanes. La route de Fu-ma-fu semble donc être fréquentée.

Les grandes montagnes s'étaient évanouies, remplacées par des vallonnements profonds et des plateaux sableux. Près du puits, des terrasses d'argile rouge avaient été creusées en formes bizarres par l'érosion éolienne.

Le 17, nous arrivâmes à Tchong-wei après une marche d'environ 22 kilomètres. A mesure que nous nous approchions de cette ville, le sable s'accumulait en plus grandes quantités, jusqu'à former des dunes énormes toutes marquées à leurs bases par les sabots des antilopes.

Nous passâmes l'obo de Sari qui sert de limite entre la Mongolie et la Chine, puis peu après traversâmes la Grande Muraille. C'était une petite ligne de talus valant à peine d'être mentionnée.

A travers des dunes et des vallons de sable de plus en plus considérables, nous descendîmes vers Tchong-wei et, soudain aperçûmes devant nous la large plaine au milieu de laquelle cette ville est bâtie, non loin du fleuve Jaune.

Pendant l'inondation du mois précédent, toute la plaine avait été sous l'eau, et en maints endroits des mares très larges existaient encore, scintillant au soleil. Après avoir quitté la muraille de sable, et commencé à cheminer à travers champs, je m'aperçus que ces mares étaient peuplées de canards, d'oies et de cygnes sauvages dans une abondance indescriptible.

Il était aisé de les tuer, car, sauf les cygnes, ils n'étaient guère sauvages, tout ce gibier n'étant pas chassé par les Chinois. Quelques coups de fusil nous procurèrent d'abondants et succulents rôtis qui nous mirent à même d'éviter pendant quelque temps la nauséabonde viande de mouton.

La maison que les mandarins avaient fait préparer à notre intention était celle d'un marchand chinois, agent correspondant d'une maison de Shang-haï pour l'achat des laines. Trois petites pièces étaient mises à notre disposition, assez propres et chaudes, tandis que les hommes et les animaux s'installaient à leur aise dans de grandes chambres à murs de terre battue et dans de larges écuries.

Nous étions confortablement installés pour un séjour de quelques jours durant lesquels j'avais décidé de renvoyer Norbo à Fu-ma-Fu pour acheter encore une vingtaine de chameaux. Les renseignements que j'avais pu me procurer prouvaient, à n'en pas douter, que le prix de ces animaux à Lang-tcheou ou à Leantchou était beaucoup supérieur à ce qu'il m'avait fallu payer à Fu-ma-Fu, et j'avais tout avantage à acheter dans cette ville tous nos animaux, étant donné que non seulement leur prix y était moindre, mais qu'ils étaient plus vigoureux et non blessés par des charges mal équilibrées, comme le sont généralement ceux dont j'aurais pu me rendre acquéreur à l'intérieur de la Grande Muraille.

La ville de Tchong-wei n'est pas considérable. Dans l'enceinte de ses murailles, bien des demeures sont en ruines. Il semble s'y effectuer peu de commerce, en dehors du trafic des laines qui est important. Plusieurs maisons européennes y entretiennent des agents acheteurs.

Sur la route qui mène à Ning-hsia, en suivant le bord du fleuve, un bastion a été autrefois élevé, distant d'un kilomètre de la ville. Autour de ses ruines s'est formé le faubourg où notre résidence temporaire était située.

La situation de Tchong-wei est particulière. Au nord et à l'ouest, à une distance variable, mais qui n'excède pas 10 kilomètres, elle est entourée de dunes de sable très élevées, que j'ai déjà mentionnées. Les vagues de ces dunes sont toutes orientées de l'est à l'ouest, et les vents soufflent sans discontinuer dans cette direction pendant la presque totalité de l'année. Au sud de la ville coule le puissant fleuve Jaune, à l'est s'étend la plaine à travers laquelle le fleuve s'est creusé son chemin. Une seule grande route existe, celle de Ning-hsia à Lang-tcheou. Je ne compte pas parmi les grandes routes celle par laquelle nous sommes venus de Fu-ma-fu, qui sont plutôt des sentes suivies seulement à certaines saisons.

La plaine d'alluvions, autour de la ville, est remarquablement fertile. Parfois, cependant, des moissons prospères sont perdues par suite d'une crue trop vio-

LE TEMPLE DE TCHONG-WEÏ

MANDARIN CHINOIS A TCHONG-WEÏ

lente du fleuve ravageant tout sur son passage.

Notre existence dans cette petite ville chinoise s'écoula dans la plus grande tranquillité. Les mandarins nous firent visite et je leurs rendis leur politesse. Un jour que je les avais invités à dîner, l'un d'eux demanda la permission de se retirer dans la chambre à coucher pour y fumer l'opium. Il ne pouvait passer plus d'une heure sans fumer sa pipe, m'assura-t-il. Je le priai de se rendre dans son yamen, l'odeur de l'opium nous étant particulièrement désagréable. Nous ne le revîmes plus, à notre grande satisfaction. Le malheureux n'avait pas plus de vingt-deux ans.

Notre grand plaisir fut de chasser autour de Tchong-wei et d'abattre une grande quantité de gibier. En cinq jours je pus dresser le tableau suivant : trente canards, trois oies et un cygne sauvage. La chair de ce dernier est impossible à manger, mais son splendide duvet blanc fait des coussins moelleux. Ces journées de chasse n'allèrent pas toujours sans leur petit côté comique. C'est ainsi que le mandarin militaire commandant à Tchong-wei, qui n'a pas d'ailleurs cinquante soldats, me fit demander la permission de chasser en notre compagnie. Naturellement, nous accédâmes à son désir et l'emmenâmes après avoir perdu un quart d'heure à faire entrer dans sa cervelle rebelle les principales précautions qu'il devait prendre pour ne pas causer d'accidents en maniant son fusil à deux coups.

Arrivé sur le lieu des exploits, il laissa sa première cartouche partir trop tôt et envoya une charge de petit plomb dans le pied d'un des soldats qui l'avaient suivi. Par bonheur, la distance était grande, et l'homme ne fut pas sérieusement blessé. Le second et le troisième coups n'amenèrent ni résultats, ni accidents. Au moment où il allait tirer le quatrième, il glissa malheureusement sur le flanc d'un talus et prit un bain de boue. Cela lui suffit. Remontant sur sa mule, il reprit le chemin de son yamen au grand amble, sans même songer à nous dire au revoir.

J'établis aussi pendant quinze jours une série d'observations météorologiques qui pourront être utiles pour connaître les pressions qui règnent en automne sur cette partie du monde.

Le 24 octobre, la neige tomba en grande quantité et la cour de notre demeure se transforma en un cloaque immonde, ainsi que toutes les rues et ruelles avoisinantes. La vie sembla arrêtée. La monotonie de l'existence devint indescriptible. Ce serait à devenir fou d'ennui s'il fallait demeurer longtemps enfermés dans une cité chinoise. Pendant la mauvaise saison et les pluies, on ne peut rien trouver à faire. La vie sociale en Chine n'existe pas. Les visites entre amis sont rares; il n'y a pas de place de divertissements publics en dehors du théâtre sacré qui joue seulement en certaines occasions, et est loin d'être amusant, même pour les Chinois. En des journées aussi terriblement inoccupées, on peut comprendre pourquoi l'opium, procurant l'engourdissement et l'oubli de la notion du temps, a remporté chez ce peuple un succès si complet! Les communications avec le reste du monde sont à peu près nulles. Les nouvelles se répandent de la première ville de la province jusqu'aux plus petites cités par la voie des charretiers, caravaniers, etc., mais après avoir passé par tant de bouches qu'elles ne sont plus reconnaissables et perdent tout intérêt. Les villes où le télégraphe et la poste fonctionnent sont certainement dans de meilleures conditions; mais cependant, là encore, il faut compter avec les erreurs, les retards, les mensonges dont ces départements sont familiers en Chine. Si l'on songe qu'à une lettre écrite à Lang-tcheou et destinée à l'Europe on ne peut pas recevoir de réponse avant sept ou huit mois, il faut convenir que la vie ne vaut pas la peine d'être vécue à l'intérieur de la Chine, sauf pour quelques missionnaires convaincus et pour quelques autres qui y trouvent un intérêt.

Un marchand de la ville vint un jour me demander si je ne consentirais pas à visiter près de Pingliang-fu, à environ 150 kilomètres au sud-est, des mines d'argent dont il me dit merveille et dont il me montra de beaux échantillons. Son plan était extrêmement simple. Après une inspection de la mine, j'en devais faire une demande d'exploitation au gouverneur du Kansuh, et je lui remettrais alors un large pourcentage des bénéfices en récompense du zèle avec lequel il m'avait indiqué cette bonne affaire. Il n'y avait qu'une petite objection, c'était que le gouverneur n'avait jamais encore rien concédé dans des termes profitables aux Européens, et que les agents du roi des Belges à Lang-tcheou n'avaient rien obtenu de lui en dépit de leurs efforts. Je renvoyai donc le commerçant à sa boutique et attendis patiemment le retour de Norbo.

Le chamelier revint le 29 octobre de Fu-ma-fu avec une vingtaine de chameaux qui sont loin de répondre à nos désirs. La plupart sont maigres et assez faibles. Pour mieux me rendre compte de leur état, je fis enlever les selles qu'ils avaient sur le dos, et je m'aperçus que deux animaux étaient affreusement blessés. Norbo semble encore plus étonné que moi. Il avait acheté les chameaux avec la selle sur le dos et n'avait pas pensé un instant que ses frères mongols lui joueraient ce vilain tour. Les prix auxquels il avait acheté étaient très élevés, et ce fidèle serviteur avait dû faire un joli bénéfice sur le total qu'il présentait. Cependant, il n'y avait rien à faire qu'à se mettre en route avec ces tristes animaux et à s'efforcer de les bien nourrir avant de les employer au mois de janvier dans le Gobi.

Sans perdre de temps, nous quittâmes Tchong-wei. Dès midi, les chameaux qui étaient arrivés de la veille furent chargés, et leur longue procession s'avança dans les rues, annoncée par le tintement des cloches que les chefs de file portent au cou.

Nous fîmes route sur les galets d'un ancien lit du fleuve Jaune, qui a occupé dans la nuit des temps un lit d'une largeur énorme. Comparée à ce qu'elle a été, cette immense rivière paraît à peine un faible ruisseau.

Le courant rapide des eaux actionne deux tanneries à roues, élevées sur la rive nord. Plus loin, devant le village d'Ula, existe un rapide dont la présence s'annonçait de loin par un bruit de ressac. Pour éviter ce danger et permettre aux chalands qui descendent la rivière d'effectuer leur parcours en toute sécurité, un petit canal assez large pour trois chalands a été adroitement creusé, il longe la rivière et y rentre lorsque le courant est calme de nouveau.

Au soir, un de nos meilleurs chevaux fut pris de fièvre. La pauvre bête tremblait comme une feuille et semblait très malade; cependant, nos hommes, après avoir tenu une consultation, s'approchèrent de l'animal, et l'un deux brûla sous ses naseaux un rouleau de papier grossier, tandis que les autres l'empêchaient de s'échapper. Ils m'affirmèrent qu'après ce traitement, ou plutôt cette torture, la bête allait recouvrer rapidement son état normal. De fait, deux heures après, elle mangeait son grain avec grand appétit.

Nous ne pûmes suivre pendant longtemps les bords du fleuve. Bientôt la route s'engagea à travers des dunes de sable, hautes et difficiles à escalader en raison de l'extrême sécheresse du sable qui aisément s'éboulait sous le poids du corps. Le fleuve lui-même sortait d'une gorge étroite. Jusqu'à Lang-tcheou, il est impossible de le suivre pas à pas. Les montagnes finissent d'une façon abrupte en plus d'un point et ne permettent pas le passage. Les Chinois n'ont pas jugé nécessaire d'entreprendre le travail considérable que nécessitait le percement d'une route en ces endroits. Il faut, en conséquence, traverser les sables, puis, pendant une longue distance, s'engager au sud-ouest pour revenir ensuite sur Lang-tcheou dans une direction sud-est.

Les chars ne peuvent surmonter l'énorme obstacle que les dunes présentent. Ils doivent traverser le fleuve, parcourir une petite distance sur la rive droite et retraverser la rive une seconde fois après avoir dépassé la ligne des sables. Avec les chameaux et les chevaux, tous ces transbordements sont évités, et la caravane a seulement à gravir une rude montée et à fournir une fatigante étape sur un terrain inconsistant.

Malgré tous mes efforts et même quelques discours sévères, il fut impossible d'éviter à Tchong-wei l'inévitable et détestable escorte d'un petit mandarin crasseux et de cinq soldats pillards. Après un jour de marche, ils commencèrent déjà à nous porter sur les nerfs. Ils essayèrent d'induire mes hommes à partager avec eux les provisions que j'avais achetées pour la route. J'intervins à temps pour m'opposer à cet acte de charité, mais l'un des soldats déclara alors qu'il ne m'accompagnerait pas plus loin. C'est une raison de plus de refuser! Le lendemain matin, il avait déserté. Nul doute qu'il marauda aux alentours jusqu'à ce que ses compagnons revinssent de Lang-tcheou, et mit sur le compte du « diable étranger » tous les larcins dont il avait été coupable.

En diverses occasions, j'avais demandé aux mandarins militaires des villes où l'on nous imposait des escortes si je devais fournir la nourriture ordinaire, farine et riz, à leurs soldats. J'avais toujours reçu la même réponse que je n'avais à m'occuper de rien, qu'ils devaient eux-mêmes pourvoir à leur subsistance. Cependant, c'est un fait que ces hommes ne reçoivent aucune provision quand ils quittent leur résidence pour accompagner un voyageur. Le mandarin, qui le sait, se fait ainsi complice de leurs brigandages, avec le résultat que les paysans volés n'osent pas porter plainte, car leur juge est lui-même le premier coupable dont ils auraient à se plaindre.

En deux jours, nous nous élevâmes de plus de 600 mètres, et, à cette saison de l'année, ce léger changement d'altitude correspond à un changement beaucoup plus grand dans la température. Il fait très froid la nuit. Le thermomètre à peine monte au-dessus de zéro dans la journée, pour peu que le soleil reste caché derrière un voile de nuages...

Nous étions alors sur un grand plateau dont le côté nord descend en pente douce sur l'Alashan, et dont le flanc sud s'appuie à une petite chaîne de montagnes. Du village de Siwantnatze où nous nous arrêtâmes et qui mérite à peine la qualification de misérable hameau, nous apercevions dans la clarté magnifique du jour la chaîne de l'Alashan qui se profilait au nord-nord-est, et se détachait en relief dans la plaine uniforme fortement teintée en bleu sombre et en mauve. Dans la première partie de la journée, la route suivit le cours d'un affluent du fleuve Jaune, et sur tout le parcours nous avions relevé d'anciennes tours à feu, dont les autorités se servaient autrefois pour communiquer rapidement d'un point à une autre les événements intéressants. Des torches en nombre variable servaient de signaux convenus.

Après quatre jours de marche, les chameliers demandaient d'accorder un jour de repos aux animaux. Ceux qui avaient été récemment achetés n'étaient pas encore entraînés à une marche régulière. J'hésitais, car il me semblait que la paresse plus que l'intérêt qu'ils portaient aux animaux les engageait à faire cette proposition, mais une inspection me décida à demeurer un jour au village de six maisons de Yang-pri-choui. Au lieu de brouter avec avidité une herbe d'assez bonne qualité, un grand nombre des animaux étaient accroupis sur le sol, leur long cou étendu et les yeux fermés, posture qui toujours témoigne chez eux d'une réelle fatigue. Je me demandais avec inquiétude quel parti je pourrais tirer d'eux dans une contrée où les longues haltes étaient impossibles si je n'arrivais à les mettre en meilleure condition.

La journée ne fut pas entièrement perdue. Je me livrai à quelques observations pour déterminer à l'aide d'un éclimètre la hauteur de quelques pics neigeux loin à l'ouest.

Vers le soir, un de nos hommes, Sarrol, nous amena quatre lamas dont l'aspect misérable et l'attitude infiniment moins arrogante que celle qu'ils affichent d'ordinaire indiquait que des événements sérieux s'étaient produits. Les pauvres diables venaient de Pékin, et se rendaient en pèlerinage à Kumbum. Ayant laissé la capitale du Céleste Empire six mois auparavant, ils s'étaient d'abord rendus à Outaïshan, puis de là avaient continué leur route par le Shansi, avaient remonté jusqu'à Ning-hsia, et depuis plus d'un mois étaient arrêtés à Yang-pri-choui en conséquence d'une attaque nocturne.

Ils avaient un soir planté leur tente à une petite distance du village, où réside une garnison de dix soldats destinée à combattre les bandits, et se croyaient en parfaite sûreté sous la sauvegarde de l'autorité. Cependant, au milieu de leur sommeil ils avaient été soudainement et traîtreusement attaqués par des individus armés de sabres et de fusils mongols, qui volèrent l'argent que les pèlerins portaient à Kumbum comme offrande de leur monastère, et les laissèrent dans le plus piteux état. L'un d'eux avait eu le cou à moitié coupé, un second une oreille détachée et l'épaule entamée, un autre avait le coude fendu d'un coup de sabre, et le quatrième, ayant en se défendant saisi la lame de son agresseur dans ses mains, avait reçu de cette façon une blessure très douloureuse.

Depuis lors, ils étaient demeurés, d'abord trop malmenés pour se mettre en route, puis trop effrayés lorsque leur condition s'était améliorée.

Personne n'avait encore consenti à les laisser se joindre à une importante caravane voyageant avec une sûreté relative, et ils venaient nous prier de leur accorder la permission de se mettre en route en notre compagnie le lendemain matin. Ils étaient persuadés que les brigands n'attaqueraient jamais une troupe, si petite soit elle, commandée par un Européen, et armée de fusils de guerre à répétition.

J'accédai à leur requête par pure humanité, mais recommandai vivement à mes hommes de tenir toujours un œil ouvert sur leurs faits et gestes, car il n'existe pas de voleur plus hypocrite, plus mielleux et plus adroit que le lama.

Nos nouveaux compagnons de route se présentèrent fidèlement, à l'heure du départ dans le plus grotesque appareil. Le plus malade, blessé au cou, montait un infortuné petit bourriquot, microscopique animal qui avait toutes les peines du monde à mettre un pied devant l'autre. Ses trois collègues, plus vigoureux, marchaient mélancoliques, et poussaient devant eux deux autres petits ânes sur lesquels ils avaient chargé le peu qui leur restait : une petite tente en loques, quelques peaux de moutons sur lesquelles ils dormaient, et une dizaine de livres de farine.

Le seul intérêt de la route alors suivie consistait en ce que nous tournions au sud et quittions le plateau qui domine le désert d'Alashan. Nous nous engageâmes dans une petite vallée tortueuse, et aussitôt il nous sembla que la température devenait plus chaude, et que la brise était moins coupante.

Après avoir descendu une série de vallonnements au cours d'une marche de 24 kilomètres nous parvînmes à la petite ville de Soutran.

Selon la coutume, le mandarin envoya un de ses satellites nous présenter sa carte et nous saluer en son nom. Cet homme nous conduisit dans une maison assez propre et nous invita à nous y installer, ce que nous allions faire, lorsque soudain, au moment où je donnais l'ordre de poser à terre les charges des chameaux, arriva le mandarin lui-même, un des plus curieux spécimens du genre.

Avançant vers nous, les bras étendus, il se livra à une série de salutations, puis soudainement se précipita vers moi, et, avec les marques de la plus vive effusion, me pressa sur sa poitrine. J'avais beau me défendre de mon mieux, il recommença de nouveau cette comédie, et alors seulement nous pria de le suivre dans son yamen où il avait fait préparer une chambre.

Le yamen était des plus pauvres, en terre battue peinte en blanc et ornée ici et là d'énormes ronds de couleur rouge. Tout l'ensemble était branlant et cadrait bien avec la misérable petite cité au milieu de laquelle il s'élevait.

Quoi qu'il en fût, la réception qui nous était faite fut aussi empressée que possible. Au lieu de thé, on nous apporta de l'eau-de-vie chinoise, et notre hôte en absorba une grande tasse entière. Je commençai à comprendre pourquoi il agissait d'une façon si bizarre : il était adonné à la boisson et semblait être préparé à nous recevoir par des libations plus que copieuses. Par la suite, j'appris de la bouche de ses serviteurs que leur maître n'était jamais sobre, à leur connaissance, et que nul homme d'ici à Lang-tcheou ne pouvait absorber une aussi grande quantité d'eau-de-vie sans tomber raide sur le parquet.

Je me résolus à passer un jour à Soutran dans le but d'établir un relevé des montagnes environnantes. A cette nouvelle, le mandarin ne sut comment exprimer sa joie, et finalement but d'un trait une nouvelle tasse de son breuvage favori.

Cela intéressera peut-être le lecteur de savoir quelles sont, au point de vue pécuniaire, les ressources de ces petits mandarins, et quelles sont leurs occupations. Un fonctionnaire à bouton bleu, comme celui de Soutran, reçoit une paye fixe de 400 taels, environ 1,200 francs par an. Quand je dis qu'il reçoit cette paye, je veux exprimer qu'il est ainsi censé la recevoir; mais pour une foule de raisons qu'il serait trop long d'expliquer et qui toutes plus ou moins ressortent de la rapacité de ses supérieurs immédiats, il ne la touche que rarement. D'autre part, il doit entretenir un certain nombre de soldats, de subalternes de toutes sortes, un intendant, certains mendiants, lui-même et sa famille. En Chine, on peut évidemment vivre de peu, mais cependant il est impossible, même sur la frontière du désert d'Alashan, de vivre de rien. Que doit alors faire notre mandarin non ou trop peu payé? Il doit pressurer le peuple jusqu'à ce qu'il obtienne ce qui lui est nécessaire et un peu au delà. Il a en effet payé son poste un prix fixe, et il est naturel qu'il cherche à rentrer dans ses débours. De plus, s'il veut avancer et faire une brillante carrière, il doit économiser pendant ses trois ans de service dans le même poste une somme suffisante pour acheter un emploi plus élevé qui coûtera probablement le double de celui dans lequel il exerce présentement son fantôme d'autorité. Il lui faut vendre la justice, vendre les criminels, créer des procès aux riches marchands, laisser marauder ses propres soldats, et ne pas payer ses dettes. C'est ainsi, que du plus grand au plus humble, les mandarins chinois sont pourris jusqu'à la moelle, et qu'il faudra, pour changer ce déplorable état de choses, base de la stagnation du progrès en Chine, des efforts prodigieux et un laps de temps dont ceux qui parlent de la régénération de cet immense empire comme d'un fait accompli ou s'accomplissant ne se doutent probablement pas. Toutes les forces bonnes ou mauvaises de cette nation populeuse ne sont pas seulement concentrées autour de Canton, Hong-Kong, Shanghaï, Tientsin et Pékin, ou aux environs des ports ouverts au commerce étranger, et ce n'est encore que la très minime partie du peuple qui se trouve forcément impressionnée et modifiée par la présence des Européens avec qui ils sont entrés en fréquents et obligatoires contacts. Quatre-vingt-dix pour cent du peuple chinois n'ont pas la moindre idée de nos mœurs et de nos idées, et nous aurons à vaincre la formidable résistance de toutes les autorités qui profitent de l'état de choses actuel avant d'arriver à un résultat pratique. Ce jour-là, nous regretterons peut-être amèrement de n'avoir pas laissé croupir dans sa sentine boueuse le redoutable monstre qui se dressera devant nous.

Les soldats qui forment la garde du yamen servent de police, reçoivent une paye variant entre 2 et 3 taels par mois. Tous fument l'opium, et leur paye est juste suffisante pour leur permettre de s'adonner à leur vice. Dans ce cas, de quoi vit leur famille? De maraudes impunies et protégées, et par-dessus tout de chantage. C'est là leur grand moyen d'extorquer de l'argent des commerçants. « Donnez-moi tant, ou je nous dénonce au mandarin! » Le malheureux trafiquant paye, et, s'il ne change pas de cité et ne se présente pas dans sa nouvelle résidence sous les dehors d'un pauvre homme, il est certain de mourir sur la paille. « La Chine est un pays charmant!... » chante un vieil opéra-comique.

Sortis de Soutran, sur la route, nous relevâmes un grand nombre de villes, villages et fermes fortifiées. La dernière rébellion des musulmans, qui ont causé dans tous le Kansuh des ravages effroyables, a eu pour conséquence la construction ici et là de demeures fortifiées, entourées de grands murs en terre battue, d'une vingtaine de pieds de haut, parfois, et flanqués d'une ou deux tours dominant le pays et servant de bastions.

A l'intérieur de ces murs court un chemin de ronde où sont rangés des tas de pierres brisées et de lourds cailloux. Les habitants ne possèdent que très rarement un mauvais fusil, ou un sabre ébréché. Leur seule ressource et leur seul espoir consistent dans leurs outils de travail et dans ces amas de pierres. Parfois, au-dessus de la porte d'entrée toujours petite et étroite, se trouve une tourelle en forme de balcon avancé. Par un trou percé dans le plancher, les défenseurs essayeraient, en cas d'attaque, de jeter sur leurs assaillants de l'eau bouillante, des briques, en un mot tout ce qui pourrait blesser ou tuer.

Avant que les musulmans se répandissent de tous côtés, tuant et brûlant, ces mêmes fermes d'aspect aujourd'hui si guerrier n'étaient entourées que de murs de médiocre hauteur. On peut voir à la différence de coloration de la terre battue, entre les parties superposées des murs, qu'elles n'ont été fortifiées que récemment.

Ce qui a causé et causerait probablement encore la ruine de ces infortunés paysans si une nouvelle rébellion éclatait, c'est leur manque d'unité d'action. En cas de danger, chaque propriétaire se réfugie dans sa ferme, entouré de ses enfants, de ses femmes, de ses serviteurs, au nombre de dix ou quinze, et essaye de repousser l'ennemi par ses propres moyens. Ce dernier conquiert et brûle l'une après l'autre ces demeures isolées, tue, saccage, et s'établit vainqueur bien que n'étant pas très nombreux et n'ayant, comme ceux qu'il attaque, que des armes très imparfaites.

L'aspect général de la contrée était des plus pittoresques, et nous nous imaginions voyager en plein moyen âge, à une époque peuplée de bandits, de voleurs de grand chemin et de détrousseurs, à une époque de châteaux forts et de guerres civiles.

Le 8 novembre, avant d'arriver à l'étape du soir et de nous établir pour la nuit au petit village fortifié de Sacretien, nous franchîmes un col élevé de 300 mètres, aux alentours duquel se trouvaient éparpillés, à fleur de terre, des gisements de charbon en grande quantité. Les habitants du pays profitent de cette richesse si largement répandue et l'exploitent en vue d'une consommation immédiate. Leur façon d'exploiter est très primitive. Partout où le gisement du précieux minerai perce la surface du sol, ils l'attaquent à coups de pioche et creusent un trou qui n'excède jamais plus de 10 mètres. Que la veine de charbon soit ou non épuisée, ils l'abandonnent, craignant un éboulement et ne désirant pas prendre la peine de consolider les parois du puits qu'ils ont creusé. Ils exploitent rarement la veine en largeur. Cela aussi les obligerait à des travaux d'art qu'ils jugent inutiles et coûteux, alors qu'à une petite distance ils peuvent de nouveau récolter le charbon au niveau du sol sans peines et sans dépenses.

Tout le Kansuh est extrêmement riche en mines de toutes natures, charbon, argent, or, étain, zinc, fer. Malheureusement, les communications qui se peuvent établir entre cette province reculée et le reste du monde sont coûteuses et longues. Certains minerais, comme le charbon, qui produiraient dans d'autres conditions des revenus magifiques, se trouvent condamnés à demeurer infructueux tant que les conditions d'exploitation ne se seront pas améliorées.

Le charbon des mines de Sacretien est brûlé dans toute la région jusqu'aux environs de Lang-tcheou. Près de cette capitale se trouvent d'autres mines trés riches également.

Les jours suivants, la marche continue monotone dans une contrée ou des ruines de fermes détruites par les musulmans succèdent à des petites fortifications, du type de celles que j'ai déjà décrites.

Cependant, un matin, trois des chameaux, et trois des meilleurs, étaient absolument incapables de partir. Les jambes écartées pour maintenir leur équilibre, la tête ballante, les yeux fermés, leurs lèvres épaisses, pendantes et baveuses, ils semblaient ivres. Tous efforts pour les faire avancer ou bouger étant infructueux, je fus obligé de passer une journée sans avancer, car je ne pouvais perdre ces trois bêtes. Quant à les laisser derrière nous et à les confier aux soins des paysans, il valait autant en faire le sacrifice immédiatement.

Ces chameaux avaient été empoisonnés par une herbe croissant aux alentours, à tige fine et à petite corolle rouge. Fait singulier, les chevaux, mules et ânes peuvent impunément absorber cette plante, car, seuls les chameaux semblent avoir souffert.

Les hommes commencèrent un traitement consistant à battre l'animal à coups de bâton jusqu'à ce qu'il essaye de faire un mouvement. Le résultat est qu'il tombe à terre lourdement et demeure étendu le cou en avant. Ils entr'ouvent alors ses lèvres et y versent une potion difficile à nommer mais où l'ammoniaque joue un grand rôle. Puis ils laissèrent les bêtes malades reposer près des tentes, tandis que les autres paissaient tranquillement dans une partie de la plaine où la terrible plante ne semblait pas avoir germé.

Vers le soir, le Mongol Norbo me demanda quelques sapèques pour acheter de l'anis dans une ferme voisine. Il la broya, la pétrit avec de la farine, en fit des boulettes qu'il obligea les chameaux à avaler. Un peu après, deux d'entre eux étaient assez forts pour se lever et faire quelques pas. Sans charge, ils pouvaient accomplir l'étape de demain. Je n'étais pas aussi tranquille sur le sort du troisième qui n'avait pas ouvert les yeux de toute la journée, et de la bouche duquel sortait une grande quantité de bave malodorante.

La nuit ne fut pas tranquille. Vers 11 heures, j'entendis soudainement un bruit de sabots et de hennissements de frayeur. Saisissant une carabine toujours chargée, je me précipitai au dehors, mais fus un certain temps avant de pouvoir discerner des ombres dans l'obscurité profonde de la nuit. Des hommes s'appelaient les uns les autres, et je me dirigeai de leur côté. « Un loup a enlevé la mule des chronomètres, » me dirent-ils. Et ils tremblaient de peur. Je donnai à deux d'entre eux des fusils et nous nous mîmes en chasse, sans autre résultat que quelques chutes sans conséquence causées par des accidents de terrain impossibles à discerner.

Au petit jour, j'examinai les traces laissées par l'animal qui avait attaqué le camp hier soir. Il était aisé de reconnaître, à la largeur des paumes et à la dimension des griffes, que ce n'était pas un loup mais bien une panthère qui avait enlevé un des animaux. J'interrogeai quelques paysans que la nouvelle de l'incident avait attirés sur les lieux, et ils m'affirmèrent que parfois des panthères de grande taille venaient chercher pâture dans la plaine et emportaient leurs moutons.

Le cadavre de la mule gisait, à demi dévoré, à quelques centaines de pas.

Le 13 novembre, le froid devint vif, la neige tomba abondamment. Dans de telles conditions, la marche était pénible. Les hommes murmuraient. Ils voulaient s'arrêter chaque fois que la température devenait inclémente! Leurs visages renfrognés et leurs soupirs étaient les seuls amusements d'une journée détestable; et nous couchâmes dans une maison microscopique, que nous avions dénichée au milieu d'une petite ville qui rappelait à s'y méprendre un château fort avec ses douves, ses donjons et sa porte fortifiée. Trois cents habitants se pressaient à l'intérieur et furent fort effrayés à notre vue.

Pendant la nuit, le thermomètre tomba à 12 degrés sous zéro, et la neige gela ferme.

Par bonheur, nous devions arriver le lendemain à Lang-tcheou.

CHAPITRE V

LANG-TCHEOU. — SINING. — KUMBUM. — LIANG-TCHOU

La cité de Lang-tcheou, capitale de la province du Kansuh, est bâtie dans un site d'un pittoresque extrême. Limitée d'un côté par le fleuve Jaune, elle s'étend sur une large plaine entre trois vallées, et contient entre ses murs une population évaluée à un million d'âmes. Il existe sans doute une bonne dose d'exagération dans la donnée de ce chiffre. A mon avis, la moitié serait une correcte évaluation. La grande curiosité de Lang-tcheou est son pont de bateaux qui relie entre elles les deux rives du Houang-ho. Ce pont est composé d'un nombre considérable de chalands sur lesquels un ponton a été établi en planches de bois grossièrement jointes et façonnées, de telle sorte que la traversée de cet ouvrage n'est pas sans un certain danger. Les chalands sont reliés les uns aux autres par d'énormes chaines de fer qui courent de bout en bout du pont. Si le minerai employé pour les forger était suffisamment épuré, une corde de fer d'un diamètre plus petit de moitié suffirait. Le courant n'est pas très rapide et le danger de bris n'existe qu'au printemps, lors de la débâcle, lorsque d'énormes glaçons sont charriés par les eaux. Des sommes considérables sont inscrites au budget de la ville chaque année pour l'entretien du pont, mais, grâce au système de rapine en usage, un faible acompte seul est employé.

On peut voir, en deçà du pont et sur les eaux jaunes, d'étranges radeaux faits d'estomacs de bœufs gonflés d'air, assemblés au moyen de cordes. Un pont jeté sur ces outres, assujetti tant bien que mal, constitue l'embarcation qui transporte voyageurs et marchandises de Lang-tcheou à Ning-hsia. Un ordinaire chaland en bois ne saurait affronter les rapides du fleuve engagé, ainsi que je l'ai fait remarquer, entre deux chaînes de rocs à pic, resserrés, et tournant parfois sur lui-même à angles droits. Cependant, même ces radeaux ne sont pas sûrs et, cinq ans auparavant un infortuné Européen trouva la mort non loin de Lang-tcheou, dans des conditions déplorables. Fuyant devant les menaces de massacre, il jugea convenable de s'enfuir sur un de ces radeaux, et se confia à des mariniers inexpérimentés qui, aux premiers rapides, ne surent pas gouverner leur esquif. Tout ce qu'il portait fut englouti dans les flots.

En face de la porte Est de la ville se trouvent les casernes, champs d'exercices et champs de tir de la garnison de Lang-tcheou. Je ne sais combien d'hommes sont supposés faire partie de ladite garnison, mais il est certain que le gouverneur cherche autant qu'il est en son pouvoir à régénérer ses soldats. Cependant, nous sommes loin ici de la réelle supériorité des hommes que nous avions passés en revue à Köei-Hua-t'chang. Les guerriers de Lang-tcheou ont encore beaucoup à apprendre et à s'assimiler avant d'être seulement présentables.

Lang-tcheou possède également une fabrique d'armes, établie dans un bâtiment vaste et propre préalablement édifié par une compagnie allemande, qui essaya de fabriquer des étoffes sur place. Eût-elle réussi, les profits auraient été superbes; mais elle dut lutter contre une corruption profonde, une rapacité sordide, et fut obligée de se retirer après un complet *fiasco.*

La manufacture d'armes livre des fusils semblables à ceux dont nos grands-pères usaient un siècle auparavant. Ce sont des armes à capsule, bien faites pour des armes de ce genre, mais absolument incapables de soutenir le choc d'une petite troupe armée à la moderne. Un grand nombre de ces fusils sont livrés à Sining-fu et achetés à des prix très élevés par les caravaniers thibétains, toujours sous l'appréhension d'une attaque de brigands entre Sining-fu et Lhassa. A Lang-tcheou, le prix d'une de ces armes est de 9 taels.

Il est également possible de se procurer des armes de fabrication et d'importation allemandes, Mauser et Manlicher, ainsi que des cartouches pour ces armes. D'où viennent-elles et quelle est la contrebande illicite à laquelle les importateurs se livrent? Tous le savent, mais nul ne le dit.

Durant notre séjour à Lang-tcheou, nous reçûmes l'hospitalité de l'aimable M. Sphingaert, Belge d'origine, devenu Chinois d'habitudes et de carrière. Il est un des rares Européens qui aient pour de longues années occupé des postes d'administration chinoise à l'intérieur du pays. Il est à la fois mandarin à bouton rouge civil et militaire, et a reçu la célèbre décoration des Dix mille familles. Voici en quoi elle consiste : lorsqu'un mandarin en charge dans une grande ville a satisfait la population par son honnêteté et sa bonne administration, un certain nombre de familles, dix mille, se réunissent pour offrir au mandarin trois grands parasols sur lesquels sont fixés un nombre de petites banderoles de soie noire et jaune égal à celui des donateurs, et sur lesquelles le nom de chacun d'eux est inscrit. Ils lui remettent également un habit de soie noire et jaune, avec inscription; habit que le mandarin a le droit de porter lorsqu'il se présente à une audience de l'Empereur, et qui prouve à ce dernier la qualité des services de son serviteur.

Une autre et beaucoup plus fréquente marque de l'estime dans laquelle un fonctionnaire est tenu, consiste à suspendre dans une petite cage de bois, à l'entrée de la ville, sous la voûte de la porte principale, une paire de ses chaussures lorsqu'il change de domicile. Tous ceux qui ont visité des cités chinoises connaissent ce détail.

A Lang-tcheou, nous fîmes la connaissance de deux explorateurs allemands, le lieutenant Filchner et le docteur Taffel. Le lieutenant était venu de Shanghaï à Lang-tcheou par la grande route bien connue, accompagné de sa femme; mais cette dernière, craignant les fatigues du Thibet, était demeurée à Sining-fu, chez les représentants de la « China Inland Mission », tandis que les deux explorateurs s'efforçaient de parvenir à l'Oring-Nor, source du fleuve Jaune, au Thibet.

Ils avaient cru avantageux de recourir aux forces chinoises pour faciliter leur route et s'étaient adressés aux mandarins militaires de Sining. Ces derniers leur avaient donné une sérieuse escorte de soldats bien armés et une de leurs propres tentes officielles destinées à imposer respect aux habitants de cette partie du Thibet, incontestablement dangereuse.

Cependant, toutes ces précautions prouvèrent de peu d'utilité, car ils furent attaqués au sortir d'un défilé par une troupe de Thibétains armés, qui commencèrent le feu pendant la nuit. Ils ne causèrent aucune perte à la caravane européenne, mais, le lendemain, ceux qui la composaient estimèrent plus prudent de prendre la fuite à toute vitesse, abandonnant leurs bagages. Ils arrivèrent au Yunnan, et de là regagnèrent Lang-tcheou et Sining.

Le résultat de leur expédition m'encouragea vivement dans la résolution que j'avais prise depuis longtemps de n'entreprendre une expédition à travers le Thibet qu'en nous confiant à nos propres forces, et en évitant absolument tout ce qui de près ou de loin pouvait prouver aux Thibétains que nous étions en relations avec les autorités chinoises. Leur haine et leur dédain pour ces dernières sont assez fortes en eux-mêmes pour les pousser à attaquer une troupe que, sans la présence d'une escorte armée, ils laisseraient probablement passer sans molestation. D'autre part, ils voient dans sa présence la crainte que les explorateurs ont de leur valeur et de leur audace, et cela les incite encore plus à commettre des actes de brigandage.

L'avenir a d'ailleurs justifié ma théorie.

Lang-tcheou était également le siège principal des agents miniers du roi Léopold qui depuis des années, avec plus de persévérance que de connaissance de la situation, s'efforçaient en vain d'acquérir des concessions.

Les étrangers semblaient être tenus en parfaite horreur à Lang-tcheou. Il n'était pas rare d'être insulté en pleine rue par des gens de toutes classes, et d'entendre l'appellation inoffensive, mais énervante, de Yan qui tze résonner aux oreilles. Les rapports avec les mandarins étaient difficiles, car ils suivaient les exemples de leur chef qui considérait tous les États européens comme la poussière de ses bottes, et les traitait avec le plus grand sans-gêne. En dépit des traités, il ne donnait jamais, dans ses relations avec les missionnaires ou évêques, les titres qui leur ont été conférés par la convention signée par M. Girard. Ce n'est pas que j'approuve la convention, bien plus faite pour abaisser les Européens en leur donnant des grades qui placent une majorité d'entre eux en dessous des fontionnaires que pour relever le prestige des missionnaires européens; mais ce qui est signé devrait être observé.

Des pamphlets sont affichés sans cesse sur les murs de la cité qui vilipendent et maudissent les Européens. Des injures furent écrites, peu de temps avant notre arrivée, sur le compte de M. Splingaert, cependant mandarin chinois de haut rang. La guerre n'est pas ouvertement déclarée, mais les hostilités à l'état latent n'attendent qu'un signal pour éclater.

Il était inutile de s'adresser aux tribunaux chinois pour obtenir justice et faire condamner les grossiers insulteurs qui, en plein jour, dans la rue, essayaient de faire des Européens la risée de la populace. Durant notre séjour, un Boxeur se livrait en public à une propagande si active que les magistrats ne purent continuer de fermer les yeux. Ils arrêtèrent l'individu, le condamnèrent à un nombre très limité de coups de bambou et le laissèrent libre de recommencer. Six mois après les troubles de 1900, cet homme aurait eu le cou coupé. Les temps étaient déjà changés!

Je m'efforçai d'améliorer la condition des chameaux de la caravane. Beaucoup étaient déjà blessés et tous étaient fort maigres. Plusieurs avis m'ayant été donnés que mes caravaniers ne possédaient ni l'expérience ni la science nécessaire pour les maintenir en bon état, je fis venir de Liang-chou un chamelier du nom de Lao-yang dont la réputation d'habileté s'était répandue au loin et qui avait servi sous les ordres de M. Splingaert dans un des nombreux voyages qu'il accomplit en qualité de secrétaire du baron de Reichtoffen, lors de la célèbre expédition de ce dernier.

Lao-yang étant arrivé et ayant pris le commandemens de notre petite troupe, nous n'avions plus de raison pour demeurer à Lang-tcheou, et, en dépit de l'aimable hospitalité qui nous était offerte, nous nous mîmes en route.

Notre itinéraire avant d'entrer dans le Gobi comprenait une pointe sur Sining-fu et Kumbum.

Je n'entrerai pas dans de grands détails sur cette route peu intéressante, car elle a été parcourue par tous ceux, explorateurs ou missionnaires, qui sont venus au Kansuh.

La route quittait le fleuve et se dirigeait sur Ping-fen, ville sous-préfectorale qui commande à la fois la grande route de Lang-cheou et celle de Sining-fu. Le chemin suivait les détours d'un petit affluent du fleuve Jaune, montait, descendait sans cesse, et traversait de hautes et pittoresques terrasses d'argile rouge qui semblaient ne se rencontrer que de 1,500 à 1,600 mètres d'altitude. La population, sans être abondante, semble assez prospère, et le voyageur n'éprouve de difficultés ni pour se loger ni pour se nourrir.

Arrivés à Ping-fan le 3 décembre, je pris la résolution d'envoyer tous les chameaux et les deux tiers des hommes nous attendre à Liang-chou, jugeant inutile de leur faire faire le détour de Sining. Le fameux Lao-yang m'affirma avec force gestes qu'il connaissait non loin, un pâturage et à l'est de Liang-chou où les animaux trouveraient abondamment à se nourrir et où en trois semaines leur condition s'améliorerait sensiblement.

Ne conservant avec nous que les effets nécessaires et un peu d'argent, je louai deux voitures, ou plutôt deux chars sans ressorts, couverts d'un toit de paille, qui devaient nous conduire à Sining pour la somme de 20 taels par voiture. Chaque véhicule était attelé d'un cheval et d'une mule en flèche, et les animaux étaient vigoureux. Je promis aux conducteurs un léger supplément de salaire s'ils parcouraient les 340 lis qui séparent Ping-fen de Sining en quatre jours. La distance serait aisément couverte en ce laps de temps si des montées et des descentes très raides, le passage d'un lac, ne venaient couper l'élan des caravanes. Nous étant installés dans un des chars, tant bien que mal, sur des ballots, et ayant empilé nos hommes dans le second, nous nous mîmes en marche à belle allure, tandis que notre troupe de chameaux lentement s'enfonçait vers le nord sous la direction du bruyant et tumultueux Lao-yang.

Nous sommes arrivés le 7 décembre, au jour et à l'heure dits. Mais cela n'a pas été sans peines. Après une centaine de lis, la belle ardeur des conducteurs et de leurs animaux avait commencé de faiblir sensiblement. Après 200 lis, les attelages n'avançaient plus, mais rampaient. Nous en fûmes quittes pour marcher la nuit, et pour dormir dans le char.

Sining-fu est une ville du plus grand intérêt, non seulement par sa situation géographique, mais encore et surtout par la quantité de différentes races qu'elle renferme.

Dans la rue principale, encadrée de boutiques de toutes sortes, se pressent des Chinois de toutes les parties de la Chine, des Thibétains du nord et des Thibétains de Lhassa, des Mongols des Ordos et des

Mongols du Zaidam, des musulmans du Kansuh et des musulmans du Lob-nor, des aborigènes dont il est impossible de retracer l'histoire antique, et des Bouriates à demi russifiés; parfois même un homme au type hindou peut se voir dans la foule. Pêle-mêle, pressés les uns contre les autres, l'épaule nue d'un Thibétain près du vêtement de toile bleue du Chinois, ils discutent pendant un temps interminable le prix d'une boîte d'allumettes européennes ou celui d'un petit miroir. La coiffure pointue des femmes thibétaines, à l'air effronté, surmonte la masse des calottes crasseuses à boutons de soie rouge des Chinoises. Tous sont occupés et intéressés, car Sining est le grand emporium de la civilisation pour une énorme partie du monde. C'est ici que les grandes caravanes qui viennent de Lhassa et de Shigatze deux fois par an s'approvisionnent. Les nouvelles de la Chine arrivent par cette voie jusqu'au fond du désert, et avec elles les produits à bon marché que la maigre bourse du Thibétain du peuple peut se permettre d'acheter.

Que toutes ces nationalités vivent toujours en bonne intelligence les unes avec les autres, je n'oserais l'affirmer. Cependant, il ne m'a pas semblé que l'ordre soit trop souvent troublé par des discussions et des querelles. Tous ceux qui viennent à Sining semblent principalement animés du désir de satisfaire leur curiosité, de s'amuser et d'acheter le plus d'objets possible pour peu d'argent.

Le Révérend Ridley, de la « China Inland mission, » vint aimablement nous voir, et nous donna sur la contrée qu'il connaissait dans ses recoins les plus reculés des détails intéressants. Je lui dois une carte de la répartition des populations aux environs de Sining-fu qui ne manque pas d'intérêt.

Cependant, comme notre intention n'était pas de prolonger notre séjour, nous résolûmes de nous rendre dès le lendemain de notre arrivée au fameux monastère de Kumbum, tant vanté et célébré par les différents voyageurs qui l'on visité, depuis les pères Huc et Gabet jusqu'aux plus récents explorateurs, comme Swen-Hedin ; c'était le principal objectif de notre venue dans cette partie du Kansuh.

Il ne nous fut pas possible de nous mettre en marche pour le temple avant midi. Nous devions nous procurer des chevaux de louage, et, comme ceux qui nous avaient amenés étaient absolument impossibles à monter, il nous fallut attendre plusieurs heures qu'un loueur se décidât à nous présenter des animaux convenables.

La première partie du chemin n'avait rien de bien remarquable et suivait le lit d'une rivière profonde, jusqu'à ce qu'elle tournât à angle droit le long du cours d'un petit affluent près de la source duquel est bâti le grand monastère. Nous marchions à bonne allure, n'étant pas encombrés par une suite nombreuse ou par de grandes quantités de bagages. Nous n'avions avec nous que quelques soldats et un officier d'un rang inférieur qui nous avaient été imposés par le mandarin en charge des Thibétains, sous le prétexte fallacieux que nous serions mieux traités par les lamas. Un de nos hommes nous causa le plus vif amusement par la joie exubérante qu'il ne cessa de manifester tout le long du parcours. C'était le Mongol Sarrol. Il avait revêtu ses plus beaux habits pour se rendre à Kumbum, et même, ne se trouvant pas assez somptueusement habillé, avait emprunté de droite et de gauche des ornements divers. C'était pour ce brave Mongol un grand jour. Le fait d'avoir été à Kumbum, plus ou moins en pèlerinage lui conférait un droit absolu au bonheur éternel, et, en attendant, lui communiquait, à n'en pas douter, une grande félicité terrestre. Il gesticulait, criait, hurlait, chantait à tort et à travers, lançait son poney au galop, et s'efforçait de lui faire accomplir des tours d'adresse sur le bord des fossés, tant et si bien que monture et cavalier roulèrent finalement dans une épaisse flaque de boue.

Après avoir passé plusieurs meuneries mises en mouvement par le rapide courant de la petite rivière, nous arrivâmes en vue de Kumbum ; mais à ce moment l'obscurité de la nuit commença de se répandre, et nous dûmes continuer notre chemin guidés par les multiples lumières qui s'allumèrent de tous côtés sur les différents édifices du temple qui formaient le plus gracieux et pittoresque effet.

Quelques lamas prévenus de notre arrivée nous attendaient près d'un portail à peine éclairé, ouvrant sur une large cour intérieure. Ils nous conduisirent poliment à l'appartement assez modeste qui nous était réservé, et auquel nous arrivâmes après avoir grimpé le long d'une échelle branlante qui tenait lieu d'escalier.

Dans une chambre de quelque 5 ou 6 mètres carrés planchéiée de bois, avec un plafond et des murs également en bois, se trouvait une collation composée de beurre, de thé et de quelques gâteaux frits à la manière chinoise. Après nous avoir souhaité une bonne nuit, les lamas se retirèrent en égrenant les petites boules de leurs chapelets.

Dans la nuit, une véritable suffocation nous réveilla, et, ayant allumé une bougie, nous pûmes constater que, par les fentes du plancher, une terrible fumée épaisse et âcre entrait dans notre chambre. Des pèlerins avaient fait un feu dans la pièce en dessous de la nôtre et cuisaient tranquillement leur dîner, sans se douter qu'ils nous enfumaient. Après quelques pourparlers, ils consentirent à transporter leur cuisine et leur feu au milieu de la cour.

Dès l'aube, quelques lamas vinrent frapper à la porte et présenter une pièce d'étoffe de soie de la part du grand lama. Ils devaient nous servir de guide dans notre visite au monastère.

La cour de la maison où nous avions passé la nuit présentait un spectacle attrayant. Nombre d'hommes, de femmes et d'enfant thibétains se chauffaient au soleil ou finissaient leur repas, et, comme l'atmosphère s'était réchauffée un peu, ils avaient rejeté en partie leur manteau de fourrure de mouton sur leur dos et montraient leurs épaules nues et musclées. Tous étaient coiffés du petit bonnet pointu qui donne un air si peu militaire aux guerriers thibétains, mais ne manque pas d'originalité.

Nous commençâmes alors l'inspection des différents temples. Tous étaient bien entretenus, et quelques-uns richement décorés. Sur certains piliers de la plus grande salle, des peaux de panthères et de léopards, très vieilles et couvertes de poussière étaient accrochées. Sur quelques autres, des tapis du Turkestan, d'un remarquable travail, s'enroulaient. Des statues semblables à celles de tous les temples, mais plus richement ornées, et des peintures représentant les scènes de la vie de Bouddha, comme partout. La véritable richesse de Kumbum est sa précieuse collection de livres sacrés bouddhistes, qui, pour des hommes versés dans cette difficile et ardue science, comme Rockhill, sont du plus grand intérêt. Ces livres sont en général composés de feuillets séparés pressés entre deux pièces de bois peint et ouvragé et maintenus par des broderies enroulées.

Un point particulièrement curieux est celui où tout les pèlerins viennent se prosterner de toute la longueur de leur corps en hommage à la divinité de Bouddha. Devant les portes ouvertes d'un petit temple sont posées sur le sol des planches de bois plus longues et plus larges que la longueur et la largeur d'un homme. Les pèlerins se prosternent sur ces planches en se laissant glisser en avant sur les paumes des mains jusqu'à ce que leur corps repose à terre. Ils se relèvent alors et renouvellent leurs prosternations aussi longtemps qu'ils ne sont pas expulsés par ceux qui attendent. Des lamas veillent à ce que le bon ordre ne soit pas troublé et reçoivent des offrandes.

Nous formions le centre d'un groupe de lamas qui nous accablaient de questions, et sentaient épouvantablement mauvais, ce qui n'est pas étonnant si l'on songe qu'ils doivent s'enduire le corps de beurre et de graisse, et qu'en général ils étendent une nouvelle couche sur leur peau sans prendre soin d'enlever celles qu'ils ont précédemment étendues, lorsque soudain, comme par enchantement, nous les vîmes disparaître nous laissant seuls au milieu d'une cour.

La cause de leur fuite précipitée ne tarda pas à apparaître sous la forme du grand lama, qui, coiffé d'un chapeau jaune, rappelant les anciens casques romains par sa forme, et tenant à la main un sceptre de bois peint, se rendait à un temple peu distant. Comme il a le droit d'infliger des punitions corporelles sévères aux lamas qu'il surprend en défaut le long de son chemin, ces derniers ne se soucient que peu de le rencontrer.

C'était un homme assez aimable, du type bon vivant, qui nous laissa prendre sa photographie avec une satisfaction visible. Le passage et le séjour de quelques Européens ont complètement civilisé les lamas de Kumbum, et leur ont même enseigné la valeur des gratifications.

Ce que nous désirions voir par-dessus tout était le fameux arbre que la légende fait naître des pleurs de Bouddha, et sur les feuilles et l'écorce duquel des caractères semblables à ceux des livres bouddhistes sont supposés apparaître, et sont l'objet de la vénération et du culte universels. Quelques voyageurs ont attribué à cette légende une valeur considérable et prétendu qu'il est impossible d'expliquer le phénomène de l'apparition des caractères. Nous n'avions pas un instant l'idée qu'une action surnaturelle fût véritablement en jeu, et mon but était de découvrir le « truc » employé par les lamas pour enflammer ainsi la crédulité des fidèles. Au mois de décembre, l'arbre, une espèce de cerisier sauvage, était naturellement sans feuilles; mais le prêtre en charge du temple devant lequel l'arbre se déploie nous pria d'admirer les caractères empreints sur l'écorce, et qui, fait à noter, n'existent qu'à hauteur d'homme. Il n'était pas difficile de discerner leur fausseté, et, pour mieux m'en assurer, je me mis en devoir de graver moi-même les caractères chinois de de mon nom au moyen du procédé évidemment employé.

L'écorce de l'arbre est revêtu d'une fine membrane transparente qui, par places, se détache et pend le long du tronc. Entre cette membrane et l'écorce se trouve une quantité de liquide qui donne à la première sa couleur. Si l'on presse fortement la membrane contre l'écorce, le liquide est chassé de côté et la membrane demeure collée à l'écorce par la pression atmosphérique. L'endroit où la membrane a été ainsi écrasée devient d'une couleur blanchâtre à cause de l'absence de liquide et se distingue de loin. C'est ainsi que les caractères sont formés sur le fameux arbre de Kumbum, qui d'ailleurs est loin de remonter à une haute antiquité.

A peine avais-je fini d'écrire mon nom que les lamas présents entrèrent dans une grande colère et nous poussèrent hors de l'enceinte avec plus de violence que d'égards, tandis que le prêtre en charge de l'arbre sacré se prosternait devant l'autel au fond du petit temple et commençait une série de prières bruyantes et d'exorcismes.

Nous rentrâmes cependant en paix dans notre logis, suivis par une foule peu sympathique, et, après avoir acheté quelques objets curieux, nous nous remîmes en route pour Sining, par un chemin plus court que celui par lequel nous étions venus et qui traverse un massif montagneux au nord-est.

Une des plus grandes difficultés avec lesquelles le voyageur doit lutter en Chine est l'inexactitude des gens qu'il emploie. Et, le pire, c'est qu'il n'y a pas de remède, car la notion du temps n'existe que très vague dans les primitifs intellects des paysans, muletiers et individus des classes inférieures. C'est ainsi que, bien qu'ayant recommandé aux individus que nous avions loués pour nous rendre à Lang-tcheou à travers le haut et difficile massif des montagnes d'Alexandre III, d'être exacts à 6 heures du matin, nul n'avait daigné apparaître à 10 heures; et je commençais à perdre patience lorsque enfin animaux et conducteurs entrèrent sous la voûte de l'auberge.

Il avait été très difficile, d'ailleurs, de nous procurer les transports nécessaires. La route est difficile, même dangereuse en hiver, et nul ne se soucie de s'y aventurer, alors que, par Ping-fen, on peut se rendre à Lang-tcheou presque confortablement. Mais cette dernière route connue ne faisait pas notre affaire, et, bien que la saison fût contre nous, nous avions résolu de prendre le chemin de montagnes et de vaincre à prix d'argent la mauvaise volonté des loueurs de mules. D'autre part, la réputation des habitants de ces montagnes est particulièrement défavorable. Ils passent, à tort ou à raison pour voler et détrousser sans pitié les voyageurs, et nos propres serviteurs tremblaient de tous leurs membres à la pensée des grands dangers qu'ils allaient endurer du fait des hommes et de la nature.

Nous nous engageâmes bientôt dans une vallée parcourue par une petite rivière à demi gelée dont la direction générale se rapprochait sensiblement du nord. La pente était douce, le terrain portait bien, et une marche rapide de 33 kilomètres nous fit arriver à la tombée de la nuit dans la petite ville de Wan-Yuen-fou où nous trouvâmes à nous loger dans le plus dégoûtant kon-kouan qu'il soit possible d'imaginer.

Le lendemain, nous parvînmes à faire lever les hommes de bonne heure et fûmes en route au lever du soleil. C'était d'ailleurs à ce moment un spectacle radieux. Nous occupions le centre d'un plateau revêtu d'un épais tapis de neige immaculée. Sous la neige disparaissaient les murailles de la ville que nous venions de quitter, et la neige encapuchonnait les hauts sommets vers lesquels nous nous dirigions. Il faisait un froid piquant, moins 14° à 7 heures du matin ; mais heureusement le vent ne s'était pas encore levé et une marche rapide à pied nous réchauffa rapidement.

Cette étape fut facile ; mais il n'en devait pas être de même le 13 décembre. Nos hommes tentèrent un dernier effort pour nous faire retourner vers Sining et prendre la route de Ping-fen. Ils s'agenouillèrent dans la neige, et avec des gestes de grotesque désespoir nous décrivirent une fois de plus les dangers qui nous attendaient. Ils avaient rencontré un soldat qui avait parcouru le même chemin en hiver deux ans auparavant, était resté en route dix-neuf jours et avait, dit-il, perdu ses bagages et sa mule. Pour en finir avec ces lamentations, je donnai l'ordre d'amener ce soldat. C'était un grand gaillard dégingandé et insolent. Comme il essayait de recommencer la série de ses mensonges, je l'envoyai rouler dans la neige d'un violent coup de cravache en plein visage, et menaçai d'un sort semblable quiconque ouvrirait encore la bouche au sujet des dangers de la traversée des monts, que je croyais moi-même très exagérés.

Nous commençâmes à monter, et la pente fut parfois assez raide pour nous obliger à donner aux animaux des encouragements sérieux. La contrée était peuplée des anciens aborigènes du Kansuh, qui sont les restes les plus authentiques de la race primitive dont le peuple chinois est sorti. Leur type est loin d'être farouche et brutal, mais au contraire semble porter un cachet de distinction et de bonhomie. Ils sont aisément distingues des Chinois ordinaires par leurs traits plus fins, la largeur de leurs yeux et même la naïveté de leur regard. Les femmes portent toutes une coiffure qui se rapproche assez sensiblement de celle des femmes thibétaines par la forme, mais en diffère par l'absence d'ornements et de bijoux. Ces gens sont évidemment très pauvres et très endurants. Parmi eux, d'aucuns sont simplement habillés de vieux sacs, et les jeunes enfants jouaient presque nus sous le froid piquant qui nous obligeait à fermer hermétiquement nos pelisses de fourrures.

Après avoir passé deux cols assez faciles, nous redescendimes dans une vallée qui courait du nord au sud, et en haut de laquelle se trouvait le plus haut des cols que nous avions à traverser. Le pays aux alentours était à peu près désert. Seule, une maison pauvre et délabrée pouvait être aperçue sur notre droite. La sauvagerie du paysage était grandiose, et s'accentuait du fait que le sentier que nous suivions disparaissait presque complètement, les traces des mules et des chevaux ne subsistant pas sur un sol caillouteux. La rivière était gelée, ou plutôt le torrent, et parfois d'énormes masses de glace verdâtre marquaient la place où l'eau avait cherché à se frayer un passage.

Dans la vallée, une grande abondance de silex et de granits de toutes couleurs est remarquable. J'ai compté jusqu'à sept teintes de pierre parfois superposées et formant un effet rare.

La montée devint de plus en plus pénible et, un peu avant d'arriver au sommet de la passe, le sol de neige gelée devenue glissante par le passage de nos animaux rendit la marche dangereuse. En conséquence, je me résolus à mettre pied à terre, ne me sentant pas en sûreté sur la vieille mule qui me servait de monture. A peine avais-je fait 50 mètres que mon animal s'abattait soudainement et dégringolait une dizaine de pas sur le dos sans d'ailleurs se faire grand mal. Un des caravaniers semblait incapable d'arriver au sommet. Il était pris du mal des montagnes, bien que nous ne fûmes pas à 4,000 mètres d'altitude, et nous dûmes le porter sur la pente glissante. Au sommet de la passe, j'accordai un peu de repos à la caravane éreintée, et consultai le baromètre et le thermomètre. Nous avions grimpé environ 1,000 mètres depuis le matin, et le froid était de 17 degrés sous zéro, bien qu'un brillant soleil rayonnât au-dessus de nous. Le vent, par malheur, soufflait violemment, et nous ne pouvions songer à demeurer longtemps en repos.

C'est alors que nous commençâmes sur le côté nord de la passe une descente réellement périlleuse et telle que je ne l'avais pas imaginée. La pente était extrêmement rapide et la sente en lacets qui la sillonnait entièrement recouverte de glace. Comment les mules allaient-elles être capables d'effectuer cette descente sans perdre pied et sans piquer une tête dans le vide, fut la question que chacun se posa.

Cependant, la caravane se remit en route en usant de toutes les précautions possibles. De peur que les hommes ne fussent entraînés avec les animaux, je donnai l'ordre formel de laisser ces derniers libres de descendre à leur guise. Cela peut sembler étrange, mais j'avais une confiance absolue, qui n'a jamais été déçue, dans l'admirable instinct d'équilibre de la mule. Les animaux partirent donc, entraînés par le poids de leur charge, accroupis sur leurs jambes de derrière, et descendant à une allure très rapide le long de la glace. Parfois ils se heurtaient les uns les autres; les charges s'accrochaient, mais toujours, par un prodige d'agilité, les animaux parvinrent à maintenir leur équilibre au dernier moment, alors qu'ils semblaient perdus.

Quant à nous, nous les suivions plus posément, descendant parfois sur nos jambes et parfois... autrement. Nous avions enlevé nos chaussures de cuir lisse qui eussent été des plus dangereuses, et marchions dans nos bas de laine et nos guètres de fourrures, avec le résultat que nos pieds devinrent promptement aussi froids que la glace qu'ils foulaient, et furent une véritable souffrance. Pour ajouter à l'agrément de cette descente, la nuit tomba et le fond de la gorge devint absolument indistinct. Il nous était impossible de percevoir les mules qui nous avaient considérablement devancés.

Enfin, la pente se fit plus douce, la sente plus large, la glace qui la recouvrait moins épaisse, et nous pûmes activer le pas et nous mettre à la recherche des animaux, que nous découvrîmes bientôt, accroupis sur la terre gelée, éreintées par les efforts qu'ils avaient faits pour accomplir cette descente. A la grande stupéfaction des hommes, nul animal n'était blessé, et nulle charge endommagée.

Comme nous ne pouvions songer à passer la nuit en cet endroit, nous continuâmes dans l'espérance de parvenir à une petite hutte qui nous avait été signalée à 8 kilomètres de la passe. Nous y parvînmes à 11 heures du soir après avoir traversé nombre de fois l'eau glacée d'un gros torrent, et avoir roulé sans cesse par-dessus les pierres et rocs qui barraient la route et que la complète obscurité nous empêchait de distinguer.

Il nous fallut alors réveiller l'aubergiste endormi, et nous frayer un chemin à travers des ballots de toutes sortes qui obstruaient l'entrée de l'unique chambre. A grand'peine un feu fut allumé qui remplit la salle de fumée plus que de chaleur, et c'est dans ces conditions que nous passâmes la nuit.

Nous fûmes prêts de bonne heure, en dépit de la mauvaise volonté des muletiers qui voulaient nous faire passer un jour dans cette immonde maison, sous prétexte de reposer les animaux. La vérité était qu'étant payés par jour, ils faisaient tous leurs efforts pour augmenter la somme qui leur serait due à l'arrivée.

Après les premiers kilomètres, la vallée s'élargit et les sapins firent leur apparition, égayant le paysage sauvage. La pente était encore rapide et l'eau du torrent parcourait son lit à une allure vertigineuse, ce qui explique qu'elle n'était pas gelée. A la fonte des neiges, ce chemin doit être rendu absolument impraticable par la hauteur et la violence des eaux.

Pendant la nuit, la température était descendue à 25 degrés sous zéro; mais, dans cette vallée fermée, où le vent ne soufflait pas, l'action d'un superbe soleil se faisait rapidement sentir, et vers midi le thermomètre indiqua 1 ou 2 degrés au-dessus du point de congélation.

Vers le soir, la gorge s'élargit sensiblement, des chaumières apparurent ici et là, et nous rencontrâmes des convois de petits ânes microscopiques transportant des troncs de sapins vers Tientantzeu. Une extrémité de l'arbre était fixée sur une selle de bât, et l'autre extrémité traînait à terre. Ces bourriquots peuvent ainsi transporter d'un point à un autre des charges de plusieurs centaines de livres.

Bientôt le torrent, dont nous suivons la rive droite depuis quelque temps, se jette dans une grosse rivière. D'ici nous aperçûmes les murs blancs de la lamaserie de Tientantzeu, à un détour de la route, après avoir dépassé un pont remarquablement construit en poutres de bois superposées, chacune dépassant d'un tiers l'extrémité de la poutre inférieure.

Cependant, il nous fallait traverser cette rivière, et comme en cet endroit le courant était moins rapide, le lit plus large et plus horizontal, la gelée avait eu le temps d'opérer et une épaisse couche de glace recouvrait les eaux et servait de pont naturel. La solidité ne me semblait pas absolument certaine, car, parfois, on entendait des craquements prolongées et, en l'examinant de plus près, je m'aperçus que, le niveau de l'eau ayant sensiblement diminué, le courant ne supportait plus le poids de la glace, mais coulait 1 ou 2 pieds en dessous. Cependant, il nous fallait avancer coûte que coûte, et je donnai l'ordre de passer les mules une à une, en dépit de la terreur qu'elles manifestaient. J'espérais que cette opération allait se terminer sans risque sérieux, lorsque je m'aperçus que deux des caravaniers, trouvant sans doute trop fastidieuse l'obligation d'attendre, pour s'aventurer eux-mêmes, que l'animal et le conducteur les précédant fussent en sûreté sur l'autre rive, entreprenaient de passer en un seul voyage avec trois mules lourdement chargées.

En dépit de mes ordres réitérés, ils continuèrent d'avancer, et je vis en tremblant la voûte de glace osciller sous leur poids. Un déchirement se produisit, une fente se dessina; mais, par un hasard heureux, la force d'élasticité de la glace résista pendant quelques minutes, et ces imprudents arrivèrent sains et saufs, mourant de peur. Ils eurent d'ailleurs sans tarder le juste châtiment de leur désobéissance.

En arrivant à la lamaserie, nous fûmes conduits dans une maison qui, par un hasard heureux, venant d'être construite, était remarquablement propre, et dépourvue de l'odeur *sui generis* que les Mongols ou Thibétains ont l'infortunée habitude d'imprégner partout où ils séjournent. Des lambris de bois de sapin décoraient l'intérieur des chambres, et, fait surprenant, les portes fermaient! Les principaux lamas ne se montrèrent pas; ce qui nous permit de dîner de bonne heure, et de goûter un repos bien gagné sans avoir auparavant à subir leur curieux interrogatoire.

En quittant la lamaserie, nous prîmes un chemin au nord-ouest suivant pour quelque temps le lit de la rivière que nous avions traversé la veille sur un dôme de glace, et la dominant d'une centaine de pieds. Comme je m'avançais derrière la caravane, admirant le paysage couvert de neige réellement d'une magnificence surprenante, un aigle énorme s'élança soudainement de l'angle d'un rocher, et, prenant son vol, vint raser de l'extrémité de ses ailes déployées la tête de ma mule. L'animal, dans son épouvante, fit un bond du côté du vide, et pendant une seconde j'eus la sensation que j'étais perdu irrémédiablement. Deux de ses sabots perdirent leur point d'appui sur la terre du sentier et firent rouler jusqu'à la glace des pierres détachées. Cependant, par un effort prodigieux de ses muscles d'acier, la bête, je ne sais comment, se raccrocha tant bien que mal, et miraculeusement nous nous tirâmes sains et saufs de cet incident qui aurait pu se terminer en catastrophe. Mes nerfs furent soumis pendant quelques secondes à une si effroyable tension que je fus incapable de continuer ma route à dos de mule, et préférai finir la longue étape à pied.

Durant cette étape, nous aperçûmes toutes espèces de gibier : faisans, paons sauvages d'un bleu rare ardoisé, cerfs, antilopes. Les faisans en particulier étaient innombrables, et fournirent une excellente provision de victuailles.

Toute la journée, nous escaladâmes des cols, descendîmes dans des vallées pour remonter encore. Les différences de niveau atteignaient parfois 300 ou 400 mètres, et fatiguaient les animaux de la caravane. Ce fut sans doute ce qui détermina les muletiers à essayer de nous tromper et à tenter de prendre, sans que nous nous en apercevions la route de Ping-fen. Je découvris leur ruse et le seul résultat de leur fourberie fut une amende de quelques taels à leur détriment.

Vers le soir, le sentier passa près d'une mine de charbon en exploitation au sommet d'un col, dans un site sauvage et grandiose. Quelques mineurs vivaient à l'altitude de 3,300 mètres, creusant leur mine lorsque les conditions atmosphériques le leur permettaient. Un peu plus bas, des émanations de gaz prenaient à la gorge et s'échappaient de fentes très fines sur le flanc de la montagne. En continuant, nous trouvâmes une source d'eau chaude, contenant du carbone et du fer, et dont la vapeur s'élevait dans l'air en colonne condensée sous l'influence du froid intense. L'eau sortait de terre à la température de 37 degrés au-dessus de zéro.

Notre gîte pour la nuit à Trahou fut moins mauvais et délabré que nous ne l'avions redouté : une maison de paysans, entourée de quelques champs dans le fond d'une vallée orientée du nord au sud.

Encore une journée de réelle fatigue que celle du 16, dans une succession de cols éreintants, le premier de 1,100 mètres de plus que le niveau de Chantou. Par bonheur, aucun n'était recouvert de neige comme celui que nous avions franchi le 13, et le passage en fut facilité. Pas un être vivant ne se montra : c'était le désert farouche. Au soir, nous parvînmes à Ralioutuatse exténués. De ce village à Liang-chou, la route devenait facile, descendant continuellement, et le sol, pour être gelé, n'était pas trop glissant.

Nous atteignîmes Liang-chou le 20 décembre.

CHAPITRE VI

L'EXPLORATEUR DANS LE GOBI

Liang-chou est une ville relativement connue. Non seulement quelques explorateurs européens, dont Bonin et Swen-Hédin, l'ont visitée, mais deux missions y prospèrent et y rivalisent. L'une est une mission catholique belge qui compte un nombre important de chrétiens; l'autre est un établissement de la « China Inland mission », plus riche d'espérances que de réalités.

C'est d'ailleurs une cité parfaitement odieuse, non seulement à cause des mauvaises odeurs qui y abondent, mais plus encore à cause du caractère du peuple du nord du Kansuh. Il n'est pas de contrée où l'intelligence humaine soit plus obtuse et plus lente qu'en ce point du monde. C'était du moins l'avis de Confucius. La moindre démarche, le moindre achat prend un temps infini et tourne en général assez mal. Les mandarins furent polis envers nous, mais sont en réalité hostiles, comme partout où des missions sont établies. Le peuple n'a pour les Européens aucun respect, et les insultes en plein jour ne sont pas rares. Certains missionnaires se laissent injurier sans répliquer.

La cité en elle-même est grande, beaucoup trop vaste même pour la population et le nombre de maisons de boue et cailloux mélangés qui s'y dressent. Elle est bâtie sur la large langue de terre qui s'étend sur tout le nord du Kansuh, entre les monts Alexandre III et le Gobi.

Nous trouvâmes, par chance, à nous loger au temple du Shi-lai-seu, ou temple dédié à l'homme venant de l'Est. Quelques salles blanchies récemment pour les agents miniers du roi des Belges étaient bien préférables à l'auberge pour le laps de temps que nous étions obligés de passer à Liang-chou durant les préparatifs d'une expédition dans le Gobi.

Notre projet était de relever différents lacs portés sur les cartes d'une manière imprécise et dont l'existence, admise par les uns, était déniée par les autres; mais, en apprenant que nous allions nous enfoncer dans une contrée à peu près inconnue, nos caravaniers de San-tao-ho, qui n'avaient jamais manifesté aucun goût pour la vie d'aventures, poussèrent les hauts cris et jurèrent leurs grands dieux qu'ils avaient tous des parents très âgés ou des enfants en bas âge dont ils devaient prendre soin sans délai.

Je les congédiai donc, sans regrets, je dois l'avouer; car, de plus menteurs et de plus parfaits paresseux, je n'en avais pas encore rencontré, et me mis en demeure de découvrir de nouveaux serviteurs.

La tâche était difficile, car les gens de Liang-chou passent pour être une race de voleurs effrontés, et je tenais à n'employer autant que possible que des gens sûrs. Le mieux était de m'adresser aux missionnaires belges qui, connaissant un grand nombre de familles, pouvaient me recommander les plus sérieuses et les moins malhonnêtes. Je trouvai par leur intermédiaire un nombre d'hommes suffisant, mais alors survint une grande difficulté : les individus consentaient à m'accompagner partout où j'avais l'intention de m'aventurer, sauf en dehors des grandes routes! Ce qu'il fallut de diplomatie pour les obliger à se mettre en marche vers l'inconnu remplirait un volume. L'un deux promettait qui se rétractait le lendemain; l'autre était retenu par sa femme, celui-ci par ses enfants, celui-là par sa meunerie! En vérité, ils avaient tous une peur effroyable que nous nous perdions tous ensemble.

Ce fut cependant avec un tel personnel tremblant dans la main, et sur lequel il était impossible de compter, que nous nous mîmes en route le 4 janvier 1905.

Notre caravane comprenait vingt-cinq chameaux demeurés en assez mauvaise condition, en dépit des promesses de Lao-yang à Ping-fen, et un cheval de selle. Quatre hommes conduisaient les chameaux, et devaient à l'arrêt du soir dresser la tente mongole que nous avait donnée le roi d'Alashan. Un individu bizarre de caractère et grotesque d'apparence avait assumé la responsabilité de faire la cuisine, et un grand gaillard dégingandé nous servait de valet et de maître d'hôtel.

Les provisions pour trois mois de route comprenaient tout ce qu'il avait été possible de se procurer dans cette côte mal approvisionnée. Nous emportions avec nous, empaquetés sur les chameaux dans de grands sacs gris, 700 livres de farine, 250 livres de millet, 200 livres de riz, 100 livres de viande que la gelée devait conserver en bon état, et 1,000 livres de pois pour les animaux, destinés à soutenir leurs forces lorsque, pendant plusieurs jours en succession, ils ne trouveraient aucun herbage.

De Liang-chou au lac de Tchingtrou-rou, la première des nappes d'eau que nous désirions relever, une bande de terre cultivée s'étend le long des rives du fleuve Poua; mais, au lieu de suivre les détours du cours d'eau, nous décidâmes de couper à travers le désert et de rejoindre le fleuve à la petite ville de Tchong-fen, où réside le mandarin ayant charge d'administrer les sujets de l'Empereur qui se sont établis dans cette partie reculée de l'empire. Pendant deux jours, nous traversâmes des champs de culture variée, au milieu desquels se dressaient de temps à autre des fermes à hauts murs fortifiés. C'était une contrée fertile, bien arrosé par l'eau des montagnes et que la pente naturelle de la terre draine d'elle-même sans difficulté là où son action fertilisante est nécessaire. Nous traversâmes également le Poua dans le courant de la troisième journée de marche. La vitesse de ses eaux, assez basses en hiver, l'avait préservé d'une complète congélation, mais il charriait des blocs de glaces qui venaient se heurter aux jambes des paisibles chameaux. La température à cette époque de l'année était, bien que très froide, on ne peut plus vivifiante. Le soleil se levait et se couchait chaque jour dans un ciel sans nuages, et si pendant la nuit le thermomètre descendait souvent à 22 ou 25 degrés sous zéro, durant le jour, il faisait parfois si chaud que nous étions obligés de déboutonner nos épais vêtements de peau de mouton. Vers le soir en général, une petite brise du nord-ouest se levait.

Bientôt cependant nous commençâmes notre route à travers la grande plaine herbeuse et déserte, entrecoupée de dunes de sable. A 10 kilomètres sur notre route se trouvait le petit temple abandonné de Lapatchuée couronnant une faible hauteur, au pied duquel jaillissent en été deux sources que la gelée avait transformées en deux beaux lacs de glace. Tout autour du temple se dressaient des restes de ruines, et la Grande Muraille décrivait un angle vers le nord. Nous la traversâmes à deux reprises dans notre marche, et de l'autre côté de ses vestiges continuâmes notre chemin sur un grand plateau ondulé, bien fourni d'herbager même à cette époque de l'année, dans lequel des troupes d'antilopes prenaient leurs ébats.

Nous n'avions pas quitté Liang-chou depuis cinq jours que déjà le courage des caravaniers commençait à faiblir. Au matin du 9 janvier, deux hommes, prétextant une maladie soudaine dont il était d'ailleurs absolument impossible de trouver la moindre trace, car ce sont deux vigoureux gaillards doués d'un superbe appétit, me demandèrent de les laisser retourner vers leur cher Liang-chou. Naturellement, je n'accédai pas à leur demande, mais, pour éviter à l'avenir le retour de ces indispositions de fantaisie, je les obligeai à avaler des doses considérables d'ipéca. Ce fut une leçon qui les fit peut-être réfléchir.

Cette journée fut d'ailleurs perdue, car mon cheval, le seul que nous ayons emmené, ayant pris la clef des champs, le temps se passa jusqu'au coucher du soleil dans la recherche longtemps infructueuse de cet animal vagabond.

En continuant notre route, nous constatâmes que le plateau herbeux cédait la place à une plaine de sable recouverte de petites pierres. Sur la gauche, des collines peu élevées et arides se dressaient, et la plaine elle-même était coupée de vallonnements de sable. Dans un semblable endroit, il était absolument impos-

LA CARAVANE EN MARCHE DANS L'ALASHAN

LES CHAMEAUX AU PUITS DANS L'ALASHAN

sible de trouver un pâturage, et, comme je ne désirais pas entamer notre provision de pois, j'eus recours pour nourrir la caravane à un convoi de paysans qui, venant de Tchong-fen, se dirigeaient vers Kanchou, transportant une ample provision de paille vers cette ville. A grand prix, nous obtînmes ce qu'il nous fallait, ces individus ayant vu en notre dénuement un moyen de faire un large bénéfice.

Le lendemain, après avoir traversé deux grandes rivières gelées, le Ta-si-ho et le Siao-si-ho, dont les lits de glace étaient peu faits pour les chameaux, et une rivière plus petite, la To-ho-tze, et après 15 kilomètres, eûmes le plaisir d'arriver au centre d'une contrée bien cultivée et abondamment habitée. Seuls, de temps à autre des bancs de sable chassés par les vents violents qui s'élèvent au printemps coupaient les lignes des champs. Une marche de 12 kilomètres nous amena sous les murs de la ville de Tchong-fen, à demi ensevelis et abritant une agglomération de masures en terre, particulièrement pauvres. Tchong-fen n'a pas de kon-kouan, étant le terminus de l'administration chinoise du côté du désert, et nul mandarin ne s'aventurant jamais en ces parages, en dehors du sous-préfet en charge. Il nous fallut donc nous contenter de dresser notre tente mongole au centre de la cour d'une auberge infecte, les chambres étant les unes sans toits et les autres sans portes par un froid de 25° sous zéro! Un peu avant d'arriver à cette ville, Han, notre valet de chambre, étant contre mes ordres monté sur le dos d'un chameau déjà chargé, et s'y étant endormi, bercé voluptueusement par ces mouvements de roulis et de tangage qui donnent le mal de mer aux plus courageux, était tombé de sa monture sur la glace et s'était démi un genou. En conséquence, j'appelai à son secours le charlatan le plus en vogue à Tchong-fen et lui promis une bonne récompense s'il remettait à leur place respective le tibia et le fémur de notre serviteur qui ne cessait de pleurer comme un enfant. Le médecin se mit au travail sans retard, et commença par remplir sa bouche d'eau chaude qu'il crachait ensuite sur le genou de son patient. Après dix minutes de ce manège, il commença une série de gestes dignes du charlatan le plus entraîné, et seulement alors il replaça le genou déboité. Tout cela prit un temps fort long, mais le résultat fut satisfaisant.

L'expérience nous avait appris à ne jamais, dans les cas sérieux, intervenir nous-mêmes. En effet, la seule preuve de reconnaissance que reçoit l'Européen qui a eu la sotte bonté d'essayer de remédier aux peines d'autrui est d'être accusé, si ses remèdes n'ont pas un effet radical, d'avoir essayé d'empoisonner son patient, et tous les maux dont celui-ci peut être affligé par la suite sont rejetés sur les épaules de l'infortuné bienfaiteur.

Au nord de Tchong-fen, les cartes russes, actuellement les meilleures pour tout ce qui touche au Gobi, indiquent un absolu désert. Nous étions donc préparés à une marche dans les sables et les pierres, ayant à relever notre route par le compas et le sextant, et fûmes très étonnés de traverser pendant trois jours, sur une distance d'environ 75 kilomètres, des champs cultivés, et de rencontrer à tout instant des fermes importantes. Toute la contrée était coupée de canaux d'irrigation qui charriaient l'eau fertilisante du Poua-ho et de ses affluents.

La route était bonne et praticable pour les charrettes. Le fleuve courait sur la gauche, bordé d'un côté par les cultures et de l'autre par le désert sableux et rocheux, la pente naturelle du sol n'ayant permis l'exploitation de la terre que sur sa rive droite. Le pays était plat, peu boisé, et la lumière d'un soleil magnifique rayonnait, aveuglante.

Le 14 janvier, nous ne marchâmes pas. Nous étions au village de Tchingtrou-rou, véritablement au seuil du désert, et, des selles de bâts des chameaux étant en fort mauvais état, j'avais décidé de passer un jour à les réparer. De tous côtés, le sable entourait le cul-de-sac où nous nous trouvions. Ici, la culture chinoise finissait, et le lac de Tchingtrou-rou, du nom du village où nous étions arrêtés, et dans lequel le Poua-ho verse le tribut de ses eaux, ne devait pas être éloigné. Nous l'avions la veille encore une fois traversé, et il courait désormais sur notre droite.

Après avoir, le lendemain, gravi des dunes de sable sans grande difficulté, nous arrivâmes dans une plaine encerclée de montagnes, de rocs nus, qui dans le lointain prenaient une teinte mauve. Il n'y avait aucune indication pouvant dénoter la présence d'un lac, et je fis route au juger dans une fente qui se dessinait dans les montagnes en face de nous. Ces parages étaient peuplés d'antilopes peu sauvages, et nous essayâmes d'en abattre plusieurs. Nous eûmes alors l'occasion d'observer un phénomène du plus grand intérêt. Les cartouches de mes fusils de guerre Manlicher, chargés de cordite, et qui en temps ordinaire portent à plus de 2,000 mètres, éclataient avec un bruit tout à fait différent du déchirement sec qu'elles produisaient d'ordinaire, et les balles tombaient mortes sur le sol, sans trajectoire tendue, à 150 ou 200 mètres. L'influence du froid intense auquel les cartouches avaient été soumises est la seule explication que je puisse fournir de ce phénomène, d'autant plus que, revenues à des températures plus élevées, elles se comportaient normalement. Eussions-nous été attaqués, notre défense aurait été bien faible; nous n'aurions pu répondre de la portée de nos coups de fusil et de l'exactitude de notre tir.

Vers le soir, une masse blanche sur la droite attira

notre attention, et nous acquîmes la certitude que nous n'étions plus éloignés du lac dont nous pouvions apercevoir les glaces. Nous obliquâmes vers l'est, et peu après arrivâmes sur ses bords. Deux pauvres chaumières non loin de là se dressaient et marquaient l'emplacement du puits près duquel nous devions passer la nuit. L'eau du lac, en effet, est légèrement salée et impropre à la boisson ou à la cuisine.

Sur les rives du lac, des poissons morts et desséchés indiquaient que le niveau des eaux avait sensiblement baissé depuis les crues du printemps, et, à une centaine de mètres dans l'intérieur, des amas de glaçons très épais, brisés et dressés, indiquaient que la baisse avait continué depuis les premiers jours de la gelée. La forme du lac, bordé au sud, à l'est et au nord par des dunes de sable immenses, et à l'ouest et au nord par une plaine et des collines arides, ne pouvait être fixée. Un mirage intense, un miroitement de la blancheur de la glace et de l'éclat des sables confondaient toutes les lignes dansant devant les yeux. Les habitants des huttes de Seu-roung nou-tien prétendaient que le tour du lac était long de 200 lis, mais ce renseignement me parut exagéré.

Le lendemain, nous nous mîmes en marche à travers les sables du nord-est du lac. Jamais nous n'avions vu d'aussi grandes dunes, et tout d'abord je crus que la caravane n'en sortirait jamais. Entre chacune d'elles se creusaient de véritables précipices, parfois profonds de 30 mètres, où le vent s'engouffrait, tandis qu'au-dessus de nos têtes il soulevait le sable et le répandait en pluie fine sur la caravane. Ces sables doivent se déplacer avec une grande rapidité, car, ayant ordonné une halte de quelques minutes pendant cette traversée éreintante sur un sol sans résistance, je constatai que le vent avait accumulé, à une centaine de mètres derrière nous, une couche de sable de plus d'un pied d'épaisseur là même où notre caravane avait passé.

Après de pénibles efforts que nous fûmes obligés de soutenir plusieurs heures, nous sortîmes de cette impasse qui, en un jour d'ouragan, serait une tombe fermée aux imprudents qui s'y aventureraient.

Peu après, nous arrivâmes sur le sommet d'une crête de lave qui dominait le lac. Les traînées de cette lave s'étendaient du nord-ouest au sud-est sur une longueur d'au moins 10 kilomètres. Elles étaient maintenant à la même hauteur que les sommets environnants, mais il n'en avait pas dû être ainsi dans les temps reculés; car, tandis qui le vent et le sable avaient nivelé les rocs du sommet des montagnes et les avait réduites à une commune hauteur, ils avaient laissé intactes les laves.

Nous constatâmes alors, à notre grand étonnement, que le lac de Tchingtrou-rou est composé de deux nappes d'eau communiquant entre elles par un itshme très étroit que les sables peuvent ouvrir ou obstruer en peu de temps. La nappe la plus petite, entièrement cachée dans les dunes, est peu profonde, et occupe la position la plus septentrionale.

Ayant dépassé ces crêtes de lave, nous perdîmes de vue le lac et tout le bassin dans lequel nous avions marché pendant plusieurs jours. Une vallée s'offrit à nos yeux, remplie d'une herbe touffue qui, bien que desséchée par la gelée, formait une excellente pâture pour les animaux, et nous résolûmes d'y faire halte. L'eau ou plutôt la glace que nous transportions avec nous nous évitait l'obligation de découvrir un puits, et les chameaux pouvaient, durant l'hiver, passer de longues journées sans boire.

Désormais, nous allions marcher à travers l'absolu désert dont les longs vallonnements désolés impressionnent fortement l'esprit le plus vigoureux et l'homme qui a le plus confiance en lui-même. Ce n'est pas une question de nerfs, mais bien la nette perception que, pendant la traversée de ces immenses espaces sans vie, l'existence d'une caravane est à la merci d'un accident parfois impossible à prévoir, ou d'une erreur dans les calculs de longitude et de latitude ayant pour résultat l'impossibilité de trouver de l'eau et des vivres.

Toutes traces de sentier même les plus faibles avaient totalement disparu. Le paysage était d'une monotonie navrante; l'horizon bordé de tous côtés par des chaînes de montagnes peu élevées, enveloppées d'une brume bleuâtre, dans laquelle, par un effet de mirage, elles semblaient se mouvoir. Nos hommes présentaient un aspect encore plus pénible que celui que nous offrait la nature, car ils semblaient avoir perdu tout espoir, et accomplissaient leur besogne avec encore plus de mollesse que d'ordinaire. Pendant la nuit, les chameaux s'échappèrent, fait qui me semblait d'autant plus incompréhensible que l'herbage était abondant aux environs du camp, et de plus en plus rare à mesure que l'on s'en éloignait.

Je les envoyai à la recherche des animaux. Ces derniers se reposaient en toute quiétude à peu de distance, dissimulés dans un repli de terrain. Ceci peut fournir une idée du zèle ardent avec lequel les hommes chargés de la garde avaient accompli leur mission.

Toute la journée, nous marchâmes dans un désert immense, entièrement desséché, qui se déployait en longs vallonnements sur une étendue de plusieurs centaines de kilomètres. Sur l'ouest, une grande chaîne de montagnes, les Yapala-shan, à environ 80 kilomètres, étendait sa bande bleu gris dont les contours se confondaient et s'effaçaient dans le rayonnement du ciel ardent. La marche était on ne peut plus aisée. Pas d'obtacles qui nous détournaient de la ligne droite et, lorsque nous nous arrêtâmes le soir près du puits

Mona-shan-tse, qu'il a d'ailleurs été difficile de découvrir, l'homme qui s'était donné pour guide ne connaissant pas la route et n'ayant en réalité jamais visité ces parages, nous avions parcouru 23 kilomètres presque sans nous en apercevoir.

Ainsi que le lecteur pourra en juger dans la suite de ce récit, la halte au puits de Mona-shan-tse faillit devenir mortelle pour ma femme. Mais je ne dois pas anticiper sur les événements.

Le 19 janvier, nous nous remimes en route par un froid intense qu'aggravait encore une bise coupante. A peine avions-nous parcouru un kilomètre que la marche de notre guide devint plus incertaine encore que la veille, et, après l'avoir pressé de questions, je parvins à lui faire avouer qu'il était incapable de décider lequel des trois sommets qui se détachent au nord était celui vers lequel nous devions nous diriger. En conséquence, je repris en main la conduite de la caravane, et, au grand étonnement de nos gens, donnai l'ordre d'obliquer sur la gauche et de faire route vers une échancrure qui se dessinait dans les Yapala-shan. Si la carte russe était exacte, à ce point devait exister un petit temple mongol visité par un explorateur moscovite quelques années auparavant, et où nous avions quelques chances de trouver un guide plus sérieux.

D'après mes calculs, environ 50 kilomètres nous en

séparaient. Entre nous et les montagnes s'étendait une bande de sable jaune indiquant des dunes qui ne semblaient heureusement pas élevées, mais présageaient une totale absence d'eau. En conséquence, je donnai l'ordre au chef chamelier Lao-yang de retourner au puits et de remplir quelques-uns des tonneaux, tandis que nous avancerions lentement.

L'ordre ne semblait pas lui plaire, car il maugréa pendant plusieurs minutes avant de se mettre en route. Je pensai cependant que, sa mauvaise humeur passée, il accomplirait mes ordres ponctuellement, et ne m'inquiétai pas davantage de ses mauvaises dispositions. Quel ne fut pas mon étonnement lorsque, après 20 kilomètres de marche, il nous rejoignit, de constater que les tonneaux étaient à sec, et quand je l'entendis me déclarer que, ma façon de m'aventurer au hasard lui déplaisant, il n'avait pas fait la provision d'eau pour m'obliger à retourner de suite sur nos pas. Nous fûmes donc obligés de camper dans les sables et d'attendre jusqu'à une heure avancée de la nuit le retour de deux des chameliers envoyés en toute hâte au puits de Mona-shan-tse.

Avec un chef de caravane de la trempe de ce Lao-yang, désobéissant, arrogant et menteur, et des caravaniers apeurés par les terribles histoires de mort de soif et de faim qu'il leur avait répétées depuis le départ, je commençai à douter du succès de l'expédition. Ces hommes ne pouvaient comprendre que la simple observation d'étoiles permettait de les conduire d'un pas sûr au but. Ils ne voyaient dans mes ordres que les résultats effroyables d'une folie dont ils devaient être les victimes.

La journée qui suivit se passa en grande partie à travers des petites dunes de sable orientées du nord au sud et qui ne s'élevaient que d'une dizaine de pieds. Vers le soir seulement nous arrivâmes dans un site un peu différent où des broussailles d'alpec offrirent aux chameaux un repas dont ils avaient besoin.

De la tente, nous pouvions distinguer l'échancrure vers laquelle j'avais dirigé la caravane, et qui prouva être une large passe séparant en deux la chaîne de montagnes.

Ce ne fut que le lendemain que nous parvînmes au temple de Kush, ayant marché toute la journée dans une tourmente de neige qui obscurcissait la vue au point de rendre presque impossible aux hommes qui marchaient en queue d'apercevoir les animaux du front de la caravane. Le résultat de cette tombée de neige fut de rendre le froid moins aigu et de donner à toute la contrée revêtue d'un manteau blanc immaculé qui craquait sous les pieds lourds des chameaux un aspect polaire.

Le temple, habité par un nombre fort restreint de lamas, n'offrait aucune particularité saillante. Il avait été bâti près d'un puits, sur un côté de la sente que suivent les caravanes nombreuses qui trafiquent entre Köei-Hua-t'chang et Kantchou-fu, *viâ* Pao-tu et Repalaraitze. Cette sente passe à quelque distance au sud-est du grand temple d'Aque Miao. Tout le long de son parcours, des petites pagodes semblables à celles du Kush ont été élevées où végètent quelques misérables moines qui n'ont même pas dans cet affreux désert la ressource de se livrer à l'élevage comme leurs plus fortunés confrères, mais passent leur vie mendiant des caravaniers quelque menue monnaie et nourriture. Ils vivent sur ce sol inclément pendant de longues années, se rendant de leurs chambres enfumées et malpropres à la salle du temple froide et noire où ils marmottent indéfiniment des prières qu'ils ne comprennent pas. Sans la crédulité superstitieuse des caravaniers qui s'imaginent que les lamas peuvent jeter un mauvais sort sur leurs animaux, ou, ce qui est plus vraisemblable, empoisonner les puits et détruire les bêtes de bât, ces misérables individus seraient morts de faim rapidement.

Pendant deux jours, la neige continuant à tomber, et la marche dans ces conditions étant réellement très pénible, nous demeurâmes stationnaires. J'éprouvais d'ailleurs une légère attaque de fièvre contre laquelle le complet repos était le meilleur remède. Mais combien triste et monotone était la vie sous notre tente de feutre! A peine si le jour était assez brillant pour permettre de lire, et nul bruit ne troublait un silence de tombe. Le tapis de neige amortissait les pas des caravaniers et le vent était tombé.

En nous remettant en marche le 25 janvier, nous suivîmes la route dont j'ai parlé, et qui, recouverte d'un épais tapis de neige, se distinguait avec difficulté. En quelques jours, nous devions arriver à Repalaraitze, ce centre où les routes du désert de Gobi se croisent et s'entre-croisent formant un véritable carrefour.

Vers le soir, la neige tomba de nouveau. Sur le sol, elle atteignait un pied d'épaisseur, et nous plantâmes la tente après une courte étape. Dans la journée nous n'avions rencontré nul être humain, et les traces que la caravane traçait sur la neige s'effaçaient derrière nous sous une nouvelle couche blanche, comme le sillage d'un navire. Il semblait que les bruits et l'animation de la vie ne troublaient jamais la mortelle monotonie de ces espaces immenses.

Jusqu'au 28, nous cheminâmes dans la même direction nord-est, montant et descendant des pentes longues et douces, entre deux éloignées et basses chaînes de collines dénudées. Le paysage désolé, lorsque les nuages voilaient l'horizon, lorsque le soleil rayonnait sur les immenses et blancs espaces, devenait superbe, un peu trop aveuglant pour les yeux.

Nous n'étions plus alors qu'à la faible distance de quelques milles de Repalaraitze, en vue de la colline derrière laquelle le temple se cache, lorsqu'une de ces circonstances contre lesquelles la volonté humaine est impuissante vint arrêter notre marche vers le nord.

Ma femme, qui jusqu'alors avait admirablement supporté les fatigues de ce long voyage, fut atteinte de la fièvre typhoïde. J'ai écrit que le puits de Mona-shantse devait être fatal. En effet, l'eau de ce puits, et nous ne nous en aperçûmes par malheur que trop tard, avait été empoisonnée par des détritus, des ossements, des débris de peau et de chair des chameaux morts de fatigue ou de maladie. C'était plus qu'il n'en fallait pour développer les germes de cette terrible maladie. Nous fûmes donc condamnés à demeurer pendant vingt-deux jours sur ce point désolé, couvert de neige, sans eau potable autre que celle que nous récoltions en faisant fondre la neige, sans aucun moyen de renouveler nos provisions que nous voyions peu à peu diminuer, nous demandant avec anxiété ce que nous ferions lorsqu'elles seraient totalement épuisées. J'avais emporté pour trois mois de vivres, mais avais compté sans la gloutonnerie insouciante des hommes, mangeant plus du double de ce qui leur était nécessaire, et sans les sacs percés qu'ils ne réparaient pas et qui laissaient se répandre, durant les marches, leur précieux contenu.

Pendant ce laps de temps qui semblait ne devoir jamais se terminer, la température fut très froide, 37 degrés sous zéro étant un minimum atteint à plusieurs reprises. Il ne tomba pas davantage de neige, le ciel recouvra sa pureté splendide, mais de grands vents d'ouragan qui soufflaient de l'ouest pénétraient par toutes les fentes de la tente et rendaient la situation presque intenable.

Quelques longues caravanes de chameaux maigres venant de Pao-tu et se rendant à Kanchou passèrent non loin de nous. Ils marchaient lentement l'un derrière l'autre, au nombre de deux cents ou trois cents. Beaucoup portaient au cou la cloche dont le tintement lugubre résonne sur les grands espaces d'une manière qui ne se peut oublier

A plusieurs reprises, j'essayai d'acheter de ces caravaniers de passage quelques provisions, tels que du riz ou des pois; mais à aucun prix ils ne consentirent à nous en vendre, étant eux-mêmes très appauvris et n'ayant que la juste quantité nécessaire à leur subsistance.

Enfin, un jour vint où il nous fallut, bien que ma pauvre malade fût loin d'être rétablie, songer à retourner sans délai vers Liang-chou. Nous n'avions plus que trois jours de rations, et les chameaux se nourrissaient exclusivement depuis quelque temps des maigres broussailles qui perçaient çà et là la neige et que nous utilisions aussi pour faire du feu. Comment ces malheureux animaux exténués par leur demi-jeûne, allaient-ils être capables de nous ramener à notre point de départ, était une des questions qui me préoccupaient le plus.

Une litière fut construite en toute hâte avec des matériaux de second ordre, qui se brisèrent plus d'une fois en cours de route, et nous nous mîmes en marche le 20 février, sans savoir si nous arriverions en temps à Liang-chou, tout dépendant d'une marche particulièrement rapide qu'il semblait difficile d'imposer aux animaux de la caravane.

Cependant, j'avais la veille visité Repalaraitze, où se dresse un temple au sud d'un lac de dimensions moyennes. Le temple et ses lamas sont riches, car ici croisent un nombre considérable de routes. Elles sont les suivantes : de Pao-tu à Kanchou ; de Pao-tu à Tchongfen ; de Pao-tu à Moming ; de Fu-ma-fu à Moming, de Fu-ma-fu à Oulionsoutrai, de Fu-ma-Fu à Hamil. Le nombre de caravanes de chameaux qui passent en ce lieu est considérable, et parfois une vingtaine campent côte à côte sur les bords du lac, les herbages n'étant pas trop maigres aux alentours. Le désert de Gobi est en réalité beaucoup plus vivant en ces parages que l'on ne se l'imagine d'ordinaire. Certains espaces sont entièrement et absolument déserts, couverts de sable aride et mouvant, ou de gravier fin ; mais ici et là existent des sortes de lieux de rendez-vous, où l'on peut se croire plus rapproché de la Chine, où l'on a moins l'impression d'être perdu.

Des anxiétés du retour, je dirai peu de choses. Nous accomplîmes des marches d'une longueur et d'une durée telle qu'elles constituent de véritables tours de force. Un bon nombre de chameaux furent incapables de suivre, et la caravane était réduite des trois quarts en hommes et en animaux lorsque nous arrivâmes à Liang-chou. Par bonheur, il n'y eut pas d'accidents et les caravaniers laissés derrière, après un peu de repos, nous rejoignirent à Liang-chou sains et saufs.

Une dame de la « China Inland Mission, miss Mellor », prodigua à ma femme des soins éclairés pour lesquels nous lui serons toujours particulièrement reconnaissants, et peu à peu la santé revint, et avec elle le courageux désir de continuer un voyage si malheureusement interrompu.

CHAPITRE VII

DE LIANG-CHOU A GNANSITHOU
PRÉPARATIFS POUR LE THIBET

Nous nous remîmes en route le 5 mai pour la ville de Yung-tchrung, d'où nous devions pousser une pointe dans le désert à la recherche d'un autre lac porté sur certaines cartes et dont les habitants du pays prétendaient ne pas connaître l'existence. De là, nous avions l'intention de nous rendre à Moming, puis à Gnansithou, en demeurant toujours à l'intérieur du Gobi. Dans cette dernière ville, située presque aux confins du Kansuh, nous complèterions notre caravane et achèterions les provisions nécessaires à une traversée du Thibet du nord au sud. Tout ce parcours était entièrement nouveau, et traversait seulement des contrées inconnues.

Nous quittâmes Liang-chou par la pluie, une petite pluie fine de printemps qui ne devait pas cesser de toute la journée, et en deux jours nous arrivâmes à Yung-tchrung. La route traversait des vallées creusées par quelques cours d'eau à travers la masse des lacs de cailloux et de terre descendus des grandes montagnes au sud. Des passes s'ouvraient à travers cette chaine importante, qui, toutes, plus ou moins, servaient de chemin vers Sining-fu. L'une d'elles est occupée par une population de « Sifins » de terrible réputation, qui causèrent quelques désagréments à l'explorateur Bonin.

De Yung-tchrung, le 8 mai, nous partîmes de bonne heure, espérant arriver avant la tombée de la nuit, et nous nous engageâmes dans un défilé de montagnes en suivant les rives de la rivière de Ta-Ho (grand fleuve), qui mérite mal ce nom pompeux; toute la journée, nous cheminâmes, vers le nord coupant des chaînes de collines toutes orientées de l'est à l'ouest, toutes désolées, et renfermant, je crois, une grande quantité de minéraux. Vers le milieu de l'après-midi cependant, au point appelé Hosipou, nous trouvâmes une longue et large plaine bien cultivée et couverte de fermes. La Grande Muraille fait encore ici son apparition sous forme d'un modeste remblai de terre, et toutes les habitations sont à hautes tours abondamment garnies de pierres et de cailloux. Ayant marché encore 20 lis, nous arrivâmes à Ni-iang-pou lorsque le soleil disparaissait derrière l'horizon.

Ni-iang-pou est une pittoresque petite cité située sur la rive droite du Ta-Ho, sans grand commerce ni industrie. Elle sert de centre aux paysans et fermiers éparpillés dans ce coin reculé de la Chine. Un pont de bois vermoulu y donne accès, sur lequel une lourde charge ne doit pas s'aventurer. En face de la ville, sur une colline en forme de cône, un grand nombre de petites pagodes rouges et blanches ont été construites et dédiées aux génies du désert, du vent, de la pluie. Au delà de Ni-iang-pou, c'est le désert aride qui s'abaisse terriblement vers le nord et dans lequel apparemment le Ta-Ho va se perdre. Les montagnes finissent à Ni-iang-pou, mais une chaîne dont je reparlerai s'étend vers le nord-ouest.

Nous désirions suivre le cours du Ta-Ho, et nous rendre compte de ce que devenait ce cours d'eau. En conséquence, laissant sur la droite une route qui se dirige sur Tchong-fen, nous nous mîmes en marche à travers une contrée desséchée et nue dont le sol composé de petits cailloux portait bien. A Ni-iang-pou, j'avais reçu pour tout renseignement qu'à environ 30 kilomètres au nord, en plein désert, une série de villages, appelés Tien-sen-Krang et Tchrang-ning-hou, avaient été bâtis sur une langue de terre d'alluvion fertile. De fait, nous ne tardâmes pas à les apercevoir dansant dans le lointain mirage, la vue n'étant arrêtée par aucun obstacle et le jour étant clair.

Rien n'est plus curieux et intéressant pour le voyageur que de trouver une vie florissante et des cultures prospères là où selon toutes probabilités, il s'attendait à ne rencontrer que la nudité du Gobi. Ces villages sont loin d'être pauvres, et seraient riches si de temps à autre les ouragans de sable ne venaient détruire une partie de leurs travaux et ne les volaient des produits de leurs peines. L'eau du Ta-Ho est intelligemment employée pour irriguer les champs, et des troupeaux de vaches et de chameaux broutent paisiblement à l'entour.

Répondant à mes questions au sujet du Ta-Ho, les habitants du Tien-sen-Krang m'assurèrent que le fleuve ne continuait pas vers le nord, mais au contraire s'infléchissait vers l'est, et, non loin de Tchong-fen, rejoignait les cours d'eau qui se déversent dans le lac de Tchingtrou-rou, que nous avions déjà exploré.

Je résolus de vérifier cette assertion, et le lendemain allai reconnaître la contrée au nord.

Le Ta-Ho changait en réalité son cours et prenait une direction est lui permettant d'aboutir à Tchong-fen; mais son volume était entièrement réduit, une grande partie de ses eaux étant employée aux besoins de la culture, et une quantité considérable se perdant dans le terrain perméable qui remplaçait ici les graviers du désert. Par places, de grandes flaques de boue s'étendaient, impossibles à traverser, d'où sortaient des petits ruisseaux qui, réunis plus loin, reformaient le lit du fleuve. De lac, je n'en voyais point de traces, si ce n'est un étang creusé et formé de main d'homme qui sert à abreuver et à baigner les animaux.

Comme nous revenions à Tien-sen-Krang, un terrible ouragan éclata. En un instant, de tous côtés des colonnes de sable s'élevèrent, tourbillonnant dans les airs, et entraînant dans leur marche tous les menus objets qu'elles rencontraient. Il devint bientôt impossible de discerner quoi que ce fût à 2 ou 3 mètres, et, la violence du vent augmentant encore, la seule ressource était de s'étendre à terre, la tête couverte d'un manteau. J'admirai la patience des chevaux mongols qui, habitués dès l'enfance à ces inclémences de la nature, se contentaient de tourner le dos et de secouer de temps à autre leurs oreilles cinglées par des cailloux. Ils étaient parfois entraînés quelques pas par la violence du vent. Cet ouragan dura environ vingt minutes, et le ciel redevint brillant, tandis que, vers le sud, on voyait s'éloigner l'énorme masse de sable et de poussière. Il était, au dire des habitants du pays, un des plus faibles que l'on puisse avoir à subir. Je frémis à l'idée de ce que doivent être les autres. Ces ouragans sont appelés « bouranes » au Tukestan chinois, où ils causent des ravages effroyables, au dire des explorateurs qui ont éprouvé la rude atteinte de leurs tourbillons.

Deux jours plus tard, de retour à Ni-iang-pou, nous continuâmes notre marche vers l'ouest, laissant au sud le lit du Ta-Ho. Une quantité considérable de petits torrents et de rivières, tous convergeant vers le Ta-Ho, coupaient la sente que nous suivions. De nos jours, ils ne sont remplis d'eau que rarement, et seulement pendant la saison des pluies; mais l'empreinte profonde qu'ils ont laissée sur le sol et la manière dont ils ont creusé de profondes entailles prouvent incontestablement que les précipitations atmosphériques, aujourd'hui très faibles sur toute cette partie du globe, ont été autrefois considérables. Cette remarque ne s'applique pas seulement à la route que nous suivions alors, mais à tout le nord du Kansuh et au sud du Gobi en général.

Pendant deux jours, nous continuâmes notre marche dans une direction ouest, tantôt remontant un peu vers le nord, tantôt inclinant sensiblement vers le sud. La contrée était loin d'être aride, et, à mesure que nous avancions, l'abondance et la qualité du pâturage augmentait. Les herbes étaient hautes, les puits produisaient une eau de bonne qualité. Des troupeaux considérables paissaient aux environs, troupeaux de chevaux, de bœufs, de chameaux confiés pour l'été aux habitants de ces parages par les marchands citadins de Kantchéou et des environs. Les paysans qui vivent sur ces grandes plaines coupées de hautes collines, portées sur les cartes comme désert de sable, ne se livrent pas à la culture, mais se contentent du modeste profit qu'ils retirent de la location de leurs services en qualité de bergers. Les chaumières sont d'ailleurs rares, une dizaine de personnes pouvant surveiller une grande étendue de terrain. Au soir du second jour, nous atteignimes l'ancienne petite ville de garnison qui porte le nom de Sia-Krou et qui flanquait autrefois la grande muraille. Au nord de cette cité s'étendent des plaines herbeuses d'une immense envergure.

De Sia-Krou, nous décidâmes de nous rendre à Kanchou-fu, car nous avions beaucoup entendu parler de l'importance et de la richesse de cette cité. La route qui suit l'ancienne Grande Muraille descendant en pente douce est une des plus larges du Kansuh. De gros villages se rencontrent fréquemment, ainsi que des petites cités fortifiées. La contrée est bien cultivée.

Avant d'arriver à Kantchéou, on traverse le lit de sable d'une largeur considérable de la rivière Edsin-Gol, et l'on se trouve soudainement dans une contrée remarquablement fertile, abondamment arrosée par différents affluents et sous-affluents de cette rivière, très peuplée et animée. En avançant, on découvre les hauts murs de la ville devant lesquels s'étend un rideau d'arbres et par-dessus lesquels se dressent de grands feuillages verts. La première impression est donc entièrement favorable; malheureusement, elle ne résiste pas à un examen un peu attentif. En effet, si cette cité a le grand mérite d'être abondamment ombragée, elle a le grand inconvénient d'avoir été bâtie sur l'emplacement d'un ancien marais, et de se transformer elle-même en marécages malsains pendant la saison des pluies. Durant la saison sèche même, de tous côtés, à l'intérieur de l'enceinte, on aperçoit des flaques d'eau, parfois considérables, et, spectacle amusant et rare, des habitants de la ville pêchant à la ligne dans des lacs formés par les pluies devant leurs portes! Pas une maison de Kantchéou ne peut émettre la prétention de se tenir d'aplomb. Le terrain est trop mou pour soutenir le poids des légers murs de terre pendant quelques années, et les édifices, reconstruits sans cesse, se disloquent immédiatement, comme par suite d'un continuel tremblement de terre. Cette situation n'impressionne par les habitants qui vivent parfaitement heureux sous l'abri d'un toit qui peut leur tomber sur la tête d'une minute à l'autre. Kantchéou occupait il y a quatre cents ans une beaucoup meilleure situation; mais la superstition populaire, si puissante, l'a déplacée à la suite de quelque calamité, et rebâtie en cet endroit inapproprié.

Nous demeurâmes à Kantchéou quelques jours pendant lesquels nous eûmes l'opportunité d'augmenter le nombre des mules et des chevaux destinés à la traversée du Thibet et que nous récoltions de droite et de gauche à chaque bonne occasion. Les mules du nord du Kansuh, bien que de taille moyenne, sont douées d'une force de résistance extraordinaire et sont capables de fournir de longues étapes sous des charges de 200 livres avec une pauvre nourriture composée presque exclusivement de paille sèche. Le prix des meilleures de ces mules de charge ne dépasse guère 40 taels. Les chevaux sont encore beaucoup meilleur marché, et, à la condition de ne pas rechercher un grand ambleur, on peut se rendre acquéreur d'une excellente monture pour 20 à 30 taels.

Un de nos hommes tomba subitement malade et profita de cette occasion pour se livrer à son plaisir favori et secret, l'opium. Malheureusement pour lui, je m'en aperçus en faisant une ronde le soir, et lui déclarai qu'il avait à retourner à Liang-chou immédiatement ou à cesser de fumer. Il m'assura qu'il fumait seulement parce qu'il était malade et que l'opium agissait sur lui comme une médecine calmante. Il aurait été plus exact de dire stupéfiante, car l'homme semblait absolument abruti. Je le laissai derrière nous à Kan-chou-fu pour quelques jours, espérant qu'il retournerait à Liang-chou. C'était un homme paresseux et stupide, d'une faible santé, et j'estimais que peut-être la travervée du Thibet serait au-dessus de ses forces.

Pour nous rendre à Moming, nous nous enfonçâmes dans un coin du désert de Gobi au lieu de suivre la grande route explorée quelques années auparavant par le grand voyageur russe Obrotchieff.

Moming est située sur la rivière Edsin-Gol et commande la bande de terre cultivable qui s'étend jusqu'au centre du désert pendant des centaines de lis, sur les deux rives de ce cours d'eau, pour aboutir finalement à deux lacs importants, le Sokho-nor et le Ashiun-nor.

Après six jours de cette marche, le 29 mai, nous arrivâmes sur des dunes de sable d'une hauteur telle que celles que j'ai mentionnées comme très hautes au nord du lac Tchingtrou-rou n'étaient rien en comparaison.

Elles s'étendaient sur une ligne de 10 kilomètres de long et de 2 ou 3 d'épaisseur, et étaient orientées du nord au sud. Les plus hautes, accumulées dans la partie sud, atteignaient une hauteur variant de 50 à 80 mètres. Que doit être une tempête, une bourane, s'engouffrant entre ces dunes de sable fin aisément soulevé et déplacé même par un vent léger! Par bonheur, lorsque nous les traversâmes, le calme le plus parfait régnait, et pas un grain de sable ne tournoyait dans l'air.

Il faisait même une chaleur accablante. Bien que nous ayons pris l'habitude de commencer nos étapes pendant la nuit, entre 2 et 3 heures du matin, nous ne pouvions cependant arriver à complètement éviter le terrible rayonnement du soleil sur les sables et les graviers, et la marche devenait pénible. Lorsque nous nous arrêtions vers 11 heures du matin, bêtes et gens avait bien gagné leur repos.

En quelques mois, la température passe, au Gobi, d'un froid extrême à une chaleur intolérable.

Une fois ces hautes dunes traversées sans encombre, nous débouchâmes de nouveau sur la rivière Edsin-Gol qui coulait dans un lit de graviers, au milieu d'un désert parsemé de petites oasis. De tous côtés, à l'est, au nord ou à l'ouest, la vue était arrêtée par un horizon de dunes de sable.

Après avoir suivi deux jours la rivière à travers une contrée sans variété, mais où les habitants semblaient devenir de plus en plus jaunes, nous arrivâmes à la ville de Moming, qui porte aussi les noms de Mo-Mo et de Ping-su-ing.

C'est une misérable et pauvre petite cité qui ne répondait pas à la description qui nous en avait été donnée. Mais, en Chine, il est inutile de demander des renseignements; car invariablement l'interlocuteur répondra dans l'affirmative, simplement par politesse, parce qu'il pense faire plaisir, et se faire bien voir. J'avais plus de vingt fois interrogé différents individus au sujet des ressources de Moming, m'informant particulièrement s'il était possible d'y renouveler nos approvisionnements. J'avais d'après leurs réponses et en dépit de l'expérience déjà reçue dans de semblables occasions, tablé sur la possibilité d'acheter à Moming une grande quantité de vivres et même d'animaux dont je ne voulais pas embarrasser notre marche au départ de Liang-chou.

Malheureusement Moming ne possédait qu'une seule boutique et cette boutique n'avait rien à vendre. C'est à grand'peine que nous pûmes réunir un peu de riz et de pois dont je devais nourrir les mules pendant quelques semaines afin de les mettre bien en chair avant de les engager dans les déserts thibétains. Quant à acheter des bêtes de somme, c'était inutile d'y penser. Toutes les mules que l'on essaya de me vendre un prix fou touchaient à leurs vingt ans et marchaient sur trois jambes. Les chameaux n'avaient que la peau sur les os, et leurs yeux mélancoliques disaient une longue histoire de privations et de mauvais traitements.

N'ayant pas le choix, il me fallut cependant acheter cinq de ces infortunées créatures. J'espérais qu'un régime substantiel de pois mêlé de bonne herbe les remettrait vite en condition, et je ne fus pas trompé dans mon attente.

Moming ne possède pas de kon-kouan, et, les hôtels étant repoussants de saleté, nous allâmes tranquillement nous loger au temple principal, au grand étonnement et à l'amusement des gens de la ville. A notre arrivée, nous trouvâmes des fumeurs d'opium installés dans l'enceinte sacrée, ce qui nous enleva toute hésitation quant à la profanation. La salle principale était haute et fraîche et, par la chaleur torride qui sévissait sur la ville, certainement préférable à n'importe quel luxe.

Pendant les deux jours que nous y passâmes, Hin arriva de Kan-chou par la grande route qui suit la rive gauche de l'Edsin-Gol, et amena avec lui un jeune garçon de dix-neuf ans, Siao-Tchang, poitrinaire d'apparence, faible, et absolument dénué des qualités d'énergie physique qui, à l'exception de Hin, distinguaient les autres caravaniers. Je voulus renvoyer sur-le-champ cet individu malingre; mais il me supplia si bien, m'assura tellement qu'il avait l'habitude d'un travail acharné, que je le pris avec nous. Ce fut une faiblesse de ma part des plus malheureuses, car à peine étions-nous entrés au Thibet qu'il commença d'être à charge à tous, et mourut avant la fin du voyage.

Sans sa situation particulière, précédemment expliquée, Moming n'existerait qu'à l'état de village.

Les gens du pays nous affirmèrent que depuis trois ans il n'était pas tombé une goutte d'eau dans la région, et que c'était là la grande raison du manque de provisions et de l'état des animaux. Sans l'Edsin-Gol, ce pays serait l'effroyable désert indiqué sur les cartes.

Trois routes se croisent ici. L'une vient de Reparaitze, l'autre de Khamil, la troisième va vers Sutchou-fu. Celle qui vient de Khamil passe à l'est d'une petite chaîne de montagnes que l'on aperçoit au nord-ouest de la ville.

La veille de notre départ, une pluie d'orage tomba et créa une profonde sensation. Quelques esprits bien disposés attribuèrent cette soudaine et bienfaisante averse à l'heureuse influence de notre présence!

Le 2 juin, nous faillîmes perdre toute la caravane en moins d'un quart d'heure en traversant l'Edsin-Gol. Le lit de cette rivière est de sable mouvant, sans cesse se déplaçant, et dont il est très difficile en conséquence de marquer l'exact emplacement. Les paysans et caravaniers qui le doivent traverser plantent des perches de bois pour indiquer la route à suivre. Malheureusement pour nous, le courant en avait entraîné deux sur quatre et la piste à travers le fleuve n'était indiquée que pendant les premiers 100 mètres. La largeur totale était d'environ 250 mètres. Lorsque nous fûmes arrivés au milieu du courant rapide, sinon haut, nous nous aperçûmes soudainement que les mules de charge n'avançaient plus, mais disparaissaient peu à peu dans l'eau. Nos montures ne tardèrent pas à faire de même et nous n'eûmes que le temps de sauter de selle, pendant que les caravaniers affolés couraient, autant que le permettait la mobilité du sable, d'un animal à l'autre, s'efforçant de rétablir les bêtes en équilibre sur leurs jambes; mais en vain. Seuls les chameaux, dont les larges pieds flasques ne pénétraient ni dans le sable ni dans la boue mouvante, arrivèrent sur l'autre berge sans trop de difficulté.

Les mules, les chevaux et les ânes continuèrent à s'enfoncer. Quelques-uns de ces pauvres animaux avaient déjà la tète sous l'eau. Par bonheur, la rivière, bien que large, ne contenait pas plus de 3 pieds de profondeur; et, lorsque les pauvres brutes furent enfoncées de toute la longueur des jambes, la surface considérable offerte par leurs ventre et poitrine contribua à rendre leur descente dans ces abimes de boue et de sable moins rapide. Nous étions tous dans l'eau jusqu'à la ceinture, obligés de prendre les plus grandes précautions pour ne pas disparaître nous-mêmes, et cependant ayant à dégager les animaux de l'étreinte dans laquelle, sans notre aide, ils auraient tous terminé leur carrière. Les charges furent d'abord transportées sur la berge, 100 livres nécessitant les efforts réunis de six hommes; puis les animaux furent soulevés tant bien que mal à l'aide de leviers en bois, et, à l'exception de deux tous furent sauvés. Cet accident nous occasionna six heures d'un rude labeur, et nous campàmes où nous nous trouvions, à seulement 2 kilomètres de la ville, incapables de continuer notre marche. Il nous fallait sécher au soleil tous nos vêtements mouillés, et nous perdimes en cette occasion plusieurs pièces de collection intéressantes, telles qu'anciennes peintures et broderies. Nos provisions de bouche, juchées sur le dos des chameaux, n'avaient pas souffert.

De Moming à Gnansithou, il y a peu à dire. La contrée que nous traversâmes, bien que faisant par sa configuration, sa situation, son climat, partie du désert de Gobi, échappe à l'absolue aridité grâce à des villages qui se sont formés partout où un ruisseau coulait, où des puits pouvaient procurer un peu d'eau, ou une touffe d'herbe pouvait pousser. Le sentier n'était pas fréquemment suivi, à en juger par son aspect, et, une fois passée la petite ville de Retienzse, les seuls voyageurs que nous ayons rencontrés étaient un brave paysan qui, avec la rapidité relative que peut permettre un voyage à dos de baudet, courait après sa fille qui s'était échappée vers Hoaraitze en compagnie d'un jeune homme galant à longue tresse.

Les lacs portés sur une des cartes de l'Asie éditées par la Société de Londres n'existent pas. A leur place s'étend une immense cuvette sableuse.

Le 17 juin, nous fûmes en vue de Ansitchou, qui, loin d'être une ville d'importance, n'est qu'une pauvre cité à demi enfouie sous les sables que les vents du désert accumulent contre ses murs et qui rappelle Tchong-fen par sa situation et sa misère. Une fois de plus nous étions déçus, une fois de plus nous allions éprouver les plus grandes difficultés à nous équiper convenablement pour la partie de notre voyage sans conteste la plus ardue et la plus périlleuse.

Pour plusieurs raisons, nous ne fixâmes pas notre

domicile dans la ville même; mais, ayant remarqué aux environs du village de Poi-Kan-Kou de bons pâturages, nous dressâmes les tentes sur une aire de terre battue formant un excellent emplacement à l'abri des grands arbres.

Nous désirions par-dessus tout éviter de devoir donner des explications au sujet de nos plans futurs; nous avions pu jusqu'alors conserver assez bien notre secret, et craignions que le préfet de Gnansithou n'eût des soupçons de notre désir d'entrer et de traverser le Thibet, et ne s'y opposât. Plus encore nous redoutions qu'il n'essayât de nous aider, et n'encombrât nos mouvements avec une escorte de vauriens. En conséquence, nous évitâmes tous rapports avec lui, et, pour ce faire, n'eûmes d'autre ressource que de ne pas séjourner dans sa ville. A Gnansithou nous n'aurions pu refuser de le recevoir, tandis qu'à Poe-kan-kou l'étiquette ne lui permettait pas de nous venir visiter sous une pauvre tente; et quant aux gens qu'il m'enverrait, nous en faisions bon marché.

Pour éviter tout désagrément en Chine, lorsqu'on voyage, il faut se donner des airs importants; au Thibet, il faut se faire humble, et surtout ne pas essayer d'attirer l'attention. Je me fis donc passer, dès mon arrivée aux environs de Gnansithou, pour un modeste marchand en quête de fourrures et qui pour ce faire désirait entrer dans le haut massif thibétain. Je n'ai pas la prétention de croire que cette invention a trouvé crédit auprès de tous ceux qui nous ont rencontrés, mais elle ne nous a jamais fait de tort. C'est plus que nombre d'explorateurs, aux déguisements variés, ne peuvent affirmer.

Nous nous mîmes en devoir de collectionner les provisions et les animaux nécessaires. Je dis collectionner, car il était impossible de trouver à la même place une quantité raisonnable de marchandises. Celui-là pouvait vendre 20 livres de riz, celui-ci 15. Dans ces conditions, il était difficile de réunir les milliers de livres de riz, farine, millet, pois nécessaires à notre subsistance. Il l'était encore plus d'acheter des animaux de transport, et pendant quelques jours je crus vraiment qu'il nous serait impossible cette année-là d'entrer au Thibet pendant la bonne saison.

Frappé par le fait relaté dans toutes les narrations de voyage, que les animaux, ne trouvant pas une nourriture suffisante dans les plateaux thibétains, mouraient les uns après les autres et par leur disparition mettaient en péril la vie du voyageur aventuré dans le désert, j'avais élaboré un plan grâce auquel nous comptions arriver au but sains et saufs, même si, durant tout le parcours, il nous était impossible de nous ravitailler ou de nous procurer de nouveaux animaux.

Il consistait à sacrifier la plus grande partie des

bêtes de somme au salut des plus vigoureuses, et de n'essayer de faire parvenir au but que celles qui nous étaient absolument indispensables. Je calculai qu'en chargeant trente-cinq animaux de pois destinés à en nourrir douze autres lorsque l'herbe manquerait ou serait de mauvaise qualité, et en abandonnant ces trente-cinq animaux au fur et à mesure que les provisions dont ils étaient chargés seraient consommées, j'augmenterais nos chances de réussite d'environ 50 pour 100. Ce procédé est quelque peu cruel en lui-même, mais il était sans doute infiniment plus inhumain de sacrifier la vie de nos hommes pour sauvegarder l'existence végétative de quelques brutes.

J'avais d'abord estimé que des chameaux seraient préférables à tout autre moyen de transport, comme portant la plus lourde charge et mangeant le moins en proportion. Cependant, je dus abandonner cette idée, car il fut impossible d'acheter aucun de ces animaux. Les rares marchands de Gnansithou qui en possédaient quelques-uns les avaient envoyés aux pâturages, et ne consentaient à les faire revenir qu'à la condition de recevoir le prix de vente avant même de les avoir livrés.

Je fus obligé d'acheter des mules, et même des ânes, lorsque les mules firent défaut, pour compléter le nombre d'animaux nécessaires. J'envoyai nos gens de tous côtés dans les villages, et ils achetèrent dans l'espace de six jours trente-trois bêtes de somme, qui, ajoutées aux treize mules, aux quatre chevaux et aux quatre chameaux déjà procurés en cours de route portaient le nombre total des animaux de la caravane à cinquante-quatre. La plupart étaient en bonne condition et semblaient capables de supporter les fatigues et les privations d'un voyage au Thibet. Cependant, je les avais payés au delà de leur valeur, soit que nos hommes eussent empoché une somme rondelette, soit que les vendeurs eussent réellement tenu la dragée haute. Si d'autres explorateurs entreprennent un voyage analogue, je ne saurais assez leur recommander d'acheter à Sining-fu ou à Liang-chou, de préférence à Sining-fu, tous les animaux dont ils peuvent avoir besoin. Ils ne payeront pas davantage et acquéreront des animaux habitués aux montagnes, aux précipices, aux neiges, et même aux glaces, ce qui constitue un ensemble de qualités hors ligne.

Les provisions s'amoncelèrent bientôt en tas énormes autour de nos deux tentes, causant une intense surprise aux paisibles habitants de Poe-kan-kou. Une des dernières difficultés avait été surmontée et nous avions acheté des sacs en poil de chameau absolument neufs et dans lesquels nos provisions ne couraient pas le risque de s'éparpiller le long de la route, ainsi que cela était arrivé au mois de janvier dans le désert de Gobi. Les hommes formaient des ballots de poids égal, con-

15

dition indispensable pour ne pas blesser le dos des animaux, et renforçaient les selles de bât qui sont toujours vendues en Chine avec une quantité insuffisante de rembourrage. Le camp présentait un aspect animé particulièrement lorsque, au soir, les animaux revenaient en masse des pâturages, gambadant et folâtrant à qui mieux mieux, loin de soupçonner le triste sort qui les attendait.

Une fois les charges complétées, je les fis peser et j'obtins ainsi une idée exacte de l'abondance de nos provisions. Nous pouvions compter sur 6,000 livres de pois destinés aux animaux, 800 livres de riz, 700 livres de farine, 550 livres de millet, plus une abondante provision de sel et de sucre, un peu de vinaigre et de vin chinois. Ce n'était pas de quoi faire bombance, ni surtout varier souvent le menu, mais c'était assez pour soutenir nos forces; et je comptais sur d'heureux coups de fusil pour fournir de temps à autre des rôtis de yack ou d'antilope, voire d'ours.

Le mandarin de Gnansithou attendit jusqu'à la veille de notre départ pour donner signe de vie. Il envoya successivement plusieurs de ses subalternes qui furent mis à la porte très poliment après avoir reçu la confidence que le plaisir de la chasse seul était assez puissant pour nous donner le courage d'affronter des privations et des dangers dont ils s'étaient efforcés de nous faire une effroyable description. Comme nous quittions Poe-kan-kou le lendemain matin à la première heure, je les invitai, s'ils désiraient plus de détails, à venir nous visiter de nouveau dans l'après-midi. L'histoire ne dit pas s'ils sont revenus.

Le 25 juin fut un grand jour. Nous levâmes le camp pour nous avancer à l'assaut des plateaux inconnus et des chaînes de montagnes prodigieuses qui rendent le centre du Thibet presque impraticable à l'homme. Notre première journée de marche ne fut pas encourageante. Les animaux, amplement reposés par une inactivité de dix jours dans d'abondants pâturages, manifestèrent sitôt en marche des velléités désastreuses de jeter à terre leurs charges, et de retourner vers les hautes herbes. Quelques-uns eurent la délicate attention de choisir pour ce faire le moment où ils traversaient une large rivière, ce qui jeta la confusion dans toute la caravane. Tandis que les hommes travaillaient dans l'eau jusqu'à la ceinture au sauvetage des sacs, nous eûmes toutes les peines du monde, ma femme et moi, à empêcher les mules qui avaient traversé en tête de s'échapper. Seuls, en cette journée mémorable, les paisibles et indifférents chameaux se conduisirent avec dignité.

Lorsque nous campâmes, à la nuit tombante, nous avions fait peu de chemin, mais étions près de succomber à la fatigue. Nos dix caravaniers faisaient une longue mine à la perspective d'autres marches du même genre, car les quelques kilomètres parcourus n'avaient pas éteint l'ardeur de nos animaux.

De fait, le lendemain, nous parcourûmes 16 kilomètres seulement au prix des plus grandes fatigues, et, chose vexante, sur une route excellente où nous aurions dû être capables de faire 30 kilomètres et plus. Pour ajouter à nos difficultés, à peine étions-nous arrêtés et avions-nous enlevé les bâts que la moitié des animaux prit la clef des champs dans la direction des montagnes, en peloton serré. Je passai une grande partie de la nuit à pied dans les contreforts des premières hauteurs à chercher mon cheval favori que je ne pus ramener au camp qu'à 6 heures du matin.

Nan-Kan-Kou, le point où nous étions arrêtés ce soir-là, est le dernier habité faisant partie de la langue de terre qui forme l'extrême pointe du Kansuh chinois. Directement au sud s'élevaient les premières montagnes qui, bien que d'une faible hauteur, et séparées les unes des autres par des vallées orientées est-ouest, font déjà partie de l'immense ensemble du massif thibétain. Leur aspect était sauvage et désertique.

Au matin du 27 juin, après une nuit rendue fatigante par l'obligation où tous avaient été de poursuivre les animaux fuyards, nous constatâmes qu'un ouragan de vent, de poussière et de sable commençait de s'élever. Les difficultés d'une marche dans ces conditions étaient grandes. Il n'aurait pas fallu beaucoup de journées semblables pour nous mettre hors d'état de continuer. Nous franchîmes une passe aisée dans le milieu de la journée et arrivâmes, cette petite chaîne de montagnes traversée, sur les bords d'une rivière, le long de laquelle des pâturages d'une abondance et qualité extraordinaires s'étendaient. Mais ce n'était pas l'heure de dresser les tentes, et, continuant notre route sans suivre aucune sente battue, vers une échancrure dans les montagnes dressées devant nous à quelque 30 kilomètres, nous traversâmes une fondrière desséchée, absolument impraticable à la saison des pluies. A la fondrière succéda le « saï » en pente douce entrecoupé çà et là de dunes de sable où quelques herbes avaient pris racine, et nous fixâmes le camp dans un emplacement où pas une goutte d'eau ni un brin d'herbe ne pouvaient être obtenus. Ce n'était que le commencement de nos tribulations, et le jeûne obligatoire avait l'avantage de rendre nos bêtes de somme plus maniables.

Le lendemain, le ciel était limpide, le vent avait cessé. La gorge vers laquelle je dirigeais la caravane apparaissait nettement visible, et nous l'atteignîmes après 25 kilomètres de marche sur un terrain absolument uni et qui s'élevait en pente douce et régulière d'environ un centimètre par mètre.

Arrivés au débouché de cette gorge, un spectacle charmant et sur lequel nous ne comptions pas s'offrit à nos yeux. Un torrent aux eaux bouillantes coulait profondément encaissé dans les flancs à pic du lit qu'il s'était creusé dans le loes. Resserré par endroits, il se précipitait dans un canon d'environ 100 pieds de profondeur, qu'il était difficile de discerner en venant du désert où cependant il s'engageait. On pouvait arriver à quelques mètres de ses flancs abruptes avant d'en soupçonner l'existence.

Continuant au sud, nous découvrîmes que la gorge s'élargissait considérablement, que les murs du canon s'abaissaient presque au niveau des eaux, et qu'une oasis d'arbres et d'herbes s'était développée dans ce petit coin privilégié, à l'abri du vent, et abondamment arrosé. Nous plantâmes notre tente sous un dôme d'arbres, au bord du torrent, et laissâmes les animaux libres de paître à leur guise le tapis herbeux.

Un incident amusant survint vers le soir. Quelques braves paysans de Gnansithou, connaissant la richesse des pâturages de cette oasis, avaient, pour l'été, établi leur demeure dans un endroit abrité un peu au sud de celui où nous nous étions arrêtés nous-mêmes et surveillaient paisiblement leurs troupeaux de mules, d'ânes et de moutons. Lorsque nous arrivâmes, ils nous prirent pour des brigands, nombreux dans la contrée, et, n'ayant aucune idée de notre nombre ou de notre réelle occupation, ils s'armèrent bravement pour défendre leurs troupeaux. C'est ainsi que soudain, au moment où les caravaniers commençaient les préparatifs de leur repas, nous vîmes apparaître cinq individus armés de longs fusils mongols qui nous intimèrent l'ordre de nous retirer sans délai. A peine avaient-ils émis cette prétention ridicule que nos hommes, confiants en la qualité de nos fusils à répétition, avaient sauté sur les malheureux pâtres, les avaient désarmés en un tour de main et commençaient à leur infliger une correction sérieuse.

Lorsque je crus le châtiment suffisant, j'intervins et leur expliquai en quelques mots leur erreur, et comment, en nous attaquant de cette manière irréfléchie, ils auraient pu attirer sur eux-mêmes les pires désagréments. Je confisquai les armes de ces dangereux voisins, leur promettant de les leur rendre à la levée du camp le lendemain matin. Quelques moments après, ils étaient dans les meilleurs termes avec les hommes, et nous pouvions même acheter un des plus gras moutons de leurs troupeaux.

La route que nous suivîmes le lendemain, après avoir longé pendant quelque temps le cours du torrent, traversait un grand plateau désertique entrecoupé de canons, à sec en cette saison, qui devenaient de plus en plus nombreux à mesure que l'on s'avançait vers le sud. Au loin, une autre chaîne de montagnes s'élevait complètement aride, et, sur le plateau lui-même, la végétation était réduite à un minimum consistant en quelques broussailles dont seuls les chameaux peuvent se nourrir. Comme nous nous étions avancés un peu en tête de la caravane, nous disparûmes aux regards pour quelque temps, tandis que nous traversions des ravins à sec, et, lorsque nous eûmes trouvé, sur le bord de la rivière près de laquelle nous avions campé la veille, un endroit convenable pour fixer le camp, nous nous aperçûmes que les caravaniers, probablement endormis sur leurs mules et chameaux, avaient perdu nos traces et s'étaient égarés. Ce ne fut que très tard dans la soirée qu'ils nous rejoignirent, épuisés par des marches éreintantes à travers cette contrée tourmentée.

En deux jours, nous nous étions élevés de plus de 2,600 pieds, et, Gnansithou étant à l'altitude de 3,800 pieds, nous nous trouvions par conséquent à 6,400 pieds au-dessus du niveau de la mer. C'était le commencement de la grande escalade, et nous souhaitions seulement de n'avoir jamais à traverser une contrée plus difficile. En suivant le cours du torrent, la marche était aisée et nous évitions l'escalade des massifs environnants. Lorsqu'un roc nous obligeait à traverser le cours d'eau, les animaux n'enfonçaient que jusqu'aux genoux, les eaux étant basses. Apaisées par le travail des dernières marches, les bêtes de somme se laissaient conduire paisiblement et n'essayaient plus de se débarrasser de leurs charges.

Le 30 juin, nous parcourûmes seulement 15 kilomètres. Je croyais prudent, pour ménager les animaux non habitués aux lourds fardeaux, de nous arrêter quand un pâturage de bonne qualité se présentait. Nous avions suivi le fond de la gorge dont j'ai parlé et nous étions avancés vers un curieux mur de montagnes à pic au pied desquelles le torrent soudainement tournait à droite, resserré entre des masses rocheuses. Une grande quantité de lits caillouteux prouvait à quel point, au moment des pluies ou de la fonte des neiges, la route que nous suivions doit être impraticable, presque totalement inondée. En juin, elle est très aisée et pittoresque. A travers les graviers, les sables et les lacs, les eaux ont creusé leur chemin, dessinant ici et là des fortifications aux contours bizarres, des arches fantastiques, des grottes de toutes sortes. Une caravane de chameaux avait dû suivre la même sente peu de jours auparavant, car l'empreinte de leurs pieds était encore fraîche.

Le lendemain, quelques minutes de marche nous firent aboutir à l'extrémité du défilé, et, à la place des montagnes dans lesquelles nous avions cheminé plusieurs jours, une large, immense plaine en pente douce s'étendait devant nous. Nous avions donc traversé une seconde et plus importante chaîne qui sert de gradins pour atteindre les altitudes élevées du Thibet. Immédiatement j'orientai la route vers une échancrure dans la chaîne opposée, et toute la journée nous marchâmes dans cette direction sur un sol facile. Au soir, nous arrivions sur les bords d'un mince filet d'eau, alors que nous commencions à désespérer de trouver de quoi apaiser notre soif. Il faisait sensiblement plus froid, ce qui n'était pas surprenant. Nous nous étions élevés de plus de 3,000 pieds depuis le matin. Nous n'avions pas parcouru moins de 40 kilomètres et les animaux manifestaient quelque fatigue. L'herbe d'ailleurs était très pauvre et ne suffisait pas à les nourrir deux jours.

Pendant la nuit, une pluie diluvienne survint, et il nous fallut en toute hâte couvrir les sacs de provisions à l'aide de feutres et de toiles huilées. En dépit de ces précautions, l'averse était si violente que plus d'un quart des sacs furent mouillés, et nous dûmes sécher leur contenu au soleil avant de lever le camp.

Nous avions découvert quelques tentes de paisibles Mongols qui se cachent dans de petites vallées perpendiculaires à la chaîne principale. Ils étaient occupés à faire paître leurs troupeaux de moutons, et galopaient de tous côtés sur leurs petits poneys. Ils avaient tous leurs manteaux de fourrures sur les épaules, et nous de même, car le vent soufflait avec une grande violence et le thermomètre était près de zéro. Il était inutile d'essayer d'escalader la chaîne à pic qui se dressait devant nous, et je donnai l'ordre d'infléchir à droite; et, après 15 kilomètres, nous parvînmes à une large vallée en forme de baie arrondie, au milieu de laquelle se trouvait une bonne herbe. Nous campâmes en conséquence et reçûmes la visite de deux Mongols, petits mandarins, semblait-il, qui nous apprirent que le nom de notre campement et d'une rivière prenant sa source non loin de nos tentes était Ha-she-Ha. C'était évidemment un endroit assez fréquenté, à en juger par les restes de feux, et qui devait avoir eu une histoire, car les restes d'une tour se dressaient sur un roc, à gauche avant d'arriver à Ha-she-Ha. De cette tour, une vue magnifique s'étendait sur toute la plaine et les montagnes que nous avions traversées, et, le jour étant clair, j'en profitai pour faire un relevé exact des environs à l'aide de la boussole éclimètre.

Le 3 juillet fut une journée éreintante pendant laquelle nous ne cessâmes de traverser des ravins profonds de 10 à 40 mètres se succédant à peu de distance, tous orientés du sud au nord. Rien n'était plus fatigant pour les animaux que ces descentes et montées perpétuelles qui allongeaient considérablement la route. Parfois, la descente était si raide que les ballots passaient par-dessus la tête des animaux, et nous perdions un temps précieux à les recharger.

Nous nous étions encore élevés de 1,000 pieds et avions encore à traverser trois ravins plus profonds que les précédents avant d'atteindre le point extrême de la passe vers laquelle nous nous dirigions.

Cette passe une fois traversée à 600 pieds au-dessus du point du départ, nous découvrîmes une large vallée inclinée sensiblement vers le nord; et, comme nous ne voyions pas d'autre route devant nous, et que nous n'avions pas l'intention d'escalader des monts à pic, nous la descendimes pendant une vingtaine de kilomètres. Le fond de cette vallée était presque entièrement occupé par le lit à sec d'un énorme torrent dans les sillons duquel un grand nombre de têtes « d'ovis amon » se pouvaient ramasser. C'était la preuve, bien que nous n'en ayons pas vu nous-mêmes, de la grande abondance de ces animaux dans les montagnes qui s'élevaient au sud. Des squelettes de kiang abondaient également.

Soudain nous arrivâmes sur un campement mongol installé à un point appelé Ta-T'chuen, près de sources abondantes et de pâturages qui eussent été fort excellents si les moutons ne les avaient tondus au point d'en faire un tapis ras. Une dizaine d'individus, Mongols portant le costume thibétain, nous reçurent d'une manière hospitalière et nous vendirent deux moutons. Ils semblaient fort étonnés de notre présence et ne s'expliquaient pas pourquoi nous avions accompli un si grand détour en dehors de notre route vers le Zaidam pour le simple plaisir de reconnaître la position de quelques montagnes et vallées.

Nous passâmes les deux journées qui suivirent à

escalader une succession de cols et à descendre profondément dans les vallées qui les séparaient. Nous faisions peu de chemin. Par bonheur, l'herbe était abondante. A la fin de la seconde journée, notre marche s'accentua encore vers le nord, et, ayant escaladé une petite éminence sur le flanc gauche de la rivière que nous suivions depuis le matin, guidés par des traces apparentes de pas d'hommes et d'animaux, nous découvrîmes, admirablement cachés dans une petite vallée arrosée d'une petite source pure, et riche en pâturages, les tentes d'une colonie mongole comptant environ une centaine de membres. Des oriflammes flottaient de tous côtés, spécialement près de la demeure d'un petit prince qui vint au-devant de nous et qui, bien qu'étonné de notre présence, nous reçut de son mieux.

CHAPITRE VIII

LES MONGOLS DU ZAIDAM

Ce prince était le premier chef de la grande tribu des Mongols du Zaidam, et la manière dont il nous traita nous fit bien augurer de nos relations futures avec cette peuplade. Non seulement il vint en personne nous présenter des cadeaux consistant principalement en nature, mais, ayant appris la présence de ma femme, il envoya son épouse et ses filles lui apporter également des dons de bienvenue.

Son occupation consistait à élever et à engraisser des chameaux dont, par l'intermédiaire d'un marchand chinois résidant avec lui, il se défaisait à Latchou et à Gnansithou. Il vendrait également à ses sujets, pour des sommes fabuleuses, des bottes, de la farine, des pois, du sucre et du thé. Le prix d'une paire de bottes mal tannées était de cinq moutons. Une livre de sucre valait deux moutons. Il semblait être doué d'une particulière aptitude pour le commerce et devait posséder une fortune énorme pour un Mongol. Il n'essaya pas d'ailleurs, dans les transactions que nous conclûmes ensemble, de nous voler, et il nous donna un chameau magnifique contre deux de nos animaux qui, après douze jours de route à travers les montagnes, avaient à peine la force de se traîner et ne pouvaient porter aucun fardeau.

Il nous fournit pour guide un vieux lama, qui devait nous conduire par la meilleure route, d'abord à des mines d'or célèbres dans la région, ensuite auprès du grand chef du Zaidam, dont le prince était un vassal.

Nous quittâmes ce lieu hospitalier dès le lendemain matin, accompagnés du vieux lama, et fîmes une bonne journée de marche dans une direction est, sud-ouest, fûmes égayés par le record de chutes de cheval que Hoa, notre cuisinier, établit dans la journée. Hoa étant très mauvais cavalier, les caravaniers avaient trouvé plaisant de le persuader de monter sur un poney noir, très vigoureux, mais vicieux. Hoa avait accroché à l'arçon tous les ustensiles qu'il transportait d'ordinaire avec lui : un pot à thé, des tasses en fer-blanc, une bouteille d'eau, et des galettes de farine mal cuite dont il se régalait à l'occasion. A peine fut-il en selle que tout ce bric-à-brac se mit à danser et à faire un vacarme dont le poney s'effraya, tant et si bien qu'il finit par s'emporter au triple galop dans la direction de la plaine du nord, non sans avoir auparavant semé dans quelque trou son infortuné cavalier. Ce fut seulement vers le soir que des Mongols ramenèrent la bête, et, perdus ou volés, tous les ustensiles avaient disparu. Je crus bon d'ordonner à Hoa de monter pour le reste du voyage sur une mule paisible.

Notre marche s'orientait au sud-ouest à travers une succession de ravines formées par des torrents descendant de la grande chaîne de montagnes. Presque tous étaient à sec. Le long des chemins, nous jouîmes d'une vue magnifique sur l'immense plaine où se trouve Latchou, et que nous dominions d'une hauteur considérable. Du camp, nous pouvions apercevoir, comme un tortueux serpent jaune, le cours de l'Aracha-gol, qui va se perdre dans les plaines du nord et vers les rives duquel nous nous dirigions. Au coucher du soleil, le spectacle fut vraiment beau et capable de laisser dans l'esprit une impression de grandeur somptueuse. Comme la nuit tombait, nous fîmes la constatation, la première, que la tente avait été élevée sur un tapis d'ail sauvage qui répandait l'odeur la plus infecte, et la seconde, que tous les hommes de la caravane se plaignaient d'une souffrance quelconque : l'un avait les yeux malades, une conjonctivite, je crois ; un autre les pieds coupés ; un troisième se plaignait de l'estomac ; quant à Hoa, il se lamentait et maudissait ses camarades, auteurs réels de ses infortunes. Cependant, un petit oiseau à queue orange vint chanter le soir près des tentes, et peu à peu le calme régna et le sommeil gagna tous les membres de la caravane, y compris, bien entendu, l'homme de garde.

Le 9 juillet, après une bonne journée de marche, nous arrivâmes sur les bords de l'Ara-cha-gol ou Ta-Ho. Le terrain s'était aplani et les ravins comblés, en sorte que nous avancions d'un bon pas. J'avais orienté dès le matin notre marche de façon à passer par un point spécialement marqué sur la carte de la Société royale de géographie de Londres comme possédant une certaine importance. Cet endroit, appelé Gachun, a de fait été autrefois la résidence d'un chef mongol de la tribu des Mongols du Zaidam; mais depuis longtemps ce demi-nomade à transporté le siège de son petit État à Tourainsien, où les eaux de source sont plus pures. Gachun n'existe aujourd'hui que sous l'apparence de quelque murs ruinés élevés autrefois pour renfermer les bestiaux pendant la nuit.

Il existe aussi, sur les bords de la rivière qui roule en tapage des flots boueux, les restes d'une ville militaire disparue depuis des siècles, à en juger par les soupçons de murs et de bastions qui seuls rappellent encore son existence antérieure. Cette place forte s'appelait Tan-Tcheng et ne se trouve portée que sur les vieilles cartes chinoises.

Tout autour, le désert absolu nous entourait, et le calme aurait régné si le bruit des eaux tumultueuses n'était venu le rompre. L'Ara-cha-gol ou Ta-Ho roulait des flots jaunes à une vitesse de 5 mètres à la seconde sur un fond de rocs dallant un niveau si irrégulier que des rapides se formaient en maints endroits. La rivière n'était pas très profonde, ne mesurant en moyenne que 1m 25 centimètres, tandis que sa plus grande largeur, en ce point où des rocs la resserraient, ne dépassait pas 20 mètres. L'obstacle qu'elle formait, faible en apparence, était cependant plus que nous ne pouvions franchir. La vitesse du courant, surtout l'inégalité du fond, auraient conduits à leur perte tous les animaux de la caravane.

En conséquence, après avoir passé une nuit tranquille, nous nous remîmes en marche en remontant la rive droite du fleuve.

Ce fut encore une journée très dure. Nous eûmes à nous faire route, à la suite du vieux guide mongol, à travers des défilés dangereux et des passes abruptes, les montagnes tombant à pic dans le lit du fleuve. Comment les chameaux arrivèrent à se tirer d'affaire avec leurs charges écrasantes sur le dos, et leurs larges pieds lourds et maladroits qui glissaient constamment sur les éboulis de pierre, fut une source profonde d'étonnement. Après une dernière descente, nous nous retrouvâmes de nouveau sur les bords du fleuve, et, ne désirant pas nous éloigner davantage de la vraie direction de notre route, j'entrepris, coûte que coûte, de le traverser. L'Ara-cha-gol désormais prenait

AU THIBET

LA TENTE DES HOMMES AU THIBET

une direction sensiblement sud-est. J'essayai d'établir à l'aide de cordes une communication d'une rive à l'autre et pour ce faire ordonnai au plus actif et plus débrouillard de nos hommes, Hia, d'entrer dans la rivière et d'essayer de gagner la rive opposée. Comme mesure de sûreté, je fixai sous ses bras une corde longue et souple dont je tenais moi-même une extrémité, et qui devait me permettre de le haler rapidement sur la berge au cas où il viendrait à manquer pied. Je n'eus qu'à me féliciter de cette précaution, car, parvenu au milieu du courant, plus large et moins rapide, Hia soudainement disparut dans un trou. En toute hâte, nous le tirâmes à nous et comme le pauvre garçon, affolé par son immersion soudaine, se débattait au lieu de nous aider et retombait lourdement au fond du fleuve, j'éprouvai une difficulté sérieuse à le ramener sain et sauf.

Cet incident ayant prouvé l'impossibilité absolue de guéer la rivière, nous continuâmes notre marche en remontant le long des berges. Ce ne fut que vers le soir qu'ayant rencontré un point où les eaux s'étalaient en quatre nappes tranquilles, nous pûmes les traverser et camper sur la rive gauche sur un tapis d'herbes excellentes.

Comme la caravane allait se livrer au sommeil, elle fut soudainement réveillée par les aboiements de notre chienne Shi-Shi, et nous vîmes bientôt se détacher de l'ombre les hautes formes sombres de quelques chameaux, dont les conducteurs étaient aussi étonnés de nous trouver installés sur les bords du Ta-Ho que nous l'étions de les voir venir du sud. Cependant une conversation amicale nous apprit que les caravaniers, des Chinois de Latchou, revenaient des mines d'or situées à 100 lis au sud, qu'ils avaient été réapprovisionner.

J'ignorais l'existence de mines d'or plus au sud, mais n'en fus pas étonné; car toute cette chaîne de montagnes que nous traversions et qui par des ramifications finalement aboutit au Letchouan est probablement le plus riche centre de minerais du monde.

Notre curiosité satisfaite sur la provenance et la nationalité de cette caravane, je rentrai sous la tente, tandis que nos hommes, ranimés par la vue de quelques-uns de leurs compatriotes, offraient à ces derniers un souper de farine cuite à la lueur du feu de bivouac et d'une chandelle de graisse de mouton.

Du 11 au 12 juillet, nous parcourûmes une route très difficile dans une contrée absolument déserte le long du cours d'un des petits affluents de l'Ara-cha-gol. Cet affluent se nomme en mongol le Kakrousoun, et en chinois le Tinche-Ko. Il nous fallait frayer notre chemin à travers des éboulis de roches resserrant la vallée au point de nous obliger à marcher dans l'eau glacée de la rivière, ou à la traverser toutes les cinq minutes. Une marche dans de telles conditions mettait à une rude épreuve les hommes et les animaux.

La vitesse des uns et des autres variait grandement. Aussi, pour accomplir un trajet de 15 kilomètres, les mules prirent quatre heures, tandis qu'il en fallait huit aux ânes, et onze aux chameaux absolument handicapés par leurs longues jambes et leurs pieds mous, là où il fallait sauter des rocs ou descendre des parois presque à pic.

Le passage ne manquait pas de pittoresque. Loin de là! Mais nous étions au soir si rompus de fatigue que les beautés naturelles nous laissaient froids et indifférents.

Lorsque nous arrivâmes vers l'endroit où notre guide nous avait affirmé qu'il existait des mines d'or, nous fûmes d'abord déçus et déconcertés. Il n'y avait aucun établissement, et il ne me semblait pas que des travailleurs fussent engagés dans la recherche du précieux métal. Ayant une fois de plus traversé la rivière et établi la caravane, nous nous mîmes en devoir de découvrir les mines.

Elles existent en effet sous forme de trous circulaires dont beaucoup n'atteignent pas plus de 10 pieds de profondeur et 3 ou 4 pieds de diamètre. Ces trous sont creusés dans les dépôts laissés par la rivière Kakrousoun dont le débit était autrefois plus important et qui a arraché aux flancs des montagnes en demi-cercle dont elle sort une partie de leur trésor. De nos jours, quelques travailleurs chinois viennent chaque année laver les alluvions, pendant les deux ou trois mois durant lesquels la contrée est habitable, pour le plus grand profit des mandarins à qui ils doivent apporter le produit de leur travail. Les lingots d'or, d'après leur aspect, proviennent de dépôts importants qui ne sont pas éloignés. D'aucuns sont d'un volume suffisant pour donner une haute idée des veines dont ils sont sortis. Sans doute, une exploitation raisonnée de la contrée donnera de beaux résultats pécuniaires. Malheureusement, elle serait très difficile à mener à bien, presque impossible même dans les conditions actuelles. Le climat serait le premier des ennemis que les courageux mineurs auraient à vaincre; et si l'on songe que, le 12 juillet, une partie de la rivière était recouverte de glace, l'on peut imaginer sans peine quels froids règnent pendant l'hiver. Il n'y a pas de pâturages aux alentours; à peine si une herbe rasée dessine ici et là une plaque de couleur vert-de-gris. Les yacks sauvages qui visitent ce point désolé avaient tout dévoré depuis longtemps.

Les mandarins chinois verraient aussi d'un œil défavorable une exploitation étrangère, et, surtout si elle était fructueuse, la pressureraient au point de rendre les bénéfices impossibles.

En visitant les mines, nous trouvâmes trois mineurs

dont la misérable hutte se blottissait dans une repli de terrain, un peu à l'abri du vent glacé. Notre arrivée les plongea dans un étonnement qui ressemblait fort à de la crainte, mais que de bonnes paroles dissipèrent bientôt. Ils finirent même par nous montrer leur récolte d'or, et les instruments rudimentaires avec lesquels ils lavent l'alluvion. Ils se servent pour ce faire des eaux glacées de la rivière, et chaque homme ne peut soutenir l'action de leur basse température que pendant un temps très court.

Ils avaient commencé leur travail depuis un mois et demi, et comptaient retourner à La-tchéou-fu vers le 15 août. Une fois seulement, une caravane de mules était venue les ravitailler et leur enlever le produit de leur moisson d'or. Ils semblaient fort indifférents au côté particulièrement solitaire et démoralisant de leur genre d'existence, et trouvaient tout naturel de fournir à leurs mandarins des pépites d'or en échange d'une paye de 8 taels par mois.

Un long séjour étant interdit par le manque d'herbages, je dus donc, à mon grand regret, donner le signal du départ sans avoir pu faire une étude approfondie des rocs d'où provenait l'or.

Le 13 juillet, le lama qui devait nous servir de guide jusqu'aux campements du roi du Zaidam disparut soudainement. Parti à la recherche de son cheval, il ne reparut pas au moment de lever le camp, et je donnai sans lui le signal du départ, persuadé qu'avec l'aide du sextant je ferais une marche en avant suffisamment sûre et rapide.

La contrée devint très vite encore plus désolée et montueuse et nous attaquâmes des passes plus hautes de 1,600 pieds que notre camp du matin. Quelques plaques de neige et de glace non fondues demeuraient çà et là collées aux flancs arides des montagnes, et, comme de gros nuages couronnaient les sommets, nous ne pûmes jouir de la vue superbe dont certainement nos yeux eussent été régalés par un beau soleil. Les crêtes sur lesquelles nous nous trouvions dominaient une immense et désertique plaine qui s'étendait en forme de cuvette oblongue contrastant avec la contrée montagneuse qui l'environne et la défend.

Ayant laissé sur notre gauche une passe qui se dirigeait trop directement vers le sud-est, nous commençâmes à descendre une pente très raide et d'autant plus difficile que le sol, composé de débris de pierres, roulait librement sous les pieds des mules. Après quelques chutes, nous parvînmes à une déclivité plus raisonnable, où un mince ruisseau sortait de la montagne et se dirigeait vers la plaine. Comme l'immensité qui se développait devant nous, et dont nous ne pouvions alors deviner les contours grâce à une éclaircie, paraissait d'une aridité sans espoir, nous remplîmes de l'eau claire de la petite source les outres destinées à notre consommation et à celle des hommes.

Plus nous descendions, plus la sécheresse et l'aridité augmentaient. Nous marchions entre des blocs de terre rougeâtre que la fantaisie de l'érosion avait découpés. Peu à peu, les montagnes autour de nous abaissaient leurs cimes, et, lorsque nous finîmes l'étape, nous pouvions apercevoir loin derrière nous les hautes découpures des chaînes que nous venions de traverser. Nous avions atteint les frontières de la grande plaine.

Le camp fut établi sur un petit monticule sans herbes et sans eaux. Depuis longtemps, le ruisseau avait disparu dans les sables. Nous fûmes obligés d'entraver les animaux pour les empêcher de s'enfuir à la recherche de pâturages et de leur distribuer une abondante quantité de pois. D'ailleurs, quelques-uns d'entre eux commençaient déjà à donner des signes de fatigue. Il devenait prudent d'alléger des charges fort lourdes.

A ce camp, nous fîmes connaissance avec les moustiques les plus acharnés et les plus cruels qu'il soit possible d'imaginer. Par bonheur, ils ne sont pas venimeux. Expliquer l'existence de ces insectes à une altitude si élevée semble difficile, d'autant plus que la contrée est très sèche et que les froids de l'hiver sont capables de tuer toutes les larves.

La carte allemande de Bretchneider, la seule qui

ait quelque valeur lorsqu'il s'agit du Thibet central, affirmait l'existence de marécages dans cette immense plaine. En effet, au matin, j'aperçus quelques taches vert foncé qui dansaient bien loin devant nous dans un mirage intense. Je donnai de suite l'ordre de lever le camp et nous nous dirigeâmes rapidement vers ces points flottants où nous devions trouver de l'eau. La route était facile, étant une immense pente faite de sable et de petits cailloux, avec des ondulations à peine sensibles. Les moustiques nous causèrent les plus grandes souffrances, surtout lorsque nous approchâmes des bords du marécage. On entendait leurs essaims bourdonner, on les voyait voler en nuages épais. Lorsque nous parvînmes aux bords des marais dont une partie était couverte d'herbes et qui provenaient de la non-canalisation d'un fleuve central venant de l'est, ces horribles insectes sortaient de l'herbe par nuées, et s'attachaient aux jambes des animaux qui bientôt devinrent noires et saignantes. Les pauvres bêtes, partagées entre le désir de profiter de l'excellent pâturage qui s'étendait devant eux et celui d'éviter les souffrances affreuses que les moustiques leur causaient, essayèrent cependant bravement de commencer leur repas; mais bientôt elles durent s'enfuir dans toutes les directions, incapables de résister aux morsures de leurs ennemis voraces. Nous fûmes obligés d'abandonner les tentes à moitié élevées, et de courir sans délai après les mules qui galopaient de droite et de gauche, affolées, ne songeant qu'à se débarrasser de leurs cruels adversaires, se roulant à terre, se relevant, partant dans un galop furieux, oublieuses de leurs fatigues.

Nous souffrîmes beaucoup, car les mailles de notre moustiquaire, relativement larges, laissaient passer un grand nombre de moustiques. Vers le milieu de la nuit seulement leur ardeur se ralentit un peu. Nous pûmes goûter quelque repos et les animaux furent capables d'achever leur repas à peine commencé.

Les voyageurs qui ont parcouru le Loli-Nar et ces régions deux fois traversées par des explorations russes dans une direction différente de la nôtre, parlent des souffrances qu'ils eurent à supporter du fait des moustiques. En vérité, sur ce point, nul récit n'est exagéré.

Non loin des herbes se trouvaient les restes d'un Mongol dont toute la chair avait été dévorée, mais dont les os avaient à l'intérieur des vêtements retenu quelque chose de l'ancienne forme humaine. Par quel hasard ce malheureux a-t-il laissé sa vie sur des bords si inhospitaliers! Sans doute il n'était qu'un pauvre homme malade, et sans monture qui le pût reconduire à sa tente.

J'eus, le lendemain, l'idée malheureuse d'essayer de traverser le marais pour gagner du temps. La couche de sable semblait au début suffisamment solide pour porter le poids de la caravane, mais nous arrivâmes à un endroit où la croûte sèche et sûre en apparence s'ouvrait tout à coup et engloutissait à moitié les animaux et leur charge. Nous eûmes toutes les peines du monde à nous tirer de ce mauvais pas et perdîmes plusieurs heures pour avoir essayé d'en gagner une. Cependant nous parvînmes au milieu de la journée à traverser la rivière, et, ayant trouvé de nouveau un bon terrain, nous fîmes 30 kilomètres avant la tombée de la nuit.

Durant cette étape, nous fîmes connaissance avec les kyangs, ou mules sauvages, qui venaient, en troupes nombreuses, nous regarder et gambader. Presque sans frayeur, elles avançaient jusqu'à 50 mètres de la caravane, puis, soudainement, bondissaient de côté et d'autre, lançant des ruades et se mordant. Parfois aussi elles se formaient en carrés, se déployaient en double ligne, exécutant des mouvements que l'on aurait pu croire ordonnés et combinés d'avance, avec une élégance charmante. Quelques troupes comptaient deux ou trois cents individus, d'autres une vingtaine à peine. Beaucoup de jeunes gambadaient près de leurs mères. A cette époque de l'année, ils avaient depuis plusieurs mois trouvé de l'herbe en quantité suffisante, et leurs formes étaient rebondies et musclées.

Un incident assez ridicule vint une fois de plus

nous prouver surabondamment combien nos caravaniers vivaient dans une peur continuelle des brigands mongols ou thibétains.

Comme le soir tombait, les hommes qui, un peu éloignés des tentes, gardaient les animaux au pâturage, aperçurent dans un mirage bleuté lointain des formes galopant de tous côtés, et, leur imagination aidant, ils crurent même distinguer des fusils, des lances, des bannières. Pris de panique, ils se replièrent vers le camp au pas de course et se précipitèrent dans notre tente : « Tajen, Tajen, dirent-ils, nous sommes attaqués. C'en est fini de nous! » Et l'un d'eux commençait à demi-voix à réciter les prières des morts. Peu attendri par ce spectacle édifiant, je lui donnai l'ordre de se relever sans délai, et d'apporter le télescope. Cet instrument une fois en position, il me fut aisé de reconnaître dans les prétendus brigands une grande troupe de kyangs sauvages poursuivis par quelques chasseurs mongols. Dans les grandes occasions, les Mongols sont en effet assez friands de la chair du kyang, et la façon inusitée dont ils poursuivaient ces animaux au lieu de les attendre patiemment à l'affût semblait prouver qu'un événement imprévu s'était passé. J'en conclus que nous ne serions pas longtemps avant de rencontrer le prince du Zaidam, qui devait à cette époque de l'année faire sa tournée habituelle parmi son peuple, levant les impôts, distribuant les grades et rendant la justice.

De fait, le lendemain, lorsque, après une journée passée à parcourir une contrée montueuse évidemment fort habitée, à en juger par les troupeaux de moutons, de chameaux et de chevaux qui parsemaient le sol gris verdâtre, abondamment arrosé, nous découvrîmes une foule de cavaliers de toutes classes, mandarins et lamas, qui mêlaient dans la plaine les couleurs vives, bleues et jaunes, de leurs équipements. Ils couraient au galop à la poursuite de chevaux échappés, tandis qu'un groupe affairé dressait sur le bord d'un petit affluent les tentes de toile blanche aux bandes bleu foncé qui indiquaient la présence d'un chef, probablement le prince du Zaidam.

Bien qu'étonnés de voir déboucher soudainement une troupe d'étrangers, ils ne manifestèrent point une hâte indiscrète, et nous donnèrent le temps d'établir notre camp, que, prudemment, je crus bon d'élever au sommet d'une éminence de terrain en forme de cône, d'où nous pouvions commander la situation, et nous défendre facilement en cas d'attaque. Les Mongols thibétains ne sont plus en effet les êtres doux et pacifiques des plaines de Mongolie, mais des individus fort enclins à la rapine et même au meurtre.

Au bout d'une heure environ, quelques mandarins de dernier rang et fort insolents apparurent et demandèrent au nom du prince du Zaidam qui nous étions, où nous allions, et comment nous avions trouvé seuls notre chemin jusqu'en ces parages. Je leur répondis qu'il était contraire à nos habitudes de répondre à des gens mal élevés, et que, si leur prince désirait nous connaître, il pouvait venir nous voir. Ils insistèrent et demandèrent à emporter nos passeports pour les montrer à leur maître ; mais je refusai de m'en dessaisir. J'ajoutai que si ce prince tenait tant à les lire, je les mettrais à sa disposition lorsqu'il viendrait nous visiter. Là-dessus, les ambassadeurs se retirèrent, et, vers le soir, nous vîmes se détacher du groupe des tentes bleues une petite troupe à cheval. Je fis immédiatement placer un feutre rouge sur le sol devant notre tente, et j'invitai, lorsqu'il se présenta, l'auguste personnage à s'y installer. C'était un homme déplaisant d'apparence, sale et faux. Il n'était pas vêtu de soie, mais portait sur ses vêtements une bande de peau de léopard, insigne de sa haute dignité. Ses deux fils l'accompagnaient : l'un, un grand lama ; l'autre, le prince héritier. Je lui montrai nos passeports qu'il fut incapable de lire et passa à son fils le lama, lequel en donna lecture à haute voix pour la grande édification de son père et de toute leur suite. N'ayant trouvé rien à redire, ils posèrent nombre de questions sur nos plans futurs. Où allions-nous désormais ? Il nous donna sans cesse le même conseil, celui de ne pas pousser plus avant vers le sud. « Lorsque vous aurez quitté les parages du Zaidam où ma puissance peut vous faire respecter, je frémis de songer à ce qui vous arrivera. Les Thibétains du Naitchi sont cruels et voleurs, de vrais brigands. N'allez pas de ce côté. Que dira le Tsong-li-Yamen, à Pékin, si je vous laisse continuer votre route, et s'il vous arrive malheur? Je serai responsable et puni! » Telle était la substance du discours dont Sa Majesté daigna nous gratifier; mais, quand elle vit qu'il ne produisait aucun effet, elle se contenta de rire et de lever les épaules, en homme qui s'en lave les mains. Ensuite, elle examina minutieusement nos armes, et leur portée considérable fut pour elle une source d'étonnement infini. Si j'avais écouté ses prières, j'aurais dépensé en pure perte une cinquantaine de cartouches; car, non seulement elle désira tirer un coup de feu elle-même, mais voulait faire participer à cette distraction tous les mandarins et soldats de sa suite. Elle m'offrit généreusement 15 taels d'un fusil manlicher et sembla fort offusquée de mon refus. Enfin, voyant qu'elle ne pouvait rien obtenir, et que je ne désirais rien d'elle, elle se décida à se replier vers ses tentes, et s'en fut au petit galop.

A peine nous avait-elle quittés qu'un déluge épouvantable survint qui dura vingt-quatre heures et nous donna fort à penser. La saison pluvieuse avait commencé. Elle dure en général des premiers jours de juillet aux premiers jours d'octobre, et inonde littéralement les plateaux thibétains. Dans la partie où nous étions encore, ces inconvénients sont moins graves. Le sol étant largement coupé de rivières et de ravins, l'écoulement des eaux se produit facilement. On ne peut conserver sur soi un fil de sec, mais la caravane continue d'avancer sans beaucoup plus de difficultés.

A la prière du prince, nous demeurâmes un jour entier près de ses tentes. J'avais espéré tirer de lui un guide, mais il s'y refusa, et sa raison pour nous demander de différer notre départ était de renouveler ses tentatives en vue d'acheter des armes. Notre arrêt eut cependant un bon résultat, car nous vîmes apparaître notre guide qui nous avait abandonnés près des mines d'or avec tant de désinvolture. Je n'eus pas de peine à le persuader de nous accompagner jusqu'au seuil de la cuvette du Zaidam, mais ne pus le déterminer à passer avec nous le désert de sel. « Je suis trop vieux, expliqua-t-il, pour des expéditions de ce genre; et, puisque vous trouvez si bien votre route en regardant les étoiles, il vous sera facile de la trouver sans secours d'un guide. »

Le 18 juillet, nous reprîmes notre marche vers le sud, en nous dirigeant sur des pics neigeux qui se dressaient en forme de barrière à 2,500 pieds de hauteur. Comme nous en approchions par une pente douce, nous remarquâmes sur le sol des traces de yacks sauvages qui semblaient assez récentes, et, cédant à ma passion pour la chasse, je laissai la caravane continuer, avec des ordres bien précis sur la direction à suivre; et accompagné de Tchrung, le plus adroit tireur parmi les caravaniers, je me mis à la recherche du grand gibier. Pendant des heures, nous escaladâmes, mon homme et moi, des sommets impossibles, et, nous élevant le long de cette muraille dont j'ai parlé, nous arrivâmes aux neiges du sommet sans avoir rien aperçu. J'étais complètement éreinté lorsque je rejoignis le camp par cette marche accélérée à plus de 14,000 pieds d'altitude, et cependant nous devions par la suite passer à plus de 20,000 pieds sans en éprouver de mauvais effets, tant est grande la force de résistance que donne l'habitude.

Pendant trois jours, nous poursuivîmes notre route dans un pays sans variété topographique et présentant les unes à la suite des autres des chaînes de petites montagnes se succédant et coupant les vallées souvent marécageuses, dont le fond renfermait de beaux pâturages malheureusement infestés par les moustiques. Toute la contrée alors traversée était habitée. Des tentes disséminées çà et là le long des flancs des montagnes, et des amas d'habitations, lorsque la meilleure qualité des herbes permettait la vie simultanée de plusieurs familles sur le même endroit, le prouvaient. D'ailleurs, peu engageants et bien différents des Mongols empressés à vous accueillir que l'on trouve dans le Gobi, les habitants de ces parages sortaient de leur tente mus seulement par la curiosité, et tandis que nous nous installions venaient avec une indiscrétion sans pareille palper et soupeser tous les sacs et toutes les caisses. Sans une garde vigilante bien des choses eussent disparu. Je me relevai deux et trois fois durant la nuit pour constater si les veilleurs faisaient leur devoir, et bien que je les eusse surpris souvent endormis, la peur effroyable qu'ils éprouvaient eux-mêmes des habitants des tentes voisines, contribuait cependant à les rendre plus diligents.

Bien que la saison des pluies eût déjà commencé, nous avions encore des belles journées ni chaudes ni froides, et, comme nous étions descendus d'environ 3,000 pieds depuis le campement du prince du Zaidam, la marche s'effectuait dans des conditions agréables que la presque assurance de trouver un bon campement vers le soir rendait plus plaisantes encore.

De temps à autre, nous rencontrions quelque caravane de marchands chinois, commerçants aventureux venus de Sining-fu pour acheter à vil prix des peaux de moutons, et pour vendre à dix fois leur valeur des chaussures de mauvais cuir, du sucre et des raisins secs. Nous fîmes durant le voyage une grande consommation de raisins secs. Ce n'est pas que les raisins soient vendus dans des conditions particulièrement appétissantes, étant couverts de poussière et mélangés à de petits cailloux afin de peser plus lourd; mais, une fois décemment nettoyés, ils sont fort bons et se conservent indéfiniment. Le dernier groupe de marchands chinois que nous rencontrâmes convoyait une caravane d'ânes qui transportaient plus de mille peaux de moutons. C'étaient des hommes fort jeunes qui se conduisirent très bien à notre égard.

Le 21 juillet, après avoir traversé de grandes plaines herbeuses, véritable asile des bataillons de moustiques, nous campâmes non loin d'un village mongol, formé de vingt-cinq tentes. Ce nombre est le plus grand que nous ayons rencontré, tant au Gobi qu'au Thibet, mais s'explique par la particulière abondance et qualité de l'herbe aux environs. Les troupeaux nés et élevés dans ces parages se soucient peu des moustiques, et, comme les Mongols eux-mêmes n'attachent qu'une importance très secondaire à des morsures qui rendraient fou un Européen, tout va pour le mieux dans ce petit coin du monde qui s'appelle Ikra-Tsraidam, et qui constitue certainement la perle du royaume du Zaidam.

De Ikra-Tsraidam aux palais du prince, il n'y a qu'une journée de marche. Ayant changé pour une route plus au sud la direction sud-est que nous avions suivie pendant deux jours nous traversâmes une chaîne de collines arides courant sud-est-nord-est, et nous débouchâmes sur une grande plaine circulaire fermée de trois côtés, dont le centre était occupé par de gras pâturages, avec un lac bleu scintillant vers le sud. Ce domaine constitue l'apanage particulier du prince.

Une fois arrivés sur la bordure nord des pâturages, nous nous arrêtâmes. L'endroit était excellent, l'eau coulait non loin, et nous pouvions apercevoir les tentes princières à peu de distance.

Cependant, pendant la nuit, il nous arriva une aventure bien fâcheuse pour des gens fatigués. Le prince prend en effet en pension pour le compte des marchands chinois du Kansuh, des mules et des chevaux épuisés ou blessés qui viennent se refaire chez lui pendant quelques mois. Ces animaux sont fort nombreux. Des troupes de plusieurs centaines courent de tous côtés, et il arriva que après le coucher du soleil une de ces bandes s'approcha des animaux de la caravane et, leur ayant sans doute fait un éloge pompeux de la liberté, les entraîna à sa suite dans des galopades effrénées. Par bonheur, nos bêtes de somme, éreintées par leurs marches récentes, ne pouvaient que prendre une part restreinte à toutes ces gambades. Ce fut grâce à cette circonstance que nous dûmes de les ramener au camp après quelques heures de poursuite.

Depuis ce campement, nous renonçâmes à payer toujours les aborigènes en argent. En effet, comme vers le soir nous ne pouvions obtenir de lait ou de beurre à moins d'un ou deux taëls, prix exorbitant, et qui en proportion constitue un écorchage que le plus effronté marchand de primeurs de Londres ou de Paris n'oserait rechercher, nous résolûmes de procéder par voie d'échanges, et c'est ainsi que nous reçûmes pour deux grandes épingles à coudre ce que nous ne voulions pas acheter pour 5 fr. 50 ou 7 francs.

Après une nuit parfaitement tranquille et qui sembla très chaude, le thermomètre marquant 18° centigrades comme minimum, nous nous mîmes en route de bonne heure, d'abord à travers la grande plaine herbeuse qui ondulait au souffle du vent, ensuite sur les bords du lac d'un bleu admirable et d'une limpidité parfaite. Outre les nombreux troupeaux de mules, de tous côtés on pouvait apercevoir des bandes de chameaux, gras de la bonne chère dont ils se régalaient depuis plusieurs mois. Hia, avec une patience bien chinoise, s'amusa à les compter. Leur nombre, d'après lui, allait jusqu'à trois mille. De telles richesses en troupeaux, jointes aux vingt tentes qu'il possède, et à ses deux magasins, font du prince du Zaidam un millionnaire incomparable parmi les Mongols.

Cependant, sur les bords du beau lac bleu, tous nos désirs d'explorateurs n'étaient pas satisfaits; car si vers le nord de la plaine quantité de petites sources d'eau potable venaient désaltérer les habitants et les animaux, il n'en était pas de même vers le sud où l'absolu manque d'eau douce rendait la vie impossible et le campement difficile. Ce ne fut qu'en creusant une espèce de puits de 5 pieds que nous obtînmes une eau bourbeuse dont il fallut se contenter. J'en étais d'autant plus contrarié que nos animaux allaient avoir une rude épreuve à surmonter en traversant le désert de sel du Zaidam, et que j'aurais voulu les nourrir et les abreuver abondamment durant les jours précédents.

Le lendemain, après avoir traversé la chaîne peu élevée, portant le nom de Trsongin-Ulan, qui ferme au sud le bassin du lac, nous nous trouvâmes en face d'un des paysages les plus désolés que l'on puisse imaginer. Il y a des aspects de la nature qui sont plus terribles, il y en a de plus effrayants, il n'y en a pas de plus navrants! Sur le « saï » en longue pente, toute trace de végétation avait entièrement disparu. Pas même de ces plantes demi-herbes, demi-bois, dont les chameaux se contentent; rien, rien. Dans un éblouissement bleuté ou gris, qui tantôt semblait du mirage et tantôt de l'éloignement, l'immense cuvette salée ne se soupçonnait même pas. C'était comme si la pente sur laquelle on marchait n'avait pas de fin. Le vide y était aussi absolu que dans les plus désertes parties de la Mongolie, mais il venait s'y ajouter la sensation que derrière le scintillement fantastique du mirage se cachait un danger encore inaffronté.

Nous campâmes sur les bords d'un mince filet d'eau qui venait des monts Trsongin, mais n'apparaissait que sur une longueur de quelques centaines de pieds.

CHAPITRE IX

A TRAVERS LES PLATEAUX THIBÉTAINS

La traversée du lac de sel desséché qui forme le centre de la dépression du Zaidam fut des plus dures. Ce n'est pas une aventure plaisante, même avec des animaux frais.

Le 25 juillet, nous partîmes dans d'assez mauvaises conditions, car, ainsi que je l'ai dit, pendant les deux jours précédents nos animaux n'avaient pas trouvé de bonne herbe à brouter et la qualité de l'eau rencontrée avait été plus qu'inférieure. Les hommes s'attendaient à rencontrer sur leur chemin toutes les calamités les plus épouvantables et maniaient sans conviction leurs fouets de conducteurs. Évidemment le grand vide ouvert devant nos pas les épouvantait. Je n'étais pas moi-même sans inquiétude, car, d'après les renseignements recueillis de la bouche des indigènes interrogés à nos dernières haltes, il existait au travers de la grande route salée des bandes de boue plus molle dans lesquelles la caravane engagée sans précaution suffisante pouvait parfaitement s'engloutir.

Aussi pris-je la tête de la colonne lorsque, après avoir terminé la descente du saï qui nous amena à un niveau inférieur de 200 mètres à celui dont nous étions partis, nous arrivâmes aux dunes de sable encerclant immédiatement le lit du lac. Ces dunes traversées, nous débouchâmes sur les fondrières d'eau salée et de boue à travers lesquelles il était facile de se faire un passage en sautant d'une motte durcie à une autre motte. De tous côtés s'ouvraient des trous boueux dont il était impossible de déterminer l'exacte profondeur, mais dont je n'ai pas toujours rencontré le fonds avec une sonde de 20 pieds. Quelques-uns de ces abîmes, et ce sont les plus traîtres, sont recouverts d'une mince surface de boue séchée qui cède immédiatement sous le poids le plus léger. Leur présence cependant devient vite facile à découvrir, grâce au fait qu'ils sont toujours un peu en contre-bas du terrain réellement durci. Le diamètre de leur ouverture est en général de 1 à 2 pieds et ne dépasse pas 3 pieds.

Les fondrières traversées, nous fîmes route sur un terrain de boue séchée qui présentait une surface plane sur laquelle les animaux avançaient en toute facilité. Après quelque temps, nous rencontrâmes des traces nombreuses laissées par un troupeau de moutons qui évidemment avait dû traverser le lac peu de temps avant nous, car les corps des victimes que cette troupe avait laissés derrière elle n'étaient pas encore décomposés. Nous fûmes surpris de penser que des moutons peuvent effectuer ce passage difficile, que leur allure lente doit rendre encore plus dangereux, sans herbe pour se nourrir; mais ce fait prouve une fois de plus ce que beaucoup d'explorateurs ont affirmé, à savoir que de tous les animaux qui peuvent supporter les terribles conditions de vie au Thibet, le mouton est celui qui offre le plus de résistance et le plus de durée. La rencontre de ces traces nous fut très utile, car je décidai de les suivre; et du coup supprimai toute hésitation et tout danger dans notre marche, car les animaux, bien guidés par les Mongols et par leur instinct, avaient évité avec soin les endroits où la boue plus molle aurait entravé la marche. Nous nous félicitions de la facilité avec laquelle la traversée redoutée s'accomplissait, lorsque la boue séchée changea d'aspect et se recouvrit de plaques de sel dur et tranchant qui, posées de champ, se présentaient comme des lames de couteaux et rendaient la marche des plus pénibles. Bientôt les chameaux eurent les pieds en sang, et leur exemple fut suivi par les mules et les ânes que la hauteur de leurs sabots de corne ne suffisait pas à protéger lorsqu'ils glissaient sur la surface lisse du sel. Au bout d'une heure, les chameaux pouvaient à peine se traîner. Les pauvres bêtes faisaient pitié. Elles regardaient avec effroi ce sol nouveau pour elles, le flairaient de leurs naseaux ouverts, et se refusaient à continuer d'avancer sur un terrain qui les blessait si cruellement. Cependant, coûte que coûte, il fallait parvenir de l'autre côté, et je donnai les ordres les plus formels de les pousser en avant.

A la tombée de la nuit, la caravane était séparée en deux. Naturellement, les animaux n'eurent à manger qu'une faible quantité de pois. De l'eau, nous en avions un peu, mais pour les hommes seulement. Une nuit sans lune et froide tomba sur le camp improvisé où gens et bêtes s'efforçaient de trouver un peu de repos sur des plaques de sel brisées.

Le lendemain, dès 4 heures du matin, tout le monde était debout, personne n'ayant fermé l'œil une minute, et nous commençâmes à scruter l'horizon dans l'espoir de voir la seconde moitié de la caravane apparaître. J'avais certaines appréhensions à son sujet, car si, désireuse de nous rejoindre, elle avait continué à marcher durant la nuit, elle s'était perdue, n'ayant aucun point de repère. Cependant, vers 6 heures, à l'aide de la longue-vue, je distinguai Hoa et ses chameaux en marche sur nos traces, et, aussitôt qu'il nous eut rejoints et qu'il eut essayé d'apaiser sa faim avec un peu de millet grillé, nous partîmes de nouveau.

Nous remarquâmes sur notre droite une cuvette de sel pur qui brillait d'un éclat blanc aveuglant. C'est le point appelé par les Mongols Dobosoun-nor, et l'on peut le considérer comme formant la clef de voûte du grand dôme qui est le lac desséché du Zaidam. Il est de forme imprécise et doit changer souvent, à en juger par ses bords brisés. Sa longueur et sa largeur sont au plus de 500 ou 600 mètres.

Peu après avoir laissé le Dobosoun-nor derrière nous, nous retrouvâmes la boue séchée, mais heureusement sans plaques de sel ; et bientôt cette boue se transforma en un affreux gâchis de terre, de sel et d'eau, dans lequel la marche était très compromise. Nous ne pouvions éviter de tomber parfois dans une fondrière. Cette seconde partie du Zaidam doit recevoir une grande quantité d'eau au temps des pluies et de la fonte des neiges. Ce qui nous confirma plus encore dans cette opinion, c'est que nous ne tardâmes pas à trouver sur notre route des lits de rivière creusés à travers la boue et qui tous se dirigeaient vers le Dobosoun-nor. Ils étaient maintenant à sec, le terrain spongieux absorbant la très faible quantité d'eau qu'ils auraient pu contenir.

Enfin, après quelques heures de lutte contre la boue, nous aperçûmes devant nous une rangée de hauts roseaux. L'eau ne devait pas être loin et nous allions pouvoir laisser reposer nos bêtes. Ce ne fut que quelques kilomètres plus au sud que nous rencontrâmes de l'eau dans les petites rivières, et que nous dressâmes les tentes, à la joie de tous, sur un bon campement. L'endroit où nous nous arrêtâmes porte en mongol le nom de Tassara, et les eaux viennent du Tadjinar. Le Tadjinar, pour les Mongols, comprend un certain système de rivières et de petits lacs se déversant vers le nord, en particulier vers le Dobosoun-nor, où les eaux ne parviennent qu'à certaines époques de l'année.

Nous avions donc parcouru le désert de sel en deux jours, et sans de trop grandes difficultés. Nous n'avions abandonné dans la marche que deux animaux. Un bon repos allait réparer les forces de tous. D'après mes calculs, entre le ruisseau de Trsongin et Tassara, nous parcourûmes 70 kilomètres, comprenant des zigzags, sans eau et sans herbes; mais si l'on songe que depuis les campements du roi du Zaidam, les animaux n'avaient eu presque rien à manger, l'on doit admirer leur endurance.

Après un jour de repos, nous fûmes capables de continuer notre marche vers le sud, sur un sol plat et argileux qui portait la caravane aisément. Ici et là, nous commençâmes bientôt à apercevoir quelques troupeaux de petits poneys paissant en liberté loin des tentes, ce qui tend à prouver que la contrée n'est pas aussi infestée de voleurs de grand chemin qu'elle en a la réputation. Vers le soir, une demeure, habitée par deux vieilles femmes seules, nous servit d'abri; mais nous ne pûmes goûter le plus léger repos, mordus sans relâche par des millions de moustiques dont les hordes affamées ne cessaient de nous assaillir. Les animaux eux-mêmes pouvaient à peine supporter leurs morsures. Il fallait les surveiller de près pour les empêcher de s'échapper dans toutes les directions, rendus fous par l'aiguillon cuisant.

Le 29 juillet nous vit continuer notre course dans la même direction, suivant tantôt les bords du fleuve Tadjinar, tantôt nous en écartant sur la gauche.

Le volume de ses eaux était important pour la contrée, et mesurait 2 pieds de haut sur 20 à 25 de large. Aussi la contrée se ressentait-elle de cet apport précieux, et de grandes plaines vertes capables de nourrir de nombreux troupeaux réjouissaient la vue et faisaient un contraste curieux avec la désolation blanche et jaune du désert de sel qui commençait à quelques dizaines de kilomètres au nord.

Les tentes devenaient plus nombreuses, mais la pauvreté semblait croître en proportion de la population. Jamais nous n'avions vu à ce point la misère étalée au grand soleil, même chez les populations mongoles du nord qui passent pour être les plus dénuées. Les gens du Tadjinar ne sont pas plus hospitaliers qu'ils sont riches, et nous ne pûmes, même à l'aide d'éloquentes prières, nous faire vendre un morceau de viande. Nous en avions pourtant grand besoin, en ayant été privés pendant trois jours, et ce refus nous fut sensible au point que, pour la première fois au cours de ce voyage, je décidai de régaler la caravane d'un jeune bœuf sans au préalable obtenir du propriétaire la permission de disposer de son bien. Une balle de carabine nous fournit donc un excellent dîner et une bonne provision contre la disette, sans créer le conflit que j'avais plus ou moins attendu de la part des Mongols. Le propriétaire poussa quelques cris, fit semblant de verser un pleur hypocrite, et se retira le sourire sur les lèvres et dans sa main un lingot d'argent.

Les habitants du Tadjinar ne sont pas de bons clients des manufactures russes. Ayant essayé, dans le but de ménager les fonds, d'échanger quelques étoffes que les marchands bouriates vendent en Mongolie, je vis mes avances repoussées avec énergie, et l'on me donna pour raison que les cotonnades russes étaient d'une qualité inférieure aux produits chinois, ce qui est vrai.

La contrée que nous traversions alors était vraiment curieuse. Ce côté sud du Zaidam reproduisait presque exactement le côté nord au point de vue de la désolation et de l'aridité. Seule, la bande de contrée fertile du Tadjinar rompait la monotone désolation du désert. Les montagnes que nous allions maintenant attaquer étaient plus hautes que celles dont nous étions sortis, mais la différence de leurs aspects extérieurs s'arrêtait là.

Les monts qui s'étendaient de l'est à l'ouest indéfiniment devant nous étaient appelés de noms différents : Tolai par les uns, Torai par les autres. Ils répondent, en réalité, au nom général de monts du Naitchi, car c'est à cette dénomination que répond la contrée qui s'étend au sud de leurs murailles. Le Naitchi-Gol, qui se jette dans le Tadjinar et forme une part très importante du régime des eaux de cette oasis, sortait des montagnes en face desquelles nous étions arrivés par des gorges que les Mongols nous avaient décrites comme étant des plus difficiles, et qui furent suivies pendant une partie de leur parcours seulement par Prejevalsky et Rockill, qui tous deux tournèrent ensuite vers la droite et entrèrent dans la vallée peuplée où se trouvent deux campements, Naitchi et Missuto, à l'altitude d'environ 3,800 mètres ou d'environ 13,000 pieds. Notre intention était de pousser directement au sud en suivant un affluent du Naitchi-Gol encore complètement inconnu.

A peine entrés dans cette vallée, les tribulations commencèrent. Des falaises de loës se dressaient à droite et à gauche; le sol que nous foulions était pure loës. Pas d'herbes, même pas de ronces; pas d'eau que celle du fleuve qui, coulant au fond de ravins que ses eaux ont creusés dans le sol très friable, n'était pas toujours d'un accès facile. Pour comble de bonheur, de véritables nuages de moustiques bourdonnaient à nos oreilles, et,

LE YANG-TSÉ A 500 KILOMÈTRES
AVANT SA SOURCE

CHAINE NEIGEUSE AU SUD DU NAITCHI

en dépit des précautions que nous prenions en fermant la porte de la tente avec une moustiquaire, il était impossible de goûter une minute de repos. Je prenais l'observation d'étoiles usuelle au soir, endurant un véritable supplice, et j'avais en cinq minutes les mains absolument dévorées. Des moutiques à une telle hauteur! Cela surprendra, et cela nous surprit nous-mêmes. Jamais nous ne vîmes des animaux plus enragés et plus acharnés dans leur besogne sanguinaire que ne l'étaient les moustiques du Naitchi-Gol.

Ce fut au lendemain de notre entrée dans cette difficile vallée que je constatai pour la première fois de véritables signes de mécontentement parmi les caravaniers. Jusqu'alors ils avaient conservé, au moins en apparence, une soumission parfaite; lorsque, l'esprit surexcité par les terribles histoires de brigands, de vols et d'assassinats dont les Mongols n'avaient pas manqué de leur farcir l'esprit les jours précédents, ils changèrent tout à coup leur attitude et affichèrent des airs de rébellion. Je m'en aperçus en faisant ma ronde habituelle le 1er août. En m'approchant de leur tente, tout en demeurant en dehors du cône de lumière émis par les feux, je pus entendre leur conversation. Ils étaient tous d'accord sur les points suivants : tout d'abord, que j'avais perdu l'esprit de venir dans des pays abominables avec ma femme, alors qu'il m'était possible de vivre confortablement à Pékin; ensuite, que les instruments dont je me servais pour reconnaître notre position ne valaient rien; en fin de compte, que le mieux pour eux était de s'éclipser pendant la nuit et de nous laisser continuer seuls, si nous le voulions, une expédition qui devait finir mal. Je crus alors le moment venu de me montrer et je fis parmi eux une apparition soudaine qui les déconcerta. Je leur appris que j'avais entendu leurs projets et que j'allais prendre mes précautions en conséquence, et, pour commencer, fis porter près de notre tente toutes les provisions. Je leur démontrai ensuite leur folie de croire qu'ils seraient capables de refaire sans un Européen à leur tête le chemin que nous avions parcouru depuis Léantchou. Ils seraient la proie des Mongols rapaces comme des oiseaux de proie, et finalement mourraient de froid dans la neige en essayant de traverser une passe. Au contraire, en nous accompagnant fidèlement, ils mériteraient des récompenses pécuniaires qui les mettraient au premier rang des gens importants de leurs villages. Enfin, pour couper court à toutes réflexions et pour leur infliger une leçon salutaire, je les obligeai à travailler toute la nuit à réparer les bâts, et fus obligé de passer à les surveiller un laps de temps qu'il m'eût été infiniment plus agréable de voir s'écouler confortablement couché dans mon lit de camp.

Même si nous l'avions voulu, nous n'aurions pu suivre pendant longtemps la vallée du Naitchi. Il eût fallu pour cela passer de la rive droite à la rive gauche, à l'endroit où l'affluent que nous voulions longer se jetait dans le Naitchi, et le volume et la vitesse des eaux qui coulaient en tumulte ne l'eussent pas permis.

Nous poussâmes donc directement au sud et entrâmes dans une gorge dont l'aspect ne présentait pas d'encouragement.

A chaque instant, les grandes falaises de loës coupées à pic, à angle brusque, par la rage du torrent, nous obligeaient à descendre au niveau des eaux pour remonter ensuite des pentes à pic et par conséquent dangereuses. C'était exténuant et nous faisions très peu de chemin; aussi, après avoir constaté que la profondeur du torrent ne dépassait pas 3 pieds, je mis toute la caravane à l'eau. Bêtes et gens remontèrent le rapide courant. Pendant quelques kilomètres, tout alla bien, et, si nous avancions lentement, en tout cas nous avancions. Malheureusement, les murs de loës se resserrèrent au point que l'on pouvait à peine apercevoir le ciel entre les murs à pic, et le torrent augmenta sensiblement de rapidité et de profondeur. Cependant, je continuai tant bien que mal notre lutte contre les eaux jusqu'à ce que ma mule perdit pied et m'entraînât vers le gros de la caravane. Il nous fallut donc recommencer l'escalade de parois presque droites, dont la perpendicularité, semblait comme toujours en cas semblables, exagérée par la hauteur des montagnes surplombant les loës. Comment les mules, et surtout les chameaux avec leur ridicules longues jambes, se tirèrent d'affaire, est vraiment providentiel, et comment nous pûmes au soir de cette journée d'efforts tuants trouver un petit coin d'herbage ne l'est pas moins.

Une nuit de repos ne fut interrompue par aucun incident, et, pour la première et la dernière fois, je supprimai la garde pendant la nuit, tellement j'étais persuadé que la difficulté de la route veillait plus efficacement sur notre sommeil que les meilleurs fusils ne le feraient aux mains d'hommes expérimentés.

Au matin du 2 août, nous pûmes croire que la route allait s'améliorer. La surface du loës non entamé par les eaux semblait offrir une base plus large et moins dangereusement coupée; mais notre espoir ne dura que le temps de parcourir un kilomètre, et nous fûmes soudainement arrêtés par une muraille absolument à pic qui formait l'arête projetée d'une montagne, et tombait droite dans les eaux du torrent, à 150 pieds en dessous de l'endroit où nous nous trouvions. A cette vue, un certain découragement nous saisit, d'autant plus que pas d'autre chemin ne s'offrait à nous. La pluie tombée pendant la nuit avait augmenté le volume du torrent déjà trop considérable la veille pour être remonté, et nous devions passer le long de cette arête ou renoncer à poursuivre notre marche dans cette direction.

J'entrepris donc d'ouvrir à l'aide de pioches les rocs de corniche à un endroit où l'arête présentait une saillie naturelle. Ce travail, qui dura plusieurs heures, fut suivi de celui d'un genre différent mais non moins fatigant qui consistait à passer à la main et à dos tous les bagages. Puis vint le moment critique du passage des animaux. Poussés, soutenus, halés avec des cordes, ils traversèrent la zone dangereuse sans trop de difficultés, sauf pour l'un d'eux qui tomba et ne pouvait se relever, ses deux pieds de derrière pendant au-dessus de l'abîme, et ne trouvant point de base solide où se raccrocher. A l'aide de cordes, et après de longs efforts, nous le tirâmes d'embarras; mais il avait les trois quarts de la peau arrachée et ne pouvait être d'aucun usage immédiat.

Après ce passage dangereux, nous campâmes exténués. Pendant la nuit, Hia, un de nos meilleurs caravaniers, tomba dans un précipice des environs en allant à travers la nuit noire reconnaître la forme éloignée d'un chameau qui s'était écarté. On ramena le pauvre garçon vers les tentes et je fus heureux de constater qu'il n'avait rien de cassé. Cependant, il resta pour quelque temps dans une sorte d'état comateux, sa tête ayant malheureusement porté contre une pierre.

Le 3 août, nous débouchâmes dans une large vallée parallèle à celle du Naitchi-Gol, car elle court de l'est à l'ouest. Elle se présentait immense et déserte. Nous y entrâmes vers le centre, et des deux côtés nous pouvions l'apercevoir qui se prolongeait sans fin. Son niveau était plus élevé que celui de la vallée du Naitchi d'environ 200 mètres; elle était aussi plus désolée, bien qu'à de longues distances un œil accoutumé à ces régions pouvait distinguer des taches de formes imprécises, probablement des lits d'herbe.

Bien que le terrain fût ferme et portât bien, nous avançâmes ce jour-là très lentement, tant nous étions harassés. Bêtes et gens n'en pouvaient plus.

Cependant, à mesure que notre marche traînante serpentait vers l'est, j'avais l'occasion de relever le plan général de la vallée, et plus spécialement de ses cours d'eau. Ils partent tous sans exception des sommets sud, pour remonter en ligne directe vers le nord où ils viennent tourner à angle droit contre des flancs abrupts de ce côté de la vallée. Se réunissant les uns aux autres, ils finissent pas former une rivière qui se précipite dans le couloir qui nous avait donné tant de peine à franchir.

Beaucoup de ces cours d'eau traversaient des couches d'un loës épais qui ne produisait aucune végétation. Aux rares endroits où un peu d'herbe végétait, des kouloues ou kyangs broutaient paisiblement. Bien que ce fût un jeu cruel, parce que trop facile, d'abattre ces jolies bêtes, je me décidai à en abattre une dans le but de donner de la viande à manger à nos hommes et de ne pas augmenter trop rapidement les brèches faites dans les provisions de riz et de farine.

A environ 35 kilomètres du point par lequel nous entrâmes dans cette grande vallée nous passâmes un seuil qui sépare ses eaux en différents régimes.

Elles se dirigent encore du sud au nord, mais, au lieu de tourner à angle droit vers l'est, elles tournent vers l'ouest ; et, le soir du 4 août, nous campâmes en face de l'entrée d'un couloir semblable à celui par lequel nous étions arrivés dans cette vallée, semblant plus facile d'accès, et qui se dirigeait évidemment vers le Naitchi.

Le lendemain fut une journée sensationnelle, car pour la première fois nous rencontrâmes des troupes de yacks sauvages.

Le premier troupeau déboucha en face de nous, remontant paisiblement un cours d'eau vers le sud. Je n'eus que le temps de dissimuler la caravane tant bien que mal derrière un pli de terrain, n'étant pas désireux de voir les yacks, qui ont souvent mauvais caractère, se ruer à l'attaque de nos chameaux et de nos mules.

C'était un spectacle magnifique que de voir ces splendides animaux défiler paisiblement devant nos yeux au nombre de deux cents, calmes et majestueux, balayant les sables de leurs longs poils noirs, paraissant à la fois si fort et si fiers.

Ils défilèrent pendant une demi-heure, les uns suivant les autres, et, lorsque la bande eut tout entière disparu derrière les montagnes du sud, je ne pus résister à l'envie d'un coup de fusil et je fis feu sur le dernier de la troupe. Je l'atteignis en pleine poitrine, mais non dans une partie vitale; aussi ne tomba-t-il pas, mais, nous ayant aperçus, vint vers nous au petit galop, agitant derrière lui le trophée noir de sa queue touffue. Une coupe verticale creusée dans le loës par un ruisseau l'arrêta un instant, et j'en profitai pour lui envoyer entre les yeux une balle qui l'étendit raide.

L'animal s'étendait, énorme. L'épaisseur de son cou était la partie la plus remarquable de son corps. Il portait sur la cuirasse épaisse de son cuir les marques de nombreux coups de cornes échangés avec les autres mâles du troupeau. Nous découpâmes quelques bons morceaux de viande et nous remîmes rapidement en marche. Mais nous n'avions pas fini ce jour-là avec les yacks, car, quelques kilomètres plus loin, alors que le terrain était absolument découvert et n'offrait aucune chance de retraite, nous aperçûmes soudain trois taureaux énormes qui chargeaient dans la direction de la caravane, de toute la vitesse de leur lourd et puissant galop. Nous avions souvent lu dans les relations de voyage de certains voyageurs que les yacks lorsqu'ils sont blessés non mortellement, deviennent parfois furieux et se précipitent tête baissée contre leur agresseur; dans le cas présent, ces terribles animaux nous chargèrent avant même que nous eussions constaté leur présence, et notre position devenait critique. Pas un repli de terrain ne s'offrait, propice à dissimuler les animaux, et nous frémîmes à la pensée du désastre que les yacks allaient causer au milieu des mules chargées de bagages et les chameaux. Le seul espoir était d'arrêter des brutes lorsqu'elles seraient à bonne portée. Aussi mis-je pied à terre; j'épaulai ma manlicher, ne voulant rien laisser au hasard dans une circonstance aussi grave, et appuyai l'extrémité de son canon sur l'épaule de ma femme, qui ne fit pas le plus léger mouvement. Le coup parti, j'eus le plaisir et le soulagement de voir l'animal qui galopait en tête tomber sur ses genoux, puis rouler pesamment sur le sol. J'allais envoyer d'autres balles à ses deux compagnons lorsque je les vis s'arrêter, flairer le corps de leur camarade mort, et tourner vers la direction d'où ils étaient venus, fuyant à toute vitesse.

En nous approchant nous constatâmes que l'animal que je venais de tuer était plus énorme encore que celui abattu le matin. Ma balle l'avait frappé juste entre les deux yeux. Ayant coupé sa queue en guise de trophée, nous le laissâmes en festin aux vautours du désert.

Nous étions parvenus à ce qui peut être considéré comme un second seuil de cette remarquable vallée. La pente que nous avions suivie, bien que peu sensible parce que régulière nous avait fait gravir près de 500 mètres de hauteur en un seul jour; et, n'étant pas désireux de prolonger notre marche vers l'est, ce qui nous eût trop écartés de notre route et trop rapprochés de celle d'autres explorateurs, je décidai d'infléchir vers le sud par une passe couverte de neige, et qui traversait un embryon de glacier.

Cette passe, bien qu'elle n'eût rien de terrible, en apparence, fut cependant de trop pour deux hommes de la caravane qui, en dépit des mules qu'ils étaient autorisés à monter restèrent en arrière; en sorte que je fus obligé de donner l'ordre de camper à un endroit où il n'y avait pas un brin d'herbe ni une goutte d'eau dans la crainte de les perdre définitivement; d'autant qu'un vent violent soufflait, capable de couvrir le peu de traces que le gros de la caravane laissait sur le sol dur et glacé.

De l'herbe, de l'herbe, et du repos! c'était le cri général de tous les membres de la caravane. De l'herbe pour les mules épuisées, du repos pour les hommes qui avaient eu vraiment beaucoup à faire durant les derniers jours. De l'herbe! mais où en trouver? Partout la même teinte brunâtre du sol, indicatrice de stérilité. Partout les mêmes grands espaces ondulés, froids et inhospitaliers. J'interrogeais l'horizon de toute part avec ma longue-vue, sans résultat appréciable, et je commençai, à désespérer, lorsque, au matin du 7 août, il me sembla que plusieurs troupes d'antilopes se dirigeaient vers une échancrure qui s'ouvrait à quelques kilomètres dans la chaîne de montagnes se déroulant au sud. C'était l'indication que je recherchais ardemment. Si tant d'animaux se dirigeaient vers le même point, c'était qu'il y avait là des pâturages et de l'eau.

De suite, nous nous mîmes en route; mais, avant d'arriver au col qui d'en bas semblait sans importance, nous eûmes à gravir 300 mètres sur un terrain très à pic. Il est vrai que nous fûmes payés de notre peine par la vue superbe de la chaîne de montagnes traversée la veille et qui formait le côté sud de la grande vallée. Ses pics neigeux se dressaient, brillant au soleil, et quelques-uns semblaient d'une hauteur de beaucoup supérieure à celle que je leur avais de prime abord attribuée. C'était un spectacle d'une désolation magnifique et grandiose. Nous restâmes longtemps à le contempler en admiration, et, cependant, plus au sud, nous devions voir des spectacles de la nature plus grands encore.

Je ne m'étais pas trompé dans mes prévisions. Le col passé, nous descendîmes dans une vallée s'élargissant par des accidents de terrain et sur les flancs de laquelle poussait une herbe vigoureuse. A en juger par le nombre prodigieux d'ossements de yacks et d'antilopes, voire d' « ovis ammon », ce devait être le lieu de rendez-vous de tous les habitants de cette contrée désolée qui venaient paître en ces lieux lorsqu'ils ne pouvaient trouver de nourriture ailleurs, et souvent aussi y mouraient des suites des privations endurées. Si l'on songe à ce que l'hiver dans ces altitudes élevées de 15,000 à 17,000 pieds, c'est-à-dire de 5,000 à 5,700 mètres, doit être, on est seulement surpris que les races ne s'éteignent pas.

C'était un véritable paradis terrestre pour des gens qui n'avaient pas vu de longtemps la couleur de l'herbe, et les mules de la caravane n'attendirent même pas d'être débarrassées de leurs bâts pour se mettre à brouter.

Il était temps que les pauvres bêtes trouvassent quelque aliment. Nous ne pouvions leur donner assez de pois pour compenser l'absence totale d'herbage, et cinq de ces robustes animaux avaient déjà été abandonnés derrière nous, marquant de leurs corps raidis la route suivie par la caravane.

Nous nous abandonnâmes donc à la joie de nous reposer un peu, et je donnai l'ordre d'établir les tentes solidement, car nous allions rester deux jours sur ces pâturages. De tous côtés, des yacks sauvages passaient, des antilopes galopaient, des kyans curieux venaient brouter près de nos mules.

Ce fut même cette curiosité et familiarité des kyans, ou ânes sauvages, qui amena la disparition et la perte subséquente de deux de nos meilleures mules.

J'avais donné des ordres formels d'entraver les jambes des mules de façon à les empêcher de s'échapper; mais les hommes, persuadés que les animaux étaient trop fatigués pour y songer, négligèrent d'obéir et les laissèrent paître en toute liberté.

Pendant la nuit, une bande de kyans vint sans doute se mêler à nos animaux, et l'influence de ces êtres pleins de feu et heureux, sans doute, détermina nos deux meilleures mules à se joindre à eux et à risquer une vie d'aventures.

Il fallut envoyer à la recherche de ces deux animaux une partie des hommes de la caravane qui furent ainsi punis, par l'obligation de travailler durant un jour de repos, de la coupable négligence avec laquelle ils avaient méconnu mes instructions, et s'étaient peu souciés de leurs devoirs de veilleurs. J'avais espéré voir les hommes revenir au milieu du jour, ou, au plus tard, au commencement de la nuit; mais mon espoir fut déçu. A 10 heures du soir, ils n'étaient pas de retour, et je me décidai à me mettre à leur recherche. A peine, ma mule une fois sellée et un bon manteau sur les épaules m'étais-je mis en route, accompagné de Shi-Shi, notre chienne fidèle, dont le flair remarquable plus d'une fois fut mis à contribution par la caravane, qu'un épouvantable orage éclata ; orage de grêle et de neige, qui dissimula toutes traces et rendit mes labeurs absolument inutiles. Je revins donc aux tentes et j'attendis le lendemain matin pour renouveler mes efforts.

Nous fûmes plus heureux le lendemain, car nous distinguâmes, venant de notre côté, deux formes noires qui se mouvaient sur le tapis blanc immaculé formé par la neige fraîche. C'étaient les hommes perdus durant la nuit qui, ayant aperçu le camp, venaient d'eux-mêmes nous rejoindre. Quant aux mules, elles étaient décidément perdues. Les traces de leurs pieds ferrés pouvaient se suivre pendant une dizaine de milles, mêlées à celles des koulanes sauvages; mais après elles atteignaient une surface solide qui n'avait pas conservé marque de leur passage. Il était inutile de tenter de nouvelles recherches. Le seul plan sage était de pousser en avant.

En quittant ce camp si confortable, nous descendîmes la rampe de la vallée, et, lorsque nous fûmes arrivés au seuil de la grande plaine qui s'étendait au sud, je constatai que la vallée où nous avions campé n'était qu'une parmi beaucoup d'autres; toutes affectaient la même, ou presque la même configuration. Seulement, les autres vallées étaient stériles, la nôtre étant la seule sillonnée par un petit cours d'eau permanent.

A mesure que nous avancions, la nature de la plaine

apparut plus réelle et plus dangereuse. C'était de tous côtés un amas de fondrières, de flaques d'eau et de gazons trompeurs. Pendant 200 ou 300 mètres le pied reposait avec sécurité sur un sol ferme, puis, soudain, on enfonçait d'une quinzaine de pouces dans une boue molle, dont il était difficile de se débarrasser.

Des rivières coulaient ici et là qui se perdaient dans des sables et semblaient renaître soudainement à peu de distance, prouvant l'existence de nombreux cours d'eau tantôt à lit apparent, tantôt à lit souterrain.

Le gibier abondait, depuis la petite antilope à corne droite jusqu'aux plus gros yacks. Seule, la présence de l'homme semblait absolument inconnue. Pas une trace de campement, même très ancien, ne pouvait être relevée après un minutieux examen. C'étaient des terres trop éloignées des routes suivies d'ordinaire par les caravanes, et, ainsi que l'abondance du gibier le prouvait, l'homme ne foulait jamais ces sols inhospitaliers.

Pendant plusieurs jours, nous traversâmes cette plaine, d'abord dans une direction sud-sud-ouest, puis dans une direction ouest-ouest-sud.

Partout de l'eau, partout de l'herbe, partout du gibier. Notre bonheur eût été parfait si nous avions pu éviter toutes les fondrières ; mais quelques-unes d'entre elles se dissimulaient si bien que l'œil le plus expérimenté ne pouvait les discerner. Il s'ensuivait des chutes et des confusions indescriptibles, plus spécialement lorsque nous eûmes à traverser deux rivières, probablement des affluents ou des sous-affluents du Yang-tze-kiang, à en juger par la direction de leur cours. Sur les bords de la seconde de ces rivières, mais plus à l'ouest, l'explorateur anglais Welby a souvent campé, lorsqu'il traversa le Thibet du nord, du Kashmir jusqu'en Chine. — Parfois les lacs se présentaient sous des aspects coquets, encaissés entre des dunes herbeuses, bien abrités du vent, et portant sur leurs eaux douces des vols de canards sauvages, dont nous fîmes un véritable massacre. Un canard sauvage au riz, rôti dans son jus, avec des pommes de terre frites dans de la graisse de yack, est, au Thibet, l'équivalent d'un souper fin chez Paillard ! Malheureusement, ces bombances sont de rares débauches, et l'ordinaire se compose plus souvent de riz bouilli, de pommes de terre à l'eau, de millet, et quelquefois d'une tranche de yack grillée. Parfois, lorsqu'il faisait très froid, un petit verre de vin chinois nous réchauffait, et nous n'avons jamais éprouvé les inconvénients que certains explorateurs affirment que l'eau-de-vie produit à de hautes altitudes de plus de 5,000 mètres où nous vivions constamment.

Un jour, marchant en tête de la caravane, je débouchai soudainement sur une plaine gazonneuse, jusque-là dissimulée par des dunes de sable, dans laquelle deux grands yacks paissaient tranquillement. Le plus rapproché n'était pas à plus de 30 mètres de moi, et j'épaulai rapidement mon fusil, sans même mettre pied à terre. Ma balle brisa la colonne vertébrale du premier des deux animaux, et le second s'enfuit. M'avançant alors avec mon revolver, je tirai une balle dans la tête de l'animal qui secoua seulement sa crinière avec impatience. Ce ne fut qu'après l'avoir percé de six coups qu'il mourut, prouvant ainsi une prodigieuse vitalité.

Les jours durant lesquels nous traversâmes cette contrée presque plate comptent, en dépit du marécage, parmi les plus agréables de notre exploration. Malheureusement, ils ne devaient pas durer, et nous allions éprouver de grandes difficultés.

Le 12 août, après avoir traversé un défilé pourvu d'une abondance d'herbages dont les tiges par endroits atteignaient 2 pieds, mais étaient d'une espèce particulièrement fibreuse, nous débouchâmes, par une passe élevée de 300 mètres au-dessus de la plaine, sur un plateau remarquable par les amas de sable qui tranchaient sur la couleur plus sombre du sol.

Sur ce nouveau plateau, que nous pûmes traverser en trois jours dans une direction sud-sud-ouest, nous marchâmes une distance de 65 kilomètres environ, parfois sur un bon terrain, mais plus souvent à travers des sables mouvants ou des marécages affreux. Le dernier jour fut le plus difficile, et nous dûmes abandonner un chameau trop embourbé pour qu'on le pût sauver, d'autant plus qu'il s'obstinait dans une coupable inertie. Nous passâmes des cours d'eau nombreux, tous se dirigeant vers le sud-est, et nul, sauf ceux qui en ont fait l'expérience, ne peut imaginer ce que signifie la traversée d'un cours d'eau à fond boueux au Thibet. Les bagages doivent être portés à dos, les animaux secondés par les hommes. C'était un travail éreintant, d'autant plus que depuis plusieurs jours le ciel n'avait pas cessé de verser sur notre caravane des torrents de pluie, et parfois des volées de grêle.

Une différence entre ce plateau et celui que nous venions de traverser trois jours auparavant était l'absence presque complète de gibier. Ce phénomène difficile à expliquer, étant donnée la quantité d'eau et d'herbages, apparut très simple lorsque, au soir du 13 août, je découvris que nous arrivions sur une sente évidemment suivie par les caravanes de pèlerins qui vont et viennent de Lhassa à Sining-fu. Des restes de bivouacs, des morceaux de vêtements, parfois une vieille botte, aussi la carcasse d'un yack domestique ou d'un cheval, confirmèrent ces données. Une caravane devait même avoir passé là récemment, car des traces de feux étaient encore récentes.

Les montagnes qui fermaient ce plateau étaient

d'une couleur rouge très accentuée, et également divisées par de nombreuses vallées qui, toutes, donnent naissance à un petit cours d'eau. Elles sont appelées Dungbura et courent de l'est au sud-ouest. Le point où nous les avions rencontrées était environ 34°35'. Elles sont très connues, étant fort réputées parmi les pèlerins chinois et mongols pour l'excellence de leur herbe. Preshewalski, en 1873, les avait traversées, mais beaucoup à l'ouest du point où nous les coupâmes.

Là encore, je fus obligé de donner un jour de repos à la caravane éreintée. Les hommes commençaient à donner des signes de fatigue auxquels il n'y avait pas à se méprendre. Lorsqu'un Chinois, en arrivant à l'étape, se couche sur le sol et refuse de manger, c'est qu'il a usé ses forces jusqu'au bout. Nous les plaignions, les pauvres gens, mais il n'y avait rien à faire pour les aider. Notre chance et notre espoir étaient dans une marche en avant rapide. Pourvu que les Thibétains de Lhassa et de Shigatze ne nous barrassent par la route! Si ce fait se produisait, bien peu d'entre nous arriveraient au Kashmir, vers lequel nous serions obligés de nous retourner.

D'ailleurs, l'exemple de ma femme si intrépide aurait dû leur donner du cœur à l'ouvrage. Montant la garde avec moi pendant la nuit, et aidant ici et là pendant les marches, elle ne se déclarait pas encore fatiguée.

Le soleil, durant notre unique jour de repos sur le flanc nord des monts Dungbura, se montra propice et, nous pûmes sécher sous ses rayons nos vêtements et nos couvertures complètement et continuellement trempés pendant les derniers huit jours. Nous découvrîmes aussi une ruche d'abeilles et pûmes recueillir un peu de miel sauvage.

Le 15 août, à 6 heures du matin, en avant! encore en avant! Les animaux bien reposés partirent d'un pas rapide, mais hélas ils ne le maintinrent pas longtemps, car nous dûmes bientôt passer un col élevé dont le sommet semblait être fait de boue. Puis il fallut circuler à travers des défilés, escalader des collines à pic, passer des marécages, escalader encore des sommets boueux, pour finalement déboucher sur une autre grande plaine, fermée au sud par une chaîne de montagnes semblables à celles que nous venions de traverser.

Tout le centre du plateau thibétain est donc dessiné de la même manière : de grandes plaines séparées par des rangées de montagnes courant dans la même direction, chaque plaine étant, en marchant vers le sud, un peu plus élevée que celle qui la précédait directement. C'est d'une monotonie grandiose, parce que c'est celle de l'immensité et de l'inconnu.

Nous continuâmes à suivre la route des caravanes. Je m'en écartai plus tard; mais jusqu'alors nous n'avions pas vu de caravane de pèlerins en marche et ne voulions pas manquer l'occasion.

Tout le long du chemin, des inscriptions gravées sur de mauvais cailloux, ou parfois sur la face saillante d'un roc, célébraient la gloire de Bouddha. La superstition fanatique qui a conseillé aux Mongols et aux Thibétains stupides d'élever tout le long de leur route ces monuments, n'est point faite pour étonner. Ne la rencontrons-nous pas tous les jours dans certains pays d'Europe, où elle est moins pardonnable, car ceux qui la pratiquent sous l'éclatant soleil de la raison que nous avons appris à aimer n'ont pas l'excuse de vivre, comme les habitants de ces déserts, loin de la culture et de la civilisation modernes?

Le 16 août fut un grand jour pour notre petite troupe. Pour la première fois, depuis que nous avions quitté le Zaidam et ses Mongols, nous avons aperçu des êtres humains.

A peine étions-nous en route, vers 8 heures du matin, que nous vîmes émerger de la grande plaine et de ses sables des cavaliers, au petit galop, porteurs de longues perches, le long desquelles flottaient des oriflammes de différentes couleurs. Ils vinrent à notre rencontre et mirent pied à terre.

CHAPITRE X

AUX SOURCES DU YANG-TZE-KIANG

Nous pensâmes d'abord qu'ils voulaient nous arrêter dans notre marche ou tout au moins nous poser des questions; mais ce n'était point leur but, car, nous ayant à peine regardés ils allèrent planter leurs perches en des endroits différents et commencèrent à enlever les selles de leurs montures.

Ils n'étaient que les éclaireurs d'une troupe plus importante, dont l'avant-garde ne tarda pas à apparaître, composée d'environ cinquante hommes presque tous armés et montés sur des petits chevaux thibétains analogues à ceux que l'on voit aux environs de Sining-fu. Un second corps suivait à quelques centaines de mètres, composé de personnages plus importants, car ils ne portaient pas d'armes et se pavanaient pour la plupart sur des mules caparaçonnées. De grands troupeaux de yacks domestiques, chargés de provisions, suivaient, conduits par des hommes en haillons, et, pour finir cette caravane imposante, venait un petit corps d'hommes armés.

En tout, nous comptâmes deux cent vingt hommes, riches marchands, lamas aux manteaux jaunes et rouges, soldats et conducteurs de yacks. Une soixantaine étaient armés de fusils fabriqués en Chine, et une dizaine portaient en bandoulière des carabines de marque européenne qui me parurent être toutes ou des « Mauser » ou des « Winchester » d'ancien modèle. De telles armes ont aux yeux de leurs heureux possesseurs une valeur incalculable. Souvent, ils n'ont pu se procurer les cartouches spéciales qui leur seraient nécessaires, mais le seul fait de posséder un fusil de fabrication étrangère semble assurer à celui qui le possède le respect et l'impunité. Un individu nous frappa en particulier. Il portait sur sa tête, surmontée d'un gland rouge à la chinoise, une casquette d'ordonnance qui avait certainement appartenu à quelque soldat anglais tué dans l'expédition britannique vers Lhassa. La vue de ce trophée ne manqua pas de nous laisser rêveurs. Nous n'avions que des données très vagues sur la façon dont s'était terminée cette guerre, et nous demandions quel accueil nous était réservé au sud, et si notre présence n'exciterait pas des désirs de vengeance, bien faciles à satisfaire à nos dépens.

Cependant, tous les membres de la caravane semblaient animés de bons sentiments à notre égard, et, comme nous les croisions, un grand nombre nous saluaient des mots « rao ma », ce qui signifie « bon cheval » et est une des manières polies de se complimenter les uns les autres lorsqu'on se rencontre au hasard des déserts.

Le défilé de cette grande troupe qui, tranquillement, traçait sur le sol aride une empreinte de vie dura près d'une heure. Nous étions déjà loin des avant-coureurs et de leurs bannières, lorsque nous saluâmes le dernier groupe des voyageurs; et, lorsqu'il eut disparu derrière un monticule, le désert nous sembla plus vide que jamais, son isolement pesa davantage sur notre esprit un instant distrait par le passage de cette longue file de pèlerins.

Car ce sont des pèlerins, des hommes qui par piété, avec une foi réelle, s'en vont vers Lhassa en dépit des dangers nombreux qui surgissent de tous côtés en voyage dans de telles régions, en dépit du froid, en dépit des brigands, en dépit des hautes altitudes que nombre d'entre eux ne peuvent supporter. Dans les rangs de ces gens pieux se glissent quelques marchands, quelques individus pratiques qui, au désir de recevoir les bénédictions du « Dalaï Lama », joignent celui d'arrondir leur bourse. Cette année, d'ailleurs, ils ont été obligés de se passer des bénédictions du saint homme, car les casaques rouges anglaises leur ont fait prendre la fuite à toute allure vers le nord, cherchant refuge dans les bras de leurs amis les Russes, eux-mêmes fort malmenés par le sort. Pendant longtemps, il sembla très difficile de décider vers quel point de la frontière russe le chef de l'église thibétaine avait tourné la tête de sa mule. Cependant, un Mongol du Zaidam nous avait affirmé, lorsque nous traversions cette contrée, que le « Dalaï Lama » avait passé le Naitchi un peu à l'ouest du point où nous l'avions traversé nous-mêmes, se dirigeant à grande vitesse vers Ouliousoutrai. Il était suivi de trois personnes seulement, et prélevait vivres et montures sur les rares habitants qu'il rencontrait. Les pauvres gens ne trouvaient pas que la perte de leurs chevaux fût de trop lorsqu'ils avaient le bonheur de contempler pendant quelques minutes les traits de celui qui pour eux est l'égal d'un dieu. D'Ouliousoutrai, le Grand Lama devait se rendre à Ourga.

Et, tandis que nous cheminions lentement en suivant le chemin foulé par les pèlerins, je ne pouvais m'empècher de songer combien le monde se répète lui mème. Sous des étiquettes différentes, à l'aide de morales variées, les religions fleurissent de tous côtés, pour aboutir toutes au même résultat, à savoir : de faire vivre aux dépens d'un peuple crédule un certain petit corps qui se dit d'élite, et comme tel a le droit de répandre à son gré des bénédictions productives. Les pèlerinages de Lhassa, de la Mecque, des grands temples de Chine, des mosquées de l'Afrique, des églises de Rome, procèdent au fond du même principe et arrivent en somme aux mêmes buts dorés.

Le lendemain d'un jour si rempli d'incidents nous sembla particulièrement monotone, d'autant plus qu'une pluie incessante tomba du matin jusqu'au soir. C'était le commencement de la vraie saison des pluies qui commence et finit à peu près dans les mêmes conditions que la mousson des Indes; les seules différences étant que la mousson, au Thibet, commence trois semaines environ plus tard que celle des Indes, et que la quantité d'eau qui tombe des cataractes célestes est plus considérable.

Le campement du 18 août se fit sur les bords de l'Oulang-Miris, une large rivière qui se jette dans le Yang-tze-Kiang. A en juger par sa largeur, elle devait être difficile à passer, et j'eus, durant mes heures de garde nocturne, les plus grandes appréhensions au sujet de la traversée du lendemain. Les eaux couraient silencieuses et puissantes, grossies par les pluies, emportant parfois un morceau du sol entraîné par leur course irrésistible.

Comment nous avons réussi à passer l'Oulang-Miris me cause un perpétuel étonnement. Jamais, pendant tout ce voyage, notre petite caravane ne fut plus près de sa perte irrémédiable. Et cependant, le 19 août, nous étions tous sains et saufs sur l'autre rive, ayant perdu seulement quelques animaux.

Les opérations commencèrent de grand matin. Je

montai la plus vigoureuse de nos mules et m'aventurai dans le courant dans le but de chercher l'endroit où le lit était le moins profond. Le fleuve était divisé en huit bras, séparés les uns des autres par ce qui me parut être des petites îles de loës et de cailloux, et j'espérais pouvoir laisser reposer ma monture sur chacun de ces ilots. Mais à peine étais-je au milieu du premier bras que ma monture perdit pied et fut obligée de se mettre courageusement à la nage. Le courant nous entraîna environ 200 mètres avant qu'elle eût pu retrouver le sol sous ses sabots, et je fis tous mes efforts pour la diriger vers ce que je croyais être un asile sûr. A mon grand désespoir et à ma grande frayeur, à peine eut-elle mis le pied sur le premier îlot qu'elle enfonça jusqu'au poitrail. C'était un amoncellement de sable et de boue mouvants! De suite, je me rendis compte que, si je restais un instant dans ma selle, j'étais perdu, et, l'instinct de la conservation aidant, je réussis à me dégager et roulai sur le banc de sable. Je le sentis s'effondrer sous moi ; mais, étant sur le dos et ayant ouvert mon manteau de fourrure, j'offrais une surface assez étendue pour arrêter ma descente immédiate dans cet abîme affreux. Au lieu d'essayer de me dégager de suite, je pris quelque temps pour réfléchir à ma situation, car le moindre faux mouvement m'eût été fatal. Je vis ma mule, pauvre bête, disparaître pouce par pouce, et en moins de trois minutes le sable s'était refermé au-dessus de la pointe de ses oreilles. Cette vue me donna beaucoup à penser et je me décidai à rouler sur le côté, vers le lit du fleuve éloigné seulement de 3 ou 4 mètres. Petit à petit, je mis mon dessein à exécution, et j'arrivai jusqu'aux eaux du courant. Une fois là, ma tâche était facile. Je quittai mon manteau de fourrure et me mis à la nage. L'eau était si froide que je pouvais à peine respirer et me mouvoir; mais, en fin de compte, je réussis à atteindre la berge, et, peu après, arrivai au camp d'où ma femme anxieuse avait pu suivre les différentes péripéties de mon aventure.

Songer à traverser la rivière en cet endroit était donc folie; mais où trouver un point plus favorable? Pendant des kilomètres en aval et en amont, elle présentait le même aspect : des courants d'eau coupés de bancs de sable.

Soudain, j'eus une lueur d'espoir. Dans le lointain, une bande de yacks sauvages s'apprêtait à effectuer le passage. A n'en pas douter, où ces énormes et lourds animaux pouvaient se frayer une route, nous pouvions faire de même. Après avoir constaté qu'ils étaient tous arrivés sains et saufs sur l'autre berge, je donnai l'ordre de lever le camp, et toute la caravane se dirigea vers ce point qui paraissait promettre un passage facile.

L'instinct des yacks les avait guidés à coup sûr,

car, à l'endroit où ils avaient traversé l'Oulang-Miris, les bras du fleuve étaient plus resserrés et s'étaient creusés entre des bancs de graviers et de terre et non plus de sable mouvant. Malheureusement, le courant était plus rapide et les eaux plus profondes. Seuls, les chameaux pouvaient maintenir la tête au-dessus du niveau des eaux, et ce fait nécessitait le passage de tous les bagages sur leur dos, tandis que les mules et les chevaux, à la nage, se débrouilleraient de leur mieux. Nous nous mîmes donc à la besogne de bon cœur, et, la pluie ayant cessé, le commencement des opérations fut plus facile que je n'avais osé l'espérer. Nous nous réjouissions déjà de la manière dont ce travail s'accomplissait quand un orage épouvantable éclata avec une soudaineté qu'on ne rencontre qu'à ces hautes altitudes, et un déluge d'eau tomba sur nos épaules. Jamais la pluie ne se répandit sur le sol en douches plus épaisses. Bientôt nous pûmes constater *de visu* que le niveau des eaux du fleuve commençait à monter, et le courant à devenir sensiblement plus rapide. Les chameaux pouvaient à peine maintenir leur équilibre, et, quant aux mules, elles dérivaient un kilomètre avant de reprendre pied sur la rive opposée. Cependant, comme il ne restait plus qu'une faible partie des bagages à transporter, je résolus coûte que coûte de finir le transport avant la tombée de la nuit. Mal m'en prit, car, sous une poussée plus puissante du courant, un chameau, le dernier à passer, avec une charge de 400 livres de riz sur son dos, perdit pied et disparut avec la précieuse cargaison. C'était pour nous une perte très importante : 400 livres de riz pouvaient nous faire vivre bien des jours, et les autres provisions touchaient déjà à leur fin, grâce à la voracité de nos caravaniers. — Ce ne fut pas notre seule perte durant cette traversée funeste de l'Oulang-Miris. Trois mules laissées derrière par négligence paissant, sur un petit pâturage, entreprirent d'elles-mêmes de traverser le fleuve lorsqu'elles virent toute la caravane installée de l'autre côté, et furent entraînées sans espoir de salut dans les eaux devenues grondantes et tumultueuses.

Pendant quatre jours, nous poursuivimes notre route à travers une contrée de petits vallonnements et de massifs de roches friables, après avoir atteint les rives du Yang-tze-kiang le lendemain de notre traversée de l'Oulang-Miris. Cette immense rivière était, au point où nous la joignimes, resserrée dans un lit étroit, et ses eaux coulaient évidemment profondes. Elle serpentait sur un lit de graviers, et les marques laissées par les eaux, plusieurs mètres au-dessus de son niveau actuel, montraient l'importance du volume qu'elle roulait à la fonte des neiges.

La contrée présentait des pâturages plus nombreux et plus abondants que ceux que nous avions rencontrés jusqu'alors. De grands troupeaux de yacks sauvages devaient évidemment paître dans ces parages, et j'eus la chance de tuer un magnifique exemplaire de ces bovins, qui fournit à la caravane des beefsteaks succulents. Nous n'avions pas eu de viande à manger pendant cinq jours, et, si des Chinois peuvent aisément se contenter de riz et de millet, il n'en est pas de même pour des Européens.

Parfois, il nous fallait traverser des petits affluents du Yang-tze-kiang, mais ils ne présentaient pas de difficultés, et n'avaient que l'inconvénient de nous obliger à prendre des bains glacés.

Ce fut pendant ces quelques jours de voyage tranquille que je m'aperçus que plusieurs de mes hommes commençaient à se traîner avec peine. Lao-Tchang, un indigène de Liang-chou, était le plus affecté. Il semblait sous l'empire d'une perpétuelle somnolence qu'il ne pouvait secouer. A l'arrivée au campement, il s'étendait sur le sol et ne bougeait plus jusqu'au lendemain matin. On ne pouvait compter sur lui pour garder les animaux durant la nuit, mais, comme il avait conservé un appétit excellent, je ne savais exactement que penser. L'état moral des hommes était, aussi, loin d'être satisfaisant. Au mécontentement et au murmure des premiers jours avait succédé une espèce de découragement infiniment plus inquiétant et plus difficile à combattre. De voir les montagnes neigeuses succéder aux longues plaines avec une parfaite régularité, de vivre dans une contrée où les êtres humains semblaient n'avoir jamais pénétré, avait agi fortement sur l'imagination facilement impressionnable des caravaniers. Le fait d'avoir rencontré une grande caravane armée de nombreux fusils, et cependant apeurée à l'idée de rencontrer des brigands, n'était pas non plus pour leur rendre courage, et je commençais à éprouver de grandes difficultés à tenir notre petit monde en main.

Le 23 août, nous pouvions apercevoir en face de nous les sommets tout blancs des monts Dang-la. Ils semblaient former au sud une barrière difficile à franchir, et dont nous devions cependant nous rendre maîtres si nous voulions suivre le Yang-tze jusqu'à sa source.

La contrée changeait d'aspect. Nous devions serrer de près les rives du fleuve afin d'éviter les éperons des rocs qui descendaient de massifs surplombants, et la marche devenait beaucoup plus difficile. Le Yang-tze s'était frayé un chemin à travers des gorges étroites, et je doutais fort si nous pourrions continuer longtemps dans les mêmes conditions. De fait, une énorme falaise à pic plongeait dans le fleuve en face de nous, et nous dûmes pour l'éviter, faire un détour qui nous coûta trois heures de travail et nous fit faire une rencontre fort intéressante.

En effet, comme nous redescendions vers le fleuve en suivant une petite vallée resserrée et perpendiculaire à son cours, nous découvrîmes derrière un éboulis de roches un petit campement de Thibétains chasseurs de yacks sauvages.

Ils restèrent à nous regarder pendant quelques minutes, comme hébétés, puis, un par un, s'échappèrent vers les sommets les plus voisins. Leur confiance était donc limitée, et il nous fut d'autant plus difficile de les apprivoiser que la vue de nos fusils à magasin était évidemment à leurs yeux la menace inévitable d'une destruction certaine. Cependant, nous réussîmes à en faire un prisonnier, et à force de bonnes paroles, et de l'offre judicieuse de quelques morceaux de sucre dont les Thibétains sont fort friands, nous le rassurâmes sur nos paisibles intentions. Il rappela les différents membres dispersés de sa famille et nous fit les honneurs de leur demeure, qu'il est difficile de qualifier. Ce n'était pas une hutte, ce n'était pas une cabine : c'était un assemblage de loques en forme de tente, laissant entrer le vent, la pluie et les regards. Quelque chose de plus misérable, nous n'avions jamais vu. Sur une espace de 10 pieds carrés une famille de huit personnes goûtait les douceurs d'une existence en commun. Les vêtements de ces pauvres diables étaient en concordance avec l'apparence de leur « home ». Des lambeaux de peaux de mouton les couvraient en partie seulement, et le vent froid cinglait leur peau nue sans paraître les incommoder. Les femmes avaient l'air encore plus misérables que les hommes. Ces sauvages étaient aussi près de la bête que l'être humain peut s'en rapprocher.

Leur genre d'existence n'était pas fait pour les civiliser. Ils passaient le temps à chasser les yacks sauvages avec des fusils d'un modèle si primitif que seuls les anciennes armes à silex conservées dans les musées peuvent en donner une idée; et, lorsqu'ils avaient réussi à abattre l'un de ces animaux, ils le dépeçaient et coupaient la chair en lanières pour en faire de la viande boucanée qu'ils vendaient pendant l'hiver à Lhassa ou à Schigatse. Avec les quelques taels qu'ils gagnaient de cette façon, ils achetaient un peu de poudre et repartaient pour une nouvelle expédition dans les parties les plus désolées du Thibet.

Ces chasseurs et les brigands toujours à l'affût des caravanes de pèlerins sont les seuls individus qui vivent pendant des mois consécutifs dans la zone du haut plateau central. Il est très rare de les rencontrer, car ils se cachent avec soin les uns des autres.

Après une nuit paisible dans le voisinage des chasseurs de yacks, nous reprîmes notre route précédente le long du Yang-tze avec plus de persévérance et d'espoir que de succès. A peine avions-nous parcouru 3 kilomètres que la route devint absolument impraticable pour une caravane de mules et de chameaux. Les roches tombaient à pic sur le fleuve au courant rapide, et notre seule chance d'avancer était d'escalader les promontoires, parfois hauts de 500 ou 600 pieds, qui barraient notre route. Bien qu'une telle façon d'avancer fût exténuante pour tous, j'avais résolu de la poursuivre jusqu'à ce que nous fussions arrêtés par des obstacles naturels plus grands que ceux que l'homme peut vaincre. Ces obstacles ne furent pas longs à apparaître. Un promontoire se terminait par une crête rocheuse de 100 pieds d'élévation; sur laquelle seul l' « ovis ammon » aurait pu s'aventurer.

Nous fûmes donc obligés d'enfiler une vallée qui s'écartait du fleuve par un angle de 50 degrés à l'ouest, et semblait se terminer dans la direction des monts Dang-la par une vaste plaine.

Cette vallée et sa prolongation faillirent devenir la pierre d'achoppement de tout le voyage et la tombe de la caravane. Durant les trois jours que nous la suivîmes, nous souffrîmes davantage et travaillâmes plus ardemment que pendant tout le reste de la traversée du Thibet.

C'est qu'en effet nous rencontrâmes l'ennemi le plus acharné, celui contre lequel il est le plus impossible de se défendre; l'ennemi qui s'attache à vous, vous étreint de toutes parts et tend sous vos pas des pièges que l'on ne peut distinguer. Cet ennemi, c'est la boue.

On ne peut, en Europe, se faire une idée de ce que la présence de la boue signifie au Thibet, habitué comme on l'est à trouver choquant un amoncellement de quelques pouces sur les mauvaises routes pour lequel on blâme d'un air courroucé une municipalité négligente. Au Thibet, la boue produite par le dégel, dans des cuvettes ou vallées sans écoulement, s'étend pendant des dizaines de kilomètres sur une épaisseur parfois si considérable qu'on ne la peut mesurer. Des animaux peuvent disparaître dans la boue comme dans du sable mouvant; un peu plus lentement, il est vrai. Dans toute une journée de marche, on ne rencontre pas un seul pied carré de terrain capable de porter le poids du corps sans s'effondrer; les journées passées dans de telles conditions sont épouvantables, et les nuits sont encore pires.

Pendant trois jours, nous eûmes à lutter chaque minute pour maintenir notre équilibre; et, à la difficulté d'avancer nous-mêmes, s'ajoutait celle bien plus grande de faire marcher les animaux, de les relever lorsqu'ils tombaient, ce qui arrivaient presque à chaque instant, de les recharger, de les encourager, et d'extraire de leur charge ce qui était le plus précieux lorsque, exténués, ils tombaient une dernière fois pour ne plus se relever jamais.

Il était inutile de chercher un terrain plus sec près des montagnes. Le sol était plus détrempé qu'ailleurs, et nous y renonçâmes bientôt. Il nous fallait arriver le plus vite possible aux monts Dang-la, dont les flancs rocheux et gelés nous offriraient un abri sûr.

Des cinquante mules avec lesquelles nous commençâmes la traversée de cette mer de boue, six seulement étaient encore avec nous lorsque nous arrivâmes aux abords d'une grande et longue vallée qui conduisait à l'une des passes neigeuses situées au sud-est du grand demi-cercle que forment les monts Dang-la vers le nord.

Depuis deux jours, la grêle n'avait cessé de tomber; mais, quelques minutes après que nous avions enfin senti sous nos pieds éreintés le sol de nouveau ferme, une éclaircie se produisit et un rayon de soleil apparut.

Nous ressemblions plus à des naufragés qu'à une caravane d'explorateurs. Presque toutes nos provisions avaient disparu, et, tous comptes faits, il restait à la caravane environ quatre jours de vivres en farine, riz et millet. Nous n'avions pas un morceau de viande, et le peu de pois destinés aux mules survivantes avait été abandonné avec les animaux qui les portaient. Plusieurs de nos caisses de collections mongoles et thibétaines étaient englouties sous plusieurs pieds de boue, et, au premier abord, cette constatation nous causa plus de contrariété que la disparition des provisions. Nous changeâmes bientôt d'opinion, mais à ce moment nous nous croyions sûrs de pouvoir abattre assez de gibier pour subvenir à nos besoins.

L'une après l'autre, nos pauvres mules avaient dû être abandonnées au sort horrible d'un engloutissement dans les flots de boue. L'une après l'autre, elles avaient marqué d'une tache noire la glue rougeâtre pendant quelquefois une heure ou deux, regardant fixement devant elles, leurs grands yeux apeurés, et, l'une après l'autre, elles avaient totalement disparu, non sans nous causer une peine profonde, rendue plus aiguë par la pensée de ce qui nous attendait nous-mêmes, si tous nos moyens de transport étaient destinés à finir de cette manière.

Le 27 août, nous commençâmes l'escalade des monts Dang-la que nous entreprîmes par le côté est et non par les passes de l'ouest, afin d'être plus sûrs de retrouver le Yang-tze après avoir franchi leur grande barrière de glaciers.

Nous n'eûmes pas de grandes difficultés. La vallée dans laquelle nous nous étions engagés, bien que montant en pente raide, nous parut un véritable tapis de velours en comparaison de la terrible route que nous avions parcourue pendant les jours derniers. Le terrain rocailleux supportait notre passage sans même laisser une trace derrière nous, et nous éprouvions une vraie jouissance à ne plus sentir à chaque pas nos pieds s'engloutir dans la boue.

Nous marchâmes pendant sept heures entre deux chaines de montagnes dont les sommets se faisaient d'heure en heure plus rapprochés et plus neigeux, et, après une dernière escalade qui nous coûta de grands efforts, les pierres éboulées roulant sous notre poids, nous parvînmes au glacier qui couronnait le sommet de la passe.

Tout d'abord, je crus que nous ne pourrions le traverser, car il était impossible d'obliger nos animaux à gravir un glacier à pic; mais un examen plus intime du sommet démontra heureusement l'existence d'un petit passage sur le flanc « est » du glacier, entre une ancienne moraine et le lit actuel de la glace.

La caravane s'y engagea et nous arrivâmes ainsi sur le chapeau du glacier. De là, une vue magnifique s'étendait de toutes parts. Au nord, nous pouvions à perte de vue distinguer les contours de la plaine de boue qui avait failli nous coûter si cher. A l'est et à l'ouest, nous comptions des pics neigeux en quantité; au sud, le glacier que nous venions d'escalader se prolongeait, descendant la vallée en vagues glacées ne s'arrêtant que plusieurs centaines de mètres au-dessous du niveau que nous avions atteint. Un soleil resplendissant, tel que nous ne devions plus en contempler pendant des semaines, brillait sur la crête des glaciers. L'aspect sauvage et féerique de tout l'ensemble nous payait en partie des dangers que nous avions surmontés.

En suivant le lit dangereusement incliné d'un torrent qui se formait sous le glacier même à la fonte des neiges, nous descendîmes jusqu'à sa base sud, et là, près d'un petit amas d'herbes qui, bien que misérable, pouvait cependant suffire aux besoins de nos animaux dont le nombre était si réduit, nous plantâmes nos tentes; et je me mis en devoir de calculer, d'après les données de nos instruments, la hauteur de la passe et de notre camp. — L'altitude du sommet du glacier était de 20,600 pieds et celle de notre camp de 19,300. Cependant, en dépit de ces hauteurs formidables et de l'état de famine où nous étions réduits, nous ne souffrions pas, et aurions pu goûter un repos bien gagné, si, à la tombée de la nuit, plusieurs de mes hommes ne m'avaient rapporté l'absence de Lao-yang. La dernière fois que nous l'avions aperçu, il montait à petits pas le dernier gradin du glacier, et, le voyant épuisé, j'avais déchargé une mule et la lui avais envoyée afin qu'il pût la monter et arriver sain et sauf. Depuis lors, personne ne l'avait vu. Il n'avait pu s'égarer; nos traces dans la neige du sommet étaient faciles à suivre. Sa disparition semblait inexplicable; bien que fatigué, il possédait encore un solide appétit et jamais on n'avait vu Lao-yang manquer d'une minute le commencement d'un repas.

J'espérais qu'au matin, il apparaîtrait avec sa mule, ayant simplement passé une nuit à la belle étoile; mais à 8 heures il n'avait pas donné signe de vie, et, en conséquence, j'envoyai en reconnaissance, vers l'endroit où on l'avait aperçu pour la dernière fois, deux hommes avec des mules et quelques provisions. Je déplorais l'obligation où nous étions de perdre une journée à cette altitude, et dans un lieu si inhospitalier. Pas la moindre trace de gibier, et nous n'avions plus de vivres que pour deux jours! Pour comble de joie, la pluie avait recommencé de tomber. Lorsqu'elle cessait, c'était pour faire place à la grêle.

Pendant tout le jour, nous attendîmes en vain le retour des deux hommes; ce ne fut qu'au soir qu'ils apparurent. Lao-yang n'était pas avec eux!

Ce fut une longue et difficile tâche d'extraire de ces deux hommes la narration de ce qu'ils avaient vu et fait. Ils entrecoupaient leurs discours d'exclamations lugubres dont seul les Chinois possèdent le secret. En fin de compte, j'arrivai à former cette conclusion que Lao-yang s'était suicidé en se précipitant du sommet du glacier à un endroit où il formait un précipice à pic de quelque 50 pieds de haut. — Les hommes avaient trouvé la mule presque anéantie de froid et de faim, grelottant sous le vent et la pluie, et quelques traces laissées par les bottes fourrées du malheureux les avaient conduits jusqu'à l'emplacement d'où il s'était précipité.

Cette mort, dans des circonstances si tragiques, nous causa un véritable choc. Non seulement il était triste de voir disparaître un des membres de la caravane, alors que nous étions encore si loin du but, mais l'effet moral qu'un accident de ce genre devait causer parmi les survivants ne pouvait se mesurer. Les hommes, déjà difficiles à gouverner, allaient devenir plus rétifs. Je craignais qu'une épidémie de suicide ne vînt à se propager. Pour ces malheureux, la situation où ils se trouvaient était évidemment horrible. Ils désespéraient de jamais revoir leur contrée et les leurs, et lorsque je leur parlais des Indes, d'où ils reviendraient en Chine sur un bateau à vapeur, ils secouaient la tête d'un air de doute et se disaient les uns aux autres qu'ils n'arriveraient pas même aux Indes.

Ce soir-là, je passai plus d'une heure dans la tente des hommes, essayant de leur rendre courage; mais j'eus, en les quittant, l'impression que j'avais perdu mon temps.

Le lendemain, après avoir suivi une vallée dont la direction générale était sud-est-nord-ouest, nous arrivâmes vers le soir sur les bords du Yang-tze. Mais combien différent était le fleuve! Au lieu de la masse imposante d'eau qu'il nous avait fallu renoncer à suivre, nous trouvions maintenant une rivière divisée en trois bras au centre d'une énorme plaine orientée est-ouest. La caravane pouvait désormais aisément la traverser. Évidemment, les monts Dang-la apportaient quelques larges affluents pendant la partie de son cours que nous avions été obligés d'abandonner. Exactement à l'est du point où nous avions fixé notre tente, une énorme brèche dans le cercle des montagnes indiquait le point où le Yang-tze se frayait un passage. Sur ses bords, ici et là, un pâturage apparaissait, et nos animaux purent un peu se refaire. Bien qu'il plût durant la plus grande partie du temps, nous fûmes cependant assez heureux pour arriver à allumer un bon feu et, brûlant deux de nos caisses, nous nous procurâmes une belle flambée devant laquelle nous fîmes tous nos efforts pour sécher nos loques mouillées. Je dis loques, car ce qui avait été des vêtements chinois de peaux de moutons avait absolument perdu et forme et couleurs.

Quelques yacks paissaient à environ un mille de la tente. En dépit de la fatigue, je me mis en chasse, car nous n'avions littéralement plus rien à manger. Malheureusement, dans cette grande plaine découverte, il était impossible de se cacher et d'approcher le gibier, et, avant que je fusse à portée, ils avaient disparu au petit galop. Avec eux s'était envolé l'espoir d'un dîner bien nécessaire.

Pendant les deux jours suivant, nous parcourûmes 40 kilomètres environ dans une direction sud-ouest.

De tous côtés, des glaciers fermaient l'horizon. Au terrain solide, qui formait le fond de la plaine où nous avions rejoint le fleuve, succédèrent bientôt de nouveaux abîmes de boue, que l'on pouvait par bonheur éviter d'ordinaire en marchant dans le lit du fleuve à une distance de 1 ou 2 mètres des bords. Les eaux étaient devenues peu profondes, et de petits affluents, qui surgissaient de tous côtés, n'apportaient qu'un débit d'eau très faible en dépit de l'abondance des pluies.

Enfin, nous atteignîmes une contrée d'une formation des plus curieuses, que nous n'avions pas encore rencontrée. Des montagnes de boue rouge, quelques-unes très hautes et larges, d'autres aussi petites que des dunes au bord de la mer en Europe, se dressaient de tous côtés. J'essayai, une fois seulement, d'en escalader une, et j'enfonçai jusqu'à mi-jambes. Nous continuâmes donc notre marche dans le lit de la rivière. Et comme le soir approchait, et que de terribles nuages se montraient, monstrueux, au-dessus de nos têtes, je donnai l'ordre de fixer nos tentes sur une petite plate-forme rocheuse qui surgissait bien à propos à quelque 100 mètres du fleuve.

Cependant, en dépit de nos attentes, l'orage tardait à éclater. La nuit était descendue noire et lourde. Pas un souffle de vent ne venait rafraîchir la condition électrique de l'air. Ce ne fut que vers minuit qu'un coup de tonnerre formidable éclata tout près de nous. C'était le commencement du plus épouvantable orage que nous ayons jamais vu, et, je l'espère, que nous verrons jamais. Les coups de tonnerre se succédaient comme des décharges d'artillerie sur un champ de

LES SOURCES DU YANG-TSE-KIANG
(7,000 mètres d'altitude).

bataille. Il faisait presque jour, grâce au nombre et à la force des éclairs. La terre et le ciel semblaient prêts à s'unir à cette hauteur de 19,000 pieds, et, comme une menace céleste contre les imprudents impies qui venaient profaner la virginité de ces sommets, des grandes étincelles longues de 10 pouces s'échappaient des piquets en cuivre de notre tente vers le ciel, avec un crépitement sinistre. La toile mouillée servait de conducteur entre le sol et les piquets, et rendait la situation dans la tente intenable. Nous fûmes donc obligés de demeurer exposés à la pluie et à la neige qui ne tarda pas à tomber pendant la plus grande partie de cette nuit. Les animaux à demi ensevelis sous les flocons de neige, ne bougeaient pas; en groupes, à quelques pas des tentes, ils regardaient tomber le tapis blanc qui leur cachait les quelques touffes dont ils auraient pu rassasier leur faim. — Vers 2 heures du matin, l'accalmie se produisit.

La situation devenait grave. Nous n'avions plus qu'une demi-livre de farine, que nous faisions tremper dans l'eau, puis cuire en forme de galette. Même plus de sel; les derniers grains avaient été volés par le cuisinier pendant que nous dormions.

Le 1er septembre, nous laissâmes le glacier où le Yang-tze-kiang prend sa source, sur notre droite, deux heures après avoir quitté notre camp, et nous traversâmes une ligne de partage des eaux sur la cime de l'arête latérale des monts Dang-la. C'est environ au milieu de cette arête que le Yang-tze prend sa source, et la passe en forme de selle que nous franchîmes s'étendait entre le groupe de glaciers d'où le grand fleuve s'échappe et un autre groupe un peu moins important.

Nous avions donc accompli un des desseins dont nous avions le plus désiré le succès en entrant au Thibet. Ils nous restait maintenant à pénétrer jusqu'aux Indes. Aux obstacles de la nature allaient peut-être se joindre les embûches des Thibétains.

Mais, avant tout, il nous fallait trouver à manger coûte que coûte. Notre dernière pincée de farine était épuisée.

CHAPITRE XI

EN ROUTE POUR LES INDES

De l'autre côté de la passe, nous fûmes surpris de trouver une longue pente sillonnée par un mince filet d'eau. Le terrain, stérile près du sommet s'était couvert d'une véritable prairie d'herbages à la base. Nous l'atteignîmes à 6 heures du soir, après une marche rendue lente et vacillante par notre faiblesse. Nous espérions trouver des yacks sauvages paissant sur ces pâturages abondants, mais notre espoir fut déçu. Pas la moindre trace de gibier; et le résultat de cette déconvenue fut que nous marchâmes toute la journée du lendemain sans la plus petite parcelle de nourriture dans l'estomac, continuant notre route dans une direction générale sud-ouest.

Nous parvînmes à faire 28 kilomètres, tant la route était facile et l'espoir de tuer un yack était grand. En dépit de nos efforts, nous ne fûmes pas plus heureux que la veille, et, pour la seconde fois, nous nous couchâmes sans avoir mangé.

Comme cette situation ne pouvait durer, et comme

j'avais aperçu des traces qui, dans mon opinion, étaient la preuve certaine qu'un troupeau de yacks paissait aux environs, je résolus de ne pas lever le camp le 3 septembre et de me mettre en chasse de très bonne heure, en dépit de la fatigue extrême qui rendait mes membres aussi lourds que des barres de plomb.

J'enfilai à tout hasard une des nombreuses vallées où les traces se montraient profuses, et à peine avais-je fait 200 mètres que j'aperçus un troupeau, d'une trentaine de têtes, qui broutait tranquillement. J'étais à bonne portée et j'abattis un grand animal, tandis que la troupe prenait la fuite. En rapportant cette nouvelle au camp, j'y infusai une vie nouvelle. Les hommes qui sommeillaient, faute de mieux, se réveillèrent soudain, et de suite quatre d'entre eux partirent, armés de couteaux, pour dépecer le yack et couper des beefsteaks, tandis que les autres brisaient nos dernières caisses et transformaient en bois à brûler tout ce qui n'était pas absolument indispensable à notre marche.

Nous pûmes donc enfin nous restaurer tant bien que mal et nous reposer quelque peu, car je ne donnai pas ce jour-là l'ordre de se mettre en route. Plusieurs des hommes étaient dans un état effroyable de fatigue et de découragement, que le manque de nourriture et les insomnies des jours derniers n'avaient pas contribué à améliorer. Mais que pouvait un jour de repos?

C'était une semaine ou deux qu'il eût fallu à la caravane pour se rétablir, et ce délai était impossible.

Nous devions être bien près désormais des premiers campements de Thibétains nomades qui se rencontrent au nord de la région des lacs, et j'avais peur qu'en tardant davantage à pousser vers le sud, notre marche, que, pour de bonnes raisons, je croyais ignorée des autorités de Lhassa, ne leur fût rapportée et que, peu après, cette marche fut interceptée comme l'avait été jusqu'à nous la marche de tous les explorateurs du Thibet et de l'Asie centrale.

Pendant deux jours, nous suivîmes une direction presque sud le long du lit d'une rivière que j'espérais voir déboucher dans un des grands lacs du centre. Par les détours considérables de son cours, elle nous fit parcourir presque deux fois plus de terrain que nous n'aurions été obligés de faire, si nous avions pu suivre la ligne droite.

De plus en plus, des traces de vie surgissaient de tous côtés. Parfois, nous traversions une route fraîchement battue, où des débris laissés derrière eux par les caravaniers frappaient nos regards. Une fois même, nous trouvâmes sur l'emplacement d'un camp une espèce de four rapidement construit de blocs de terre carrés, dans lesquels un feu avait été allumé récemment, car les cendres n'avaient pas été complètement dispersées par le vent.

Aussi fûmes-nous peu surpris d'entendre, le 5 septembre, éclater des aboiements furieux et de voir une véritable horde de grands mastifs thibétains s'élancer vers la caravane de derrière un monticule où passaient des yacks domestiques et quelques poneys. Les aboiements des chiens attirèrent l'attention de leurs propriétaires qui sortirent l'un après l'autre d'une tente noire faite de poils de yack tressés, et s'approchèrent lentement de la caravane qui avait fait halte. L'un deux, un lama, nous adressa quelques mots en chinois et sembla satisfait de nos réponses. Nous allions aux Indes, lui dimes-nous, et nous livrions au commerce. Malheureusement, nous avions perdu presque tous nos bagages dans la boue et étions maintenant réduits à une grande pauvreté. Sur ce, il nous offrit du lait et du beurre, et, comme c'étaient là des friandises dont nous avions été privés pendant longtemps, nous ne regardâmes pas de très près pour voir si des ingrédients étrangers à la nature du lait s'y étaient ou non introduits.

Des gens plus paisibles et plus aimables on ne pourrait trouver, et nous augurâmes bien de cette première rencontre. Ils n'avaient évidemment pas reçu des autorités de Lhassa d'ordres à notre sujet, et ne trouvaient rien d'extraordinaire à notre présence, bien que le fait de n'avoir pas suivi une des sentes le long desquelles marchent d'ordinaire les caravanes leur parût extraordinaire. Nous avions expliqué de notre mieux cette particularité en leur disant que nous avions perdu notre route.

Cependant, vers le soir, trois hommes, dont le lama en robe jaune, sellèrent leurs montures et disparurent dans la direction de Lhassa à une allure modérée. Ils allaient évidemment accomplir leur devoir de sentinelles et prévenir les avant-postes de soldats qui sont cantonnés aux environs du lac Nam-tso-nak, dont nous étions très rapprochés, au dire de nos voisins.

La nuit se passa sans incident, mais je veillai presque constamment. J'avais peur que, profitant de l'obscurité, ils ne fissent main basse sur nos animaux qui, bien que misérables et à peine capables de se traîner, étaient cependant notre seule ressource pour continuer notre marche.

Le lendemain, nous quittâmes le petit camp thibétain de bonne heure, et, personne ne s'opposant à notre progrès en avant, nous continuâmes de suivre le lit tortueux de la rivière.

Ce fut une journée fort pénible, car une pluie perçante ne cessa de tomber, et nous fûmes obligés de traverser le courant à plusieurs reprises. Les eaux étaient profondes, tantôt de 3, tantôt de 4 pieds, et je laisse à penser quelle était notre condition lorsque, vers le soir, nous campâmes de nouveau. Entre les eaux du ciel et celles de la rivière, il n'y avait pas un millimètre carré de sec sur notre corps, et la température ambiante était bien près du point de congélation.

Je n'avais pas la moindre idée de l'endroit où nous étions arrivés, car la pluie formait devant nos yeux un rideau impénétrable, et je m'étais seulement aperçu que la vallée s'était élargie.

Nous fûmes éveillés par le bruit du galop de plusieurs chevaux qui semblaient charger furieusement, et, m'étant précipité au dehors de la tente, je vis dix soldats thibétains, au chapeau en pointe, qui, ayant arrêté leurs montures hirsutes, mettaient pied à terre et s'avançaient vers les tentes portant leurs longs fusils sur l'épaule où sous le bras. Naturellement, pas un seul de nos hommes ne montait la garde en ce moment, et le premier acte que je m'empressai d'accomplir fut d'en éveiller quelques-uns à coups de pied. Si j'avais été moi-même moins préoccupé, la peur qui se manifesta sur leurs visages à la vue des Thibétains armés m'eût réellement amusé.

Je crus tout d'abord que nous allions être arrêtés dans notre marche. Les terribles dangers d'une marche vers le Kashmir, du point où nous étions, dans l'état d'épuisement de la caravane, se présentèrent de suite à mon esprit en l'espace de quelques secondes.

Cependant, les soldats étaient arrivés jusqu'à la tente et nous saluaient aimablement. L'un d'eux parlait chinois et la conversation commença de suite très animée; car un Thibétain, lorsqu'il parle à un étranger, se croit obligé de faire beaucoup de gestes et des démonstrations de toutes sortes. D'où venions-nous? où allions-nous? qui étions-nous? furent naturellement les premières questions dont nous fûmes bombardés. Lorsque j'eus répondu d'une manière qui sembla provoquer la satisfaction générale, je commençai à mon tour à interroger nos visiteurs, et j'appris qu'ils étaient sous les ordres d'un petit chef dont l'occupation était de veiller sur la passe par laquelle nous venions d'entrer dans la grande région habitée des lacs. — Puisque nous étions des marchands, ils n'avaient pas de raisons pour s'opposer à notre marche, et ils nous souhaitèrent bon voyage après une heure de conversation animée. Cependant, avant de partir, ils nous vendirent une livre de farine pour environ un tael! Il faut bien que tout le monde vive!!

Nous nous remîmes en marche le cœur léger. Lhassa ne s'opposait pas à notre marche et probablement l'ignorait. Je me félicitai une fois de plus d'avoir demandé à Pékin des passeports pour le Turkestan chinois et de n'avoir jamais soufflé mot de nos intentions d'entrer dans l'enceinte défendue du Thibet.

Les soldats et leurs chefs n'avaient évidemment pas de soupçons. Ils n'enverraient pas de messager spécial à Lhassa à notre sujet. En marchant vite, nous aurions probablement traversé la zone dangereuse avant que des ordres ne fussent lancés après nous de nous arrêter. Les conjectures que nous formâmes ainsi furent vérifiées par la suite des événements.

La région de Nam-tso-nak, dans laquelle nous étions entrés, présente un aspect absolument différent de celui des vallées et des chaînes de montagnes interminables à travers lesquelles nous avions frayé notre route durant les derniers temps. Une plaine, verte à perte de vue, couverte de troupeaux et de cavaliers, des tentes de tous côtés, du sommet desquels s'échappaient de petites colonnes de fumée, une impression générale de vie et de richesse relative formaient un spectacle bien fait pour émouvoir des voyageurs qui, durant des semaines, n'avaient même pas vu la trace d'un pied humain, à l'exception d'une rencontre avec une caravane de pèlerins et une petite troupe de chasseurs de yacks.

Au cours de la journée, nous comptâmes soixante tentes noires, rarement groupées, plus généralement disséminées à grande distance les unes des autres. La civilisation thibétaine tend évidemment plus vers une formation de petites sociétés, composées chacune d'une famille et de tous ses différents membres, que vers la formation de groupements plus importants.

Les Thibétains de cette région, qui sont désignés, en

chinois, sous le nom de « tentes noires, » « re' tjhan fan, » à cause de l'uniforme couleur de leurs habitations, ont la réputation d'être particulièrement sauvages et d'attaquer sans pitié ceux qui passent parmi eux. Nous eûmes la chance de ne jamais avoir la moindre discussion, et fûmes au contraire toujours bien reçus et même salués lorsque nous passions près d'une tente sans y entrer. Une fois seulement, nous excitâmes la colère d'un vieux lama en passant avec la caravane à travers l'espace réservé où ses troupeaux étaient entravés pendant la nuit. C'était là une offense très grave contre une de leurs superstitions, et nous fîmes grande attention à ne point la renouveler. Des cavaliers accouraient au galop des tentes les plus voisines et nous suivaient pendant plusieurs kilomètres, sans manifester aucune mauvaise intention, simplement mus par la curiosité, et parce que le passage d'une caravane dans ces parages excite naturellement l'intérêt de ces grands enfants.

Pendant deux marches, nous demeurâmes en vue du Nam-tso-nak, nous en écartant cependant vers l'ouest, et vers le soir du second jour nous étions entrés dans un massif inextricable de montagnes qui paraissaient appartenir à une succession de petites chaînes se croisant les unes les autres et totalement différentes des longues et larges chaînes régulières rencontrées plus au nord.

Un phénomène difficile à expliquer fut éprouvé par plusieurs des hommes. Leurs pieds et leurs jambes étaient enflés et durs, et, autant que le permet la couleur naturelle du Chinois, rouges et congestionnés. Cette particularité dura pendant deux jours, sans affecter autrement les individus qui en étaient frappés. Je l'attribuai d'abord à l'altitude, mais je renonçai à cette idée; car nous avions supporté des hauteurs beaucoup plus considérables sans que personne ne la ressentit. C'était probablement un empoisonnement du sang dû à la piqûre de quelque animal. Cependant, les habitants du pays, interrogés, semblaient n'avoir jamais vu de cas analogues. Détail frappant, les parties enflées n'étaient pas du tout douloureuses et la marche n'était pas entravée.

Le 8 septembre, nous étions sur les bords du lac Pou-tso, dont les abords très peuplés, moins cependant que le Nam-tso-nak, en conversation très amicale avec plusieurs Thibétains qui ne semblaient pas surpris de voir un sextant et un horizon artificiel en position. L'un d'eux prétendit avoir assisté à une prise de latitude par un Européen arrêté par les autorités thibétaines un peu au sud du point où nous nous trouvions. D'après ces explications, ce devait être le docteur Swen Hedin.

De ce Thibétain qui se montra très affable, nous achetâmes 2 livres de beurre et deux moutons, pour 40 pieds d'étoffe chinoise dont nous avions encore quelques pièces. C'est du vulgaire « pois » bleu; mais, au Thibet, l'étoffe la plus ordinaire devient de suite précieuse, à cause de la rareté des communications.

Toute la partie du Thibet où nous étions arrivés était très fertile, au moins en ce qui concerne les pâturages. Il n'y avait pas de culture réelle, la seule ressource des habitants étant l'élevage des bestiaux. La température, froide pendant la nuit, était devenue fort plaisante pendant le jour (lorsque la pluie cessait). Ce fait était dû à ce que, pendant les derniers huit jours de marche, nous avions descendu environ 2,500 pieds. Nous étions maintenant dans une région tempérée du plateau thibétain, à 4,500 mètres d'altitude.

Le 9 septembre, après avoir hissé sur un chameau, le dernier survivant de son espèce, Siao-Tchang dont l'état de grande fatigue semblait empirer d'heure en heure en dépit des médecines et des soins, nous prîmes congé des Thibétains d'une manière chaleureuse, leur empressement à aider au paquetage et au chargement des mules leur fournissant l'occasion de voler différents menus objets.

Directement au sud, nous croisâmes, après deux seuils, la vallée dans laquelle Swen Hedin fut arrêté et retenu quelques jours comme un prisonnier. Il doit y avoir en cet endroit un petit poste permanent de police, car nous vîmes venir à nous deux soldats, la tête ornée de la longue coiffure thibétaine, qui ressemble à s'y méprendre au chapeau pointu des alchimistes du moyen âge. Ils nous posèrent quelques questions, et, voyant que nous ne suivions pas une sente qui conduisait vers Lhassa et que suivit le grand explorateur, ils nous laissèrent continuer sans plus s'inquiéter de nous. Une chance plus persistante ne se pouvait espérer, et nous commencions à ne plus douter de voir bientôt les plaines de l'Inde. Cependant, nous avions encore bien des milles à parcourir et les abords du Tengri-nor avaient mauvaise réputation. Le prince d'Orléans et Littledale y avaient été arrêtés.

Après être sortis d'un labyrinthe de petites montagnes qui nous donnèrent beaucoup de mal à franchir, et, en nous obligeant sans cesse à revenir sur nos pas, étaient on ne peut plus irritantes pour les nerfs, nous vîmes s'étendre devant nous la surface bleue du petit lac To-ko-tso. C'est une jolie nappe d'eau qui rappelle les lacs de Suisse. Elle possède une île rocheuse sur laquelle des centaines de mouettes blanches viennent se poser.

Au contraire de ce que les cartes prétendent, je ne crois pas qu'il y ait de communication entre le To-ko-tso et le Pam-tso qui se trouve au sud du premier, et environ 30 mètres plus bas.

Le Pam-tso, une nappe beaucoup plus considérable que le To-ko-tso, est en train de disparaître, comme le prouvent les anciennes limites de ses eaux qui apparaissent très distinctes sur les rives. Le Pam-tso et le To-ko-tso devaient autrefois communiquer par un seuil peu élevé qui les sépare maintenant. Les eaux de ces deux lacs sont salées; mais, d'un roc près de la rive nord et dans l'intérieur ouest du Pam-tso, une source d'eau bouillante potable jaillit.

Le Pam-tso est entouré de hautes montagnes et renferme peu de pâturages, ce qui, avec la rareté de l'eau douce, explique pourquoi les Thibétains sont peu nombreux dans ces parages.

Nous campâmes cependant à peu de distance d'une petite fortification dans laquelle deux Thibétains vivaient seuls. Ils nous demandèrent en chinois, sans même quitter leur poste, si nous faisions partie de la suite du grand lama de Sining qui avait passé par la route des caravanes quelques jours auparavant. Sur notre réponse affirmative, ils nous souhaitèrent bonne chance et rentrèrent dans leur taudis.

Un incident très pénible vint jeter un voile de deuil sur notre marche au succès. Siao-Tchang fut trouvé mort et déjà froid, à 11 heures du soir, par un homme qui, en se levant pour sortir de la tente, trébucha contre son corps. On m'appela en hâte et je vins constater le décès du pauvre garçon qui devait avoir succombé à une maladie de cœur. Peu à peu, les caravaniers se massèrent en groupe sympathique, mais personne ne voulut toucher son corps; en sorte que je fus obligé de l'envelopper moi-même dans une espèce de linceul et je dus donner les ordres les plus sévères pour obliger quatre de ses anciens camarades à lever le cadavre et à le transporter à un kilomètre de distance, dans un coin particulièrement sauvage et rocheux, où j'espérais que les Thibétains ne découvriraient pas les pierres fraîchement remuées et ne profaneraient pas sa tombe dans l'espoir de voler quelques bagues ou quelques vêtements. Ce sont là des prouesses qu'ils accomplissent sans scrupule toutes les fois qu'une chance leur est offerte.

Pendant plusieurs heures, nous creusâmes la tombe, ce qui nous offrit de grande difficultés, car le sol était gelé, et nous ne désirions pas attirer l'attention de nos voisins. Vers 3 heures du matin, cependant, tout était terminé, et Siao-Tchang reposait pour toujours bien loin de son pays natal, la ville de Léant-chou.

Durant les quelques mois qu'il avait suivi la caravane, ce pauvre garçon avait déployé un rare trésor de mauvaises qualités. Il mentait et volait avec une remarquable persévérance, en dépit des châtiments que ses actions ne manquaient pas de lui attirer. Plusieurs fois, lorsque nous croisions des routes menant à Léant-chou, je voulus le renvoyer; mais ses camarades

L'ESCORTE AU THIBET
APRÈS LA MORT DE SIAO-TCHANG

UNE TENTE DE THIBÉTAINS NOMADES

m'avaient tellement supplié de le garder que j'avais consenti, d'autant plus facilement qu'il s'était présenté avec une lettre d'un missionnaire le recommandant, et que je ne pouvais croire qu'on m'eût envoyé cet individu simplement pour s'en débarrasser. C'était pourtant la vérité.

Il était le second à disparaître, et le résultat de sa mort fut de démoraliser ses camarades plus encore, si cela était possible; car je dus, dès le lendemain, employer mon revolver comme une perpétuelle menace pour obtenir d'eux de se remettre en route.

Pendant toute la journée, nous n'entendîmes pas un mot échangé par les hommes. Ils accomplissaient leur besogne, un œil fixé sur moi, pour s'assurer qu'aucune chance ne s'offrait à eux de se dissimuler derrière une roche et de se livrer au sommeil, et de se laisser mourir de faim, ce qui leur semblait un sort de beaucoup préférable à celui qui les attendait s'ils continuaient à nous suivre.

Après avoir laissé derrière nous les Pam-tso, nous nous acheminâmes au sud-ouest dans une direction qui, si mes calculs étaient exacts, devait nous faire aboutir à peu près vers le milieu de la rive nord du grand lac Tengri-nor. Nous avancions alors à une allure modérée et ne faisions pas plus de 2 kilomètres et demi à l'heure. Encore notre marche était-elle coupée de haltes nécessitées par l'aspect lamentable de nos mules. La contrée traversée était de plus en plus mouvementée et coupée de petits marécages près desquels une herbe vigoureuse croissait, nourrissant de grands troupeaux. Bien que nous passâmes souvent à quelques mètres de distance d'une tente habitée, personne ne montra la plus légère surprise à la vue de la caravane détruite et ne nous posa la moindre question.

Le 13 septembre, comme le soir allait tomber nous découvrîmes le Tengri-nor s'étalant majestueusement devant nous. Un spectacle plus beau, plus magnifique ne se peut imaginer. Par derrière l'étendue de ses eaux d'un bleu profond apparaissait l'énorme chaîne des monts Nin-tchen-tong-la, longs d'une centaine de milles et perpétuellement couverts de glace. Les plus hauts sommets se reflètent dans la transparence calme du lac, et le pic dominant ne s'élève pas à moins de 25,000 pieds (7,300 mètres). Ces hauteurs incommensurables forment un cadre plus ambitieux qu'aucun lac de Suisse ne peut se vanter de posséder. Peut-être que, dans un demi-siècle, des touristes viendront se reposer sur les rives du Tengri-nor des chaleurs des Indes. Le monde change si vite qu'une semblable transformation n'aurait rien d'étonnant. Cependant, le plus grand obstacle à la prospérité de ces parages sera toujours l'attitude de 16,000 pieds (4,600 mètres) que beaucoup ne peuvent supporter.

Les bords du Tengri-nor, dans la partie nord,

regorgent de vie. Des amas de tentes sont groupés autour des temples où les lamas brûlent de l'encens jour et nuit. Il est étrange de sentir ce parfum après avoir vécu de longs jours dans une atmosphère que pas une odeur produite par l'industrie des hommes ne venait empoisonner.

La plante dont ils extraient l'encens croît en grande abondance sur les bords du lac, et sa vente est une des industries du pays. Elle répand dans l'air un parfum très particulier qui se disperse dans la brise, et croît à la hauteur des petits arbrisseaux.

Pendant deux jours, nous fûmes obligés de laisser la caravane reposer. Pas un homme, pas un animal ne pouvait faire un pas de plus, et, bien que ma femme donna l'exemple du plus grand courage et de la plus ferme endurance, je ne voulais pas la laisser abuser de ses forces.

D'ailleurs, ce furent deux jours de vrai repos et de paix. Quelques Thibétains vinrent nous visiter et nous vendirent des moutons. Ils nous donnèrent aussi tous les détails que nous pouvions désirer sur la contrée. Pas un soldat de Lhassa ne montra son bonnet pointu.

Une des erreurs des cartes qui portent le Tengri-nor est de marquer un groupe d'îles vers le côté nord-ouest du lac. En longeant les bords, nous fûmes à même de constater que les îles en question n'existent pas, mais qu'une mince langue de terre relie un groupe de roches à la terre ferme, étant si peu élevé au-dessus de l'eau qu'on ne peut la distinguer à quelque distance.

Ce ne fut pas une opération très facile que de suivre les bords du lac pour le contourner de son centre nord jusqu'à son extrémité sud-ouest. Le sol était bon et les pâturages excellents, mais il nous fallait souvent traverser des rivières qui venaient apporter au grand lac le tribut de leurs eaux, et dont les lits étaient souvent boueux, ou même mouvants. Une rivière en particulier coulait sur un lit de boue blanche calcaire, d'où il fut très difficile d'extraire nos animaux dont les forces diminuées ne pouvaient les aider à surmonter seuls ces obstacles.

Le 17 septembre fut une journée remplie d'incidents. Nous avions dès le matin laissé le Tengri-nor derrière nous et commencé une route au sud à travers une succession de vallées et de collines régulièrement orientées, mais se succédant de si près que l'on ne pouvait voir à plus d'un kilomètre devant ou derrière soi. Ce fait favorisait la paresse des caravaniers qui, plus d'une fois, essayèrent de demeurer hors de vue. L'un d'eux, Hin, prouva une véritable subtilité dans la façon dont il évita notre surveillance.

Vers midi, ayant ordonné quelques minutes de repos, je vis Hin s'étendre de tout son long et commencer de sommeiller. Lorsque la caravane se remit en mouvement, Hin se réveilla subitement et, ayant fait quelques pas, se mit à boiter. Il vint alors à moi et me demanda cinq minutes de délai pour arranger sa botte qui le blessait au pied. Je lui donnai cette permission, tout en riant de l'entendre appeler botte l'espèce de loque dont il avait enveloppé ses orteils, et j'attendis patiemment. Cependant, comme le temps passait et que notre impatience commençait à grandir, je donnai l'ordre en avant et laissai Hin en arrière en lui ordonnant de suivre. Nous ne devions plus le revoir; il avait avec lui « Shi-Shi », notre fidèle chien de garde, et lorsque, vers le soir, ni l'homme ni le chien n'apparurent, nous déplorâmes, je crois, davantage la perte du chien fidèle qui plus d'une fois nous avait avertis du danger pendant que les gardes dormaient, et dont la présence dans ce pays peuplé était indispensable. Un peu après la disparition de Hin, un autre homme, Tchrung, resta derrière le gros de la caravane sous le prétexte de veiller sur une mule qui était tombée d'épuisement et pour laquelle il avait une grande prédilection. Pendant que je retournais aussi vite que possible sur mes pas pour donner à Tchrung l'ordre de suivre sans délai, un cousin de Tchrung et un autre caravanier, appelé Tatchrung, assez mauvais caractère, quittèrent la tête de la caravane, et, en dépit des ordres de ma femme restée seule à diriger la marche, entreprirent de se mettre à la recherche de Tchrung et de Hin. Naturellement, ils se trompèrent de route, toutes les collines se ressemblant entre elles, et se perdirent; en sorte que, quand, brisé de fatigue, j'arrivai au camp le soir, j'y trouvai seulement trois hommes. La situation était loin d'être plaisante. La mule auprès de laquelle Tchrung était resté portait les cartouches et le reste de nos taels d'argent. Après avoir trouvé Tchrung et l'avoir obligé de se remettre en marche, j'avais été forcé de le laisser derrière, car ma présence était nécessaire en tête de la caravane, et ses promesses de marcher rapidement semblaient si sincères que j'avais laissé à sa garde les précieuses cartouches et les plus précieux taels dont je ne pouvais me charger.

Si des Thibétains nous avaient attaqués cette nuit, nous aurions disparu sans pouvoir opposer à nos adversaires l'ombre d'une résistance. Cette pensée était suffisamment troublante pour me tenir éveillé jusqu'à l'aube.

Dès que le soleil se fut montré au-dessus de l'horizon, je me remis à la recherche des hommes restés derrière. J'espérais que le fait d'avoir passé une nuit glaciale sans tente et sans nourriture, exposés aux attaques des loups et des ours, leur serait une leçon profitable, et, lorsque je vis leurs figures déconfites et leurs attitudes de pardon, il me sembla certain que, pour quelque temps du moins, toute idée de commettre un suicide en se laissant mourir de faim avait quitté leur esprit.

Cependant, Hin ne parut pas.

Toute la journée du 18, nous attendîmes dans l'espoir qu'il nous reviendrait; mais les heures passèrent sans ramener le pauvre fou et je fus obligé de l'abandonner à son sort. Si j'avais entrepris de retourner sur mes pas pour suivre ses traces, je n'aurais plus été capable de maintenir la discipline dans le reste de la caravane.

Le lendemain, nous dûmes encore franchir des passes glacées, et la neige tomba drue, ce qui rendit plus miraculeuse l'apparition de « Shi-Shi » dans le milieu de l'après-midi. Comme nous cheminions, nous entendîmes soudain un aboiement joyeux, et un instant après la brave chienne était au milieu de nous, ne sachant comment manifester sa joie. Il était remarquable qu'elle eût pu suivre nos traces à travers les cours d'eau et en dépit de la neige, mais elle avait donné plusieurs fois déjà des preuves d'une extraordinaire sagacité. A son cou pendait un bout de corde qu'elle avait déchiré avec ses dents, et ce fait ajoutait une preuve de plus aux craintes que j'avais formé de ne revoir jamais Hin. Il avait dû mourir de froid pendant la nuit. « Shi-Shi » s'était alors libérée et nous avait rejoints. Hin était la troisième victime des fatigues de cette expédition. Il était temps d'arriver.

Une dizaine de jours de marche nous séparaient encore des bords du Brahmapoutra, cette grande artère du Thibet du sud. D'après l'aspect général de la contrée et les renseignements des indigènes, il n'était pas possible, surtout dans nos conditions d'épuisement, de nous diriger vers le grand fleuve en suivant une ligne droite. Des massifs de montagnes très durs et absolument enchevêtrés formaient un obstacle insurmontable En conséquence, je résolus de suivre le premier cours d'eau dont la direction ferait présumer qu'il se dirigeait vers le Brahmapoutra.

C'est ainsi que nous cheminâmes plusieurs jours en suivant les bords d'une rivière sans cesse grossissante, appelée « Chang-Chu » que des Européens voyaient pour la première fois et le long de laquelle peu à peu des apparences de civilisation se montraient. Les tentes devenaient plus grandes, les gens paraissaient plus riches, le costume des femmes commençait à s'ornementer et plusieurs portaient des bijoux. Cependant, une prospérité plus grande ne les avait pas rendus plus affables. Désireux d'acheter un mouton, je m'étais approché d'une tente. A ma vue, ses habitants s'enfuirent éperdus dans la montagne. N'ayant pas réussi dans mes efforts pour les rappeler, j'entrai dans leur demeure où seule demeurait dans un coin une vieille femme aveugle. Je pris tout ce dont nous avions besoin, et laissai une somme d'argent bien en vue sur le seuil. — Deux jours après, nous fûmes arrêtés par un groupe d'hommes à cheval, un sergent et trois sol-

LE FORT THIBÉTAIN DE NAM-LING

dats, qui nous assurèrent, que si nous suivions la rive droite du fleuve, nous ne pourrions continuer notre route à cause de rochers à pic. Ils nous offrirent fort aimablement de nous amener des yacks domestiques, grâce auxquels nous pourrions passer la rivière déjà profonde. Nous suivîmes leur conseil et fûmes obligés de reconnaître qu'ils avaient eu raison de nous obliger à changer de route.

Ici et là des arbustes, hauts de quelques pieds, parfois de quelques mètres, apparaissaient. C'était pour nous un véritable sujet d'étonnement et d'admiration. Le paysage était animé par des troupes de yacks domestiques, blancs, gris et noirs, qui, chargés de beurre ou de viande boucanée descendaient, en suivant la même route que nous. Un petit nombre seulement de ceux que nous rencontrions nous adressaient la parole, et, plus nous avancions, plus il nous semblait que l'on nous regardait sinon avec hostilité, du moins avec suspicion. Nous approchions des lieux où l'expédition anglaise vers Lhassa, avait étendu son influence, et la présence d'Européens était plus vite perçue et plus vite ressentie que dans les contrées des lacs et du centre.

Cependant, nous évitâmes tous incidents sérieux jusqu'à notre arrivée au fort de Namling qui se dresse, puissant et sacré, au sommet d'une colline en forme de cône tronqué. Protégé par ses murailles de pierres grises, un couvent de trois cents moines thibétains do-

*

mine la ville proprement dite, qui compte à peu près un millier d'habitants. Pour y parvenir, il nous fallut nous servir d'un pont fait de deux chaînes de larges anneaux de fer, tendues entre deux petites tours et reliées l'une à l'autre par des lanières de cuir de yack, à la partie inférieure desquelles sont assujetties, tant bien que mal, des planchettes de bois sur lesquelles on ne peut passer sans employer la plus grande prudence. Il faut même un certain courage, lorsqu'on n'y est pas habitué; car, au milieu de la traversée de ce pont suspendu d'un modèle bien ancien, les chaînes se mettent à osciller de gauche à droite et de haut en bas, ce qui produit un malaise d'autant plus désagréable que l'on voit le cours torrentueux de la rivière fuir au-dessous de soi.

Aussitôt que nous eûmes dressé nos tentes, les lamas donnèrent l'ordre à tous les habitants de nous refuser l'entrée de leurs demeures et de refuser de nous vendre quoi que ce fût. Mais nous avions grand'-faim et je considérai qu'il était plus simple de pourvoir nous-mêmes à notre nourriture sans nous inquiéter des défenses des lamas. Je fis donc feu sur un troupeau de moutons, en tuant trois. Peu après, comme nous commencions à nous régaler d'une côtelette et d'une galette beurrée, une députation de lamas vint nous voir et nous offrir des poulets et des œufs. Je n'avais pas tant espéré de mon coup de fusil.

Namling est situé dans un coude de la rivière d'où l'on peut voir en aval et en amont, jusqu'à de longues distances, les anciens châteaux forts thibétains dont les ruines ont, à s'y méprendre, l'aspect moyenâgeux des châteaux des bords du Rhin. Perchés sur des roches presque inaccessibles, ils donnent une haute idée de l'habileté de leurs architectes et de l'esprit guerrier des habitants d'alors.

Namling est une des fortifications les plus imposantes du pays situé au nord du Brahmapoutra et une de celles qui n'ont pas reçu la visite des troupes anglaises.

La venue amicale bien que forcée des lamas eut pour résultat d'amener toute la population du pays vers les tentes, et bientôt une foule de plusieurs centaines de curieux nous entourait. Les femmes, plusieurs ayant des vêtements fort propres et de jolis bijoux d'or et de turquoises, se montrèrent les plus indiscrètes et les plus audacieuses. Étant sorti de la tente un moment pour donner quelques ordres, à mon retour j'en trouvai trois en train d'inspecter le contenu de notre valise, réduite d'ailleurs à la plus simple expression.

Enfin, pour comble, une troupe de jongleurs vint se livrer à des pantomines variées à quelques mètres de notre camp. Nous nous endormîmes, ayant encore dans les oreilles les sons sonores et monotones de leurs tambours.

De Namling au Brahmapoutra, la route se fit facilement, car j'avais pu acheter quelques yacks domestiques à Namling, et nos pauvres mules, les trois seules survivantes, pouvaient enfin se reposer.

La traversée du fleuve s'accomplit dans des barques carrées, construites de peaux de yacks tendues sur un cadre de bois. Un instrument plus dangereux ne se peut imaginer, parce que vacillant et facilement crevé. Nous eûmes de grandes difficultés à faire entrer et maintenir tranquille dans le fond de ce frêle esquif notre dernier chameau, que je voulais offrir au Zoological Garden de Calcutta comme un spécimen de la race du nord.

Les yacks donnèrent aussi beaucoup de mal à maintenir. Le nautonier thibétain les ayant tous attachés à l'arrière de l'un des bacs de passage, et chacun d'eux, tandis qu'ils étaient à la nage, ayant soudainement décidé de suivre une route différente, le résultat fut que, tiraillée dans tous les sens, l'embarcation s'inclina, bien près de chavirer.

Au soir, nous étions campés près de Shigatze, siège du tachilama, qui, quelques mois plus tard, devait venir visiter les Indes, et quatre jours plus tard nous pouvions saluer le drapeau britannique flottant sur Gyantze!

Je ne décrirai pas cette partie du Thibet. De très bons livres ont été écrits sur l'expédition vers Lhassa

DANSEURS THIBÉTAINS A NAM-LING

LE TEMPLE DE GYANTSE

qui parlent des champs fertiles, des demeures en pierre et des coutumes de cette contrée d'une manière complète. Le sud du Brahmapoutra est désormais connu, à l'exception de cette partie de son cours occupée par des rapides, et d'une autre située au nord-ouest du point où il traverse la frontière des Indes.

L'aspect général du pays est absolument différent de celui que nous avions parcouru. La culture et la richesse relative y ont opéré des transformations énormes. Le Thibet, le vrai Thibet, celui des aventures et des explorations, demeure au nord aussi complètement désolé et glacé que celui où nous étions alors parvenu était plaisant et riant.

A Gyantze, le capitaine O'Connor, agent politique anglais demeuré après l'expédition, nous reçut d'une manière charmante pendant plusieurs jours, et, lorsque nous eûmes reçu la permission du gouvernement des Indes de poursuivre vers le sud, nous entrâmes au Sikkim, et fûmes les hôtes de M. Claude White, agent politique du Sikkim. Il nous offrit une hospitalité complète et cordiale dans un coin du monde qui compte parmi les plus jolis et les plus gracieux. Le Sikkim fleuri ne s'oublie pas facilement, pas plus que les jours que nous passâmes à Gantok dans un repos infini, une sensation profondément agréable d'avoir réussi de tous points dans ce long et périlleux voyage, et d'avoir pour la première fois franchi le Thibet du nord au sud, d'être passés de la Chine aux Indes, à travers le gouvernement de Lhassa, alors que tant d'autres avaient essayé d'accomplir ce voyage et malheureusement échoué.

FIN

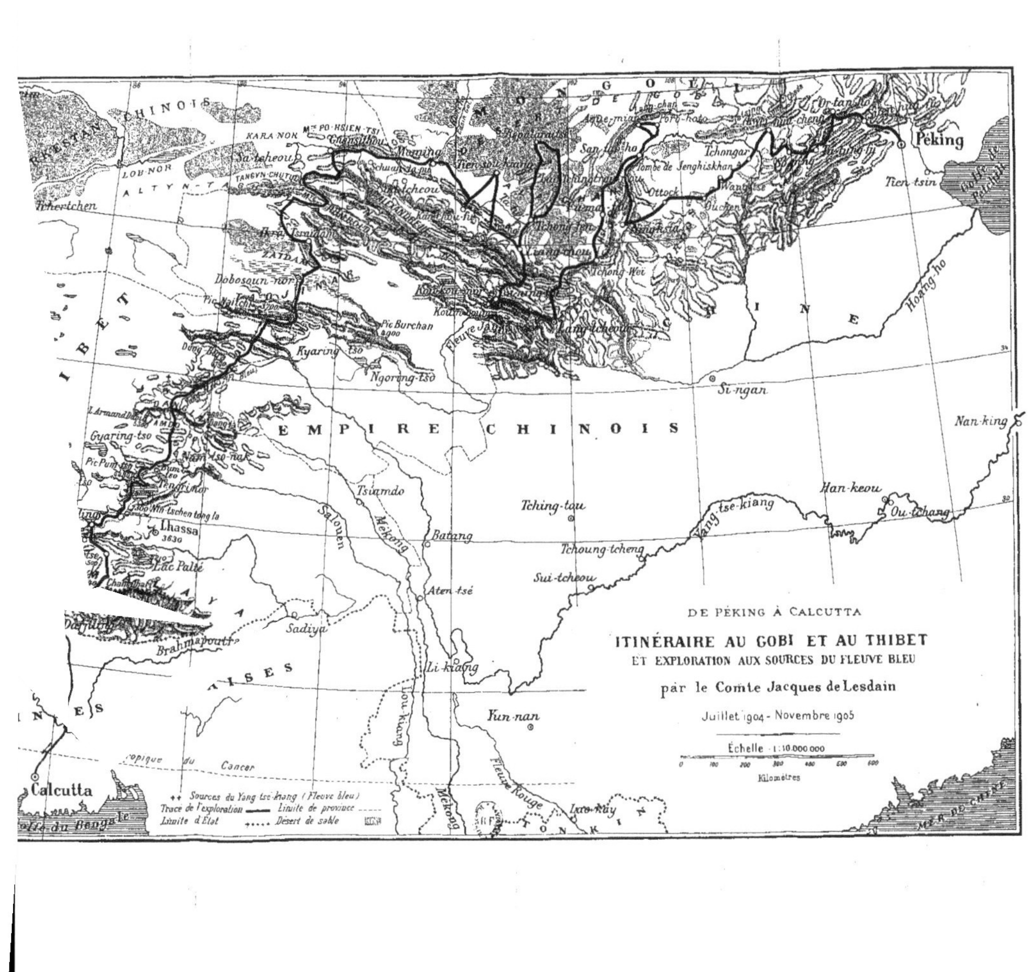

DE PÉKING À CALCUTTA
ITINÉRAIRE AU GOBI ET AU THIBET
ET EXPLORATION AUX SOURCES DU FLEUVE BLEU
par le Comte Jacques de Lesdain
Juillet 1904 - Novembre 1905
Échelle 1:10.000.000
Kilomètres
Sources du Yang tse kiang (Fleuve bleu)
Trace de l'exploration
Limite de province
Limite d'État
Désert de sable
Péking
Tien-tsin
Hoang-ho
Si-ngan
Nan-king
Han-keou
Ou-tchang
Yang-tse-kiang
Tching-tou
Tchoung-tcheng
Sui-tcheou
Yun-nan
Li-kiang
Aten-tsé
Batang
Tsiamdo
Mékong
Salouen
Lhassa
Lac Palté
Sadiya
Brahmapoutre
Calcutta
Golfe du Bengale
Tropique du Cancer
Fleuve Rouge
Lao-Kay
TONKIN
EMPIRE CHINOIS
MONGOLIE
CHINE
Ngoring-tso
Kyaring-tso
Pic Burchan
Dobosoun-nor
Sa-tcheou
LOB-NOR
Tchertchen
Gyaring-tso
Nam-tso-nak
Tengri-Nor
Liang-tcheou
Lan-tcheou
Tombe de Jenghiskhan
Ottock
Tchongar

TABLE DES GRAVURES

TABLE DES MATIÈRES

PARIS

TYPOGRAPHIE PLON-NOURRIT ET Cie

Rue Garancière, 8.

www.ingramcontent.com/pod-product-compliance
Ingram Content Group UK Ltd.
Pitfield, Milton Keynes, MK11 3LW, UK
UKHW021103220726
13924UKWH00005B/2222